漢字指導の手引き

【用例編】

教育出版編集局 編

教育出版

凡　例

　本書は，『漢字指導の手引き』に掲げた常用漢字2,136字について，その用例を提示するものである。音訓の全てを五十音順に並べかえ，これに用例を補充した。

　また，「学年別漢字配当表」（平成29年3月告示「小学校学習指導要領」別表）と平成29年3月文部科学省が作成・通知した「音訓の小・中・高等学校段階別割り振り表」に基づいて，用例の漢字に数字や記号を付し，どの学年・どの段階で学習する漢字（音訓）かがわかるようにした。

　漢字と仮名の使い分けに関しては，教育出版『表記の手引き』などをもととし，用例の提示にあたっては，学校教育における漢字指導に資するという側面を考慮した。

本書の見方

1．音は片仮名，訓は平仮名で示した。下線のあるものは「常用漢字表」に「特別なものか，又は用法のごく狭いもの」として示されたものである。
2．「常用漢字表」外の漢字は▼印を付し，（　）にその読みを示した。また，常用漢字であってもその読みが「常用漢字表」に音訓として認められていないものは，（　）に読みを示した。
3．同じ音訓の見出しの配列は，小学校で学習する漢字とそれ以外の漢字（中・高等学校で学習する漢字）の順に並べ，それぞれ「常用漢字表」の配列に従った。
4．小学校で学習する漢字には，「学年別漢字配当表」に基づき，上部に数字で配当学年を示した。数字がついていない漢字は，中・高等学校で学習する漢字である。数字が○で囲まれているものは，上記の「割り振り表」によって，中学校で学習するのが適切とされた音訓，□で囲まれているもの，数字がなく□だけついているものは，高等学校で学習するのが適切とされた音訓である。
5．補充した用例は，おおまかに，文字数の少ないものから多いもの，当該の漢字が語頭にくるものから語尾にくるものの順に並べ，適宜，慣用句・四字熟語などを補った。
6．備考欄の，「↔」は使い分けの紛らわしいもの，「→」は単語から派生したと思われる四字熟語，「←」と「(×)」は間違えやすい漢字を示した。

凡例の説明（注釈）:
- 小学校で学習する漢字の配当学年
- 高等学校で学習するのが適切とされた音訓
- 中学校で学習するのが適切とされた音訓
- 中・高等学校で学習する漢字
- 「常用漢字表」にない漢字とその読み
- 特別なものか、又は用法のごく狭いもの
- 複数の表記がある熟語は、その例を示した。他に、複数の読みをもつ用例、仮名で書くことの多い用例など。

音訓	漢字	用例	備考
コ	枯	枯死・枯淡・栄枯・枯渇・枯木・栄枯盛衰	
コ	雇	雇用・雇員・解雇	
コ	誇	誇示・誇大・誇張・誇大妄想	
コ	鼓	鼓動・鼓舞・太鼓・鼓笛・鼓吹・鼓膜・鼓腹撃壌	
コ	顧	顧慮・顧問・回顧・顧客・愛顧・一顧・後顧・右顧左眄(ベン)	
コ	股	股間・股関節	
コ	虎	虎穴・猛虎・虎穴に入らずんば虎子を得ず	
コ	錮	禁錮	
コ	虚	虚空・虚無僧	こけにする・こけおどし
こ	小	小型・小鳥・小切手・小石・小犬・小音・小声・小雨・小銭・小手・小包・小屋・小間物・小一時間	こぎれい・こうるさい・こぢんまり
こ	子	親子・年子・子牛・子分・子役・赤子・子会社・猫の子・江戸っ子・子はかすがい	
こ	粉	小麦粉・葛粉・洗い粉・染め粉・パン粉・うどん粉・身を粉にして働く	
こ	木	木立・木陰・木の葉	
こ	黄	黄金・黄金色	「黄金」は、「オウゴン」とも。
ゴ	五	五穀・五色・五目飯・五官・五感・五七調・五十音・七五三・十五夜・五分五分・五臓六腑(プ)	
ゴ	午	午前・正午・子午線・午後・午睡・午砲・端午	
ゴ	後	後刻・前後・午後・後光・後日・後生・後手・以後・雨後・最後・死後・事後・食後・戦後・背後・没後・老後・読後感	後生→後生大事
ゴ	語	語学・新語・国語・語感・語気・語句・語釈・語調・語録・漢語・敬語・豪語・主語・俗語・標語・落語・類語・語の意味	
ゴ	誤	誤解・正誤・錯誤・誤差・誤算・誤字・誤植・誤診・誤読・誤認・誤報・過誤・正誤表	
ゴ	護	護衛・救護・保護・護岸・護国・護持・護身・護送・愛護・加護・看護・警護・守護・弁護・養護・擁護	

音訓	漢字	用例	備考
ア	亜	亜流³・亜麻⁴・亜熱帯⁴・亜鉛¹・白亜¹・亜大陸⁴・亜硫酸⁵	
アイ	愛⁴	愛情⁴・愛読⁴・恋愛²・愛育⁴・愛玩⁴・愛顧⁴・愛護⁴・愛唱⁴・愛想³・愛着⁴³・遺愛⁶・割愛⁶・敬愛¹・慈愛¹・純愛¹・博愛¹・愛する²	愛媛（えひめ）県「愛想（アイソ）」は，「愛想（アイソウ）」とも。
アイ	哀	哀愁³・哀願³・悲哀¹・哀歓³・哀惜³・哀訴¹・哀調³・哀悼³・哀話²	
アイ	挨	挨拶	
アイ	曖	曖昧・曖昧模糊⁶（コ）▼	
あい	相³	相手³・相宿³・相方³⑤・相客³・相性³⁴・相席³・相棒³⑥・相弟子³②・相乗り¹・相部屋³³・相合い傘³・相反する³・相半ばする³	あいかわらず・あいづち・あい次いで「部屋」，小学校で学習する付表の語。
あい	藍	藍色²・藍染め⁶	
あいだ	間²	間柄²・間食い²・間に入る²・間をあける²・AとBの間²・食べている間²	このあいだ
あ-う	会う²	出会う¹²・立ち会う¹²・人と会う²・会うは別れの始め⁴³	↔合う・遭う「会う」は人と人があうとき。
あ-う	合う²	落ち合う²・溶け合う²・話し合う²・意見が合う²・計算が合う²・呼吸が合う²・割に合わない⁶⁶	↔会う・遭う「合う」は合致する，一緒になる，同じになるの意のとき。
あ-う	遭う²	事故に遭う³⁵・災難に遭う⁵⁶・ひどいめに遭う・暴風に遭う⁵²・夕立に遭う¹¹	↔合う・会う「遭う」は嫌なこと，よくないことにたまたまあうとき。
あお	青¹	青ざめる¹・青草¹²・青空¹・青菜¹⁴・青葉¹・青虫¹¹・青物¹³・青海原¹²²・青写真¹³³・青信号¹⁴³・青天井¹⁴¹・青二才¹¹②④・青息吐息¹¹²・青田買い³¹	青二才←青二歳（×）「海原」は，中学校で学習する付表の語。
あお-い	青い¹	青さ¹・青い顔¹²・青い鳥¹²・青い麦¹²	
あお-ぐ	仰ぐ¹	仰ぎ見る¹・師と仰ぐ⁵・天を仰ぐ³・援助を仰ぐ²・教えを仰ぐ²・会長に仰ぐ²²・助けを仰ぐ³	
あか	赤¹	赤字¹・赤ん坊¹・赤裸¹³・赤身¹・赤信号⁴³・赤ら顔¹²・赤の他人¹²・赤恥をかく³¹・赤みがさす¹	
あか-い	赤い¹	赤い実¹・花が赤い¹・赤くなる¹	
あ-かす	飽かす	金に飽かして遊ぶ¹・暇に飽かす³	
あ-かす	明かす²	種明かし・語り明かす⁴²・解き明かす⁴²・説き明かす⁴²・泣き明かす⁴²・真相を明かす³・鼻を明かす⁶⁶・秘密を明かす²・夜を明かす³	
あかつき	暁	暁の空¹・成功の暁には⁴⁴	
あか-らむ	赤らむ¹	顔が赤らむ²・肌が赤らむ¹	
あか-らむ	明らむ²	次第に東の空が明らむ③³²¹	
あか-らめる	赤らめる¹	顔を赤らめる²・頬を赤らめる²	
あ-かり	明かり¹	薄明かり・明かり窓²・月明かり²・雪明かり²・明かり障子²・明かりがさす⁶¹・明かりをつける²・明かりをともす²	

音訓	漢字	用例	備考
あ−がる	上がる	上がり・上がりかまち・上がり口・雨上がり・病み上がり・飛び上がる・腕前が上がる	↔揚がる・挙がる 歓声があがる・風采があがる
あ−がる	挙がる	（質問の）手が挙がる・犯人が挙がる	↔上がる・揚がる
あ−がる	揚がる	国威が揚がる・士気が揚がる・天ぷらが揚がる・旗が揚がる	↔上がる・挙がる
あか−るい	明るい	明るさ・明るい顔・明るい性格・明るい場所・明るい日ざし・明るい見通し・明るい未来・地理に明るい・法律に明るい	
あか−るむ	明るむ	空が明るむ	
あき	秋	秋風・秋草・秋雨・秋晴れ・秋日和・秋めく・秋の七草・秋の夜長・秋が深まる	「日和」は、中学校で学習する付表の語。
あきな−う	商う	商い・商いが多い・小間物を商う	
あき−らか	明らか	明らかな証拠・火を見るより明らかだ・真偽を明らかにする	
あきら−める	諦める	諦めがつく・諦めるのは早い	
あ−きる	飽きる	飽き・見飽きる・飽きがくる・食べ飽きる・仕事に飽きる・勉強に飽きる・洋食に飽きる	
アク	悪	悪事・悪意・醜悪・悪運・悪行・悪質・悪習・悪臭・悪態・悪党・悪人・悪筆・悪魔・凶悪・悪趣味・悪戦苦闘	
アク	握	握手・握力・掌握・把握	
あ−く	空く	空き巣・空き缶・空き地・空き箱・空き瓶・空き家・席が空く	↔開く・明く
あ−く	明く	赤ん坊の目が明く	↔開く・空く
あ−く	開く	戸が開く・幕が開く・店が開く・開いた口が塞がらない	↔空く・明く
あ−くる	明くる	明くる日・明くる朝・明くる年	
あ−ける	空ける	家を空ける・席を空ける・中身を空ける・グラスを空ける・箱の中身を空ける	↔開ける・明ける 手をあける・間をあける
あ−ける	明ける	夜明け・明け方・明け暮れ・明け渡す・うち明ける・連休明け・梅雨が明ける・年が明ける・喪が明ける・夜が明ける	↔開ける・空ける 「梅雨」は、中学校で学習する付表の語。
あ−ける	開ける	開けたて・開け放す・開けっ放し・蓋を開ける・窓を開ける・店を開ける	↔空ける・明ける あけっぴろげ
あ−げる	上げる	売り上げ・上げ潮・上げ底・胴上げ・打ち上げ・繰り上げ・書き上げる・頭を上げる・腕を上げる・業績を上げる	↔揚げる・挙げる 例をあげる・全力をあげる・土産をあげる・〜てあげる
あ−げる	挙げる	式を挙げる・犯人を挙げる・兵を挙げる	↔上げる・揚げる 「挙げる」は、限定して使われる。
あ−げる	揚げる	荷揚げ・揚げ足・揚げ物・水揚げ・かき揚げ・たこを揚げる・日本に引き揚げる・天ぷらを揚げる・旗を揚げる	↔上げる・挙げる 「揚げる」は、限定して使われる。

音訓	漢字	用例	備考
あご	顎	上顎・下顎・顎が外れる・顎を出す・顎でつかう	
あこが-れる	憧れる	憧れ・憧れの人・女優に憧れる・異国に憧れる・自然の生活に憧れる	
あさ	朝	朝日・毎朝・朝露・朝なぎ・朝飯前・朝もや・朝焼け・朝ぼらけ	
あさ	麻	麻糸・麻縄・麻布	
あざ	字	大字・小字	
あさ-い	浅い	浅瀬・遠浅・浅漬け・浅い川・傷が浅い・底が浅い・日が浅い・経験が浅い・思慮が浅い	あさはか
あざけ-る	嘲る	人を嘲る・嘲りの目で見る	
あざむ-く	欺く	敵を欺く・昼を欺く明るさ	
あざ-やか	鮮やか	鮮やかだ・鮮やかな色彩・鮮やかな手並み	
あし	足	足音・素足・足跡・足場・足並み・逃げ足・足手まとい・足が向く・足が出る	↔脚
あし	脚	机の脚・雨脚・船脚・前脚・脚の長い人	↔足「雨脚・船脚」は,「雨足・船足」とも。
あじ	味	味見・塩味・薄味・味付け・ソース味・味けない・味がある・味もそっけもない・味をしめる	
あじ-わう	味わう	味わい・味わいの深い作品・悲しみを味わう・酒を味わう・詩を味わう	
あず-かる	預かる	預かり・預かり金・金を預かる・子どもを預かる・荷物を預かる・留守を預かる	相談にあずかる・お褒めにあずかる
あず-ける	預ける	命を預ける・書類を預ける・現金を預ける・勝負を預ける	
あせ	汗	汗ばむ・汗水・脂汗・寝汗・冷や汗・汗ばむ・汗みずく・汗みどろ・玉のような汗・汗をかく・手に汗を握る	
あせ-る	焦る	焦り・勝ちを焦る・気が焦る	
あそ-ぶ	遊ぶ	遊び・遊び相手・遊び半分・なぞなぞ遊び・ハンドルの遊び・遊びほうける・庭で遊ぶ・遊んで暮らす	
あたい	価	品物に価をつける	↔値「価」は,商品の値段の意。
あたい	値	値する・千金の値・Xの値を求める・一見に値する・称賛に値する	↔価「値」は,値うち,数量の意。
あた-える	与える	権利を与える・品物を与える・損害を与える・褒美を与える・問題を与える	
あたた-か	温か	温かだ・温かな家庭・心が温かだ	↔暖か

音訓	漢字	用 例	備 考
あたた-か	暖か	暖かだ・暖かな毛布・春は暖かだ	↔温か
あたた-かい	温かい	温かい家庭・温かいスープ・温かい風呂・温かいもてなし・料理が温かい	↔暖かい
あたた-かい	暖かい	暖かい気候・暖かい部屋・暖かい毛布・空気が暖かい	↔温かい 「部屋」は,小学校で学習する付表の語。
あたた-まる	温まる	心温まる話・席が温まる	↔暖まる
あたた-まる	暖まる	空気が暖まる・部屋が暖まる	↔温まる 「部屋」は,小学校で学習する付表の語。
あたた-める	温める	スープを温める・手足を温める・友情を温める	↔暖める
あたた-める	暖める	室内を暖める・空気を暖める	↔温める
あたま	頭	頭金・頭打ち・頭数・石頭・頭が上がらない・頭を抱える・頭に浮かぶ・頭隠して尻隠さず	
あたら-しい	新しい	新しさ・新しがる・新しい規則・新しい思想・新しい年	
あた-り	辺り	辺り一面・この辺り一帯	来年あたり・このあたりでやめよう・彼あたりがちょうどいい
あ-たる	当たる	当たり・当たり役・風に当たる・ボールに当たる・的に当たる	あたりまえ・あたりさわり・あたりはずれ・罰があたる・原典にあたる
アツ	圧	圧力・圧迫・気圧・圧巻・圧搾・圧縮・圧政・圧倒・威圧・血圧・水圧・制圧・弾圧・鎮圧・抑圧・高気圧・他を圧する	圧倒←圧到(×)
あつ-い	厚い	厚み・厚着・厚化粧・厚い壁・厚い雲・厚い志・厚い布団・手厚いもてなし・信仰が厚い・人情が厚い・友情に厚い	
あつ-い	暑い	暑さ・暑苦しい・蒸し暑い・暑い地方・夏は暑い・暑さ寒さも彼岸まで	↔熱い
あつ-い	熱い	熱さ・熱い鍋・熱い湯・熱い視線・熱い戦い・体が熱い・胸が熱くなる	↔暑い
あつか-う	扱う	客扱い・子ども扱い・事件を扱う・大切に扱う	
あつ-まる	集まる	集まり・寄付が集まる・視線が集まる・人が集まる・同情が集まる・集まりを開く	
あつ-める	集める	人集め・切手を集める・注目を集める・人気を集める・票を集める・同情を集める	
あ-てる	当てる	言い当てる・光を当てる・的に当てる・ガーゼを当てる・額に手を当てる	↔宛てる・充てる あて字・あてはずれ・あてにする・あてこする・あてはめる・あてつける
あ-てる	充てる	学費に充てる・建築費に充てる・保安要員に充てる・抵当に充てる	↔当てる・宛てる
あ-てる	宛てる	自宅宛て・恩師に宛てた手紙	↔当てる・充てる

音訓	漢字	用例	備考
あと	後	後味・後回し・後足・後釜・後追い・後押し・後始末・後払い・後戻り・後の祭り・後を頼む	↔跡・痕 あとで〜する・あとの文から・〜のあと・百年あと
あと	跡	足跡・屋敷跡・跡目・城跡・跡継ぎ・焼け跡・苦心の跡・跡を絶つ・努力の跡	↔後・痕
あと	痕	傷痕・爪痕・弾丸の痕	↔跡・後
あな	穴	穴蔵・穴場・横穴・落とし穴・穴をあける・穴を埋める・穴を塞ぐ・穴を掘る	
あなど-る	侮る	侮り・侮りのまなざし・相手を侮る	
あに	兄	兄貴・兄嫁・兄弟子	
あね	姉	姉上・姉さんかぶり	
あば-く	暴く	暴き出す・陰謀を暴く・墓を暴く・秘密を暴く	
あば-れる	暴れる	大暴れ・暴れ回る・暴れ馬・暴れ川・暴れん坊・思う存分暴れる	
あ-びせる	浴びせる	非難を浴びせる・水を浴びせる	
あ-びる	浴びる	水浴び・日光を浴びる・非難を浴びる・水を浴びる・浴びるように飲む	
あぶ-ない	危ない	危ない橋を渡る・命が危ない	
あぶら	油	油絵・油紙・油いため・ごま油・菜種油・水と油・油を売る・油を絞る・火に油を注ぐ	↔脂 「油」は、植物から生じる。
あぶら	脂	脂ぎる・脂汗・脂性・脂身・脂がのる・脂ぎった顔・牛肉の脂	↔油 「脂」は、動物から生じる。
あま	尼	尼寺・尼さん	
あま	天	天の川・天下り	
あま	雨	雨雲・雨戸・雨具・雨脚・雨傘・雨靴・雨水・雨乞い・雨垂れ・雨どい・雨漏り・雨宿り・雨ざらし	「雨脚」は、「雨足」とも。
あま-い	甘い	甘み・甘さ・甘んじる・甘い香り・甘い菓子・甘い言葉・考えが甘い・子どもに甘い・判断が甘い・甘い汁を吸う	
あま-える	甘える	甘えん坊・親に甘える・世の中に甘える	
あま-す	余す	余すところがない	もてあます
あま-やかす	甘やかす	わが子を甘やかす	
あま-る	余る	余り・余りが出る・小遣いの余り	あまりの寒さ・あまりにもひどい・三年あまり・〜のあまり
あみ	網	網戸・網目・網元・金網・網打ち・かすみ網・網にかかる・網を張る・網を引く・法の網をくぐる	

音訓	漢字	用例	備考
あ-む	編む	手編み・編み方・編み針・編み棒・編み目・編み物・編み上げ靴・辞書を編む・セーターを編む・竹を編む・手袋を編む	
あめ	天	天地（つち）	
あめ	雨	大雨・春雨・小雨・霧雨・氷雨・雨降り・雨もよう・雨上がり・雨に洗われる・雨に煙る・雨降って地固まる	「春雨・小雨・霧雨・氷雨」は、「はるさめ・こさめ・きりさめ・ひさめ」。
あや-うい	危うい	危うく・生命が危うい・危うく遭難するところだった	
あや-しい	怪しい	怪しげだ・怪しい話・怪しい人影	↔妖しい
あや-しい	妖しい	妖しい魅力・妖しく輝く瞳	↔怪しい
あや-しむ	怪しむ	挙動を怪しむ・犯人かと怪しむ	
あやつ-る	操る	操り人形・機械を操る・スペイン語を操る・人形を操る・人を操る・舟を操る	
あや-ぶむ	危ぶむ	成功を危ぶむ・前途を危ぶむ	
あやま-ち	過ち	過ちを犯す・単なる過ち・過ちては改むるにはばかることなかれ	過ち←誤(×)ち
あやま-つ	過つ	過って骨折する・過たず命中させる・道を過つ	
あやま-る	誤る	書き誤り・運転を誤る・考えを誤る・計画を誤る・答えを誤る・選択を誤る・方針を誤る・弘（コウ）法も筆の誤り	
あやま-る	謝る	平謝り・謝りに行く・非礼を謝る	
あゆ-む	歩む	歩み寄る・年月の歩み・戦後日本の歩み・苦難の道を歩む	
あら-い	荒い	荒波・荒々しい・荒海・荒縄・荒物・荒業・荒技・荒稼ぎ・荒療治・荒くれ男・手荒い・荒立てる・気性が荒い・波が荒い	↔粗い 「荒い」は、激しい、乱暴の意。
あら-い	粗い	粗削り・粗びき・粗利益・編み目が粗い・きめが粗い・細工が粗い・仕事が粗い・守備が粗い	↔荒い 「粗い」は、粗雑、大ざっぱの意。
あら-う	洗う	洗い髪・洗い場・洗い張り・洗いざらい・洗いざらし・手足を洗う・体を洗う・岸を洗う波	
あらし	嵐	砂嵐・花嵐・山嵐・嵐の前の静けさ・嵐を乗りきる・嵐のような拍手・コップの中の嵐	
あ-らす	荒らす	縄張りを荒らす・庭を荒らす・肌を荒らす	
あらそ-う	争う	争い・相続争い・言い争う・一刻を争う・先を争う・優勝を争う・争いが絶えない	
あら-た	新た	新ただ・新たな仕事に就く・心を新たにする・装いを新たにする	
あらた-まる	改まる	改まった態度・性格が改まる・制度が改まる	
あらた-める	改める	改めて返事をする・書き改める・悔い改める・規則を改める・言葉を改める・日を改める	

音訓	漢字	用例	備考
あらわ-す	表す	考えを表す・顔に表す・態度に表す・名は体を表す・文章に表す・喜びを表す	↔現す・著す「表す」は，表に出す（表記・表示・表明）の意。
あらわ-す	現す	才能を現す・正体を現す・姿を現す・頭角を現す・馬脚を現す	↔表す・著す「現す」は，隠れていたものが姿をあらわす（出現）の意。
あらわ-す	著す	書物を著す・生前に著した本	↔表す・現す「著す」は，著作物を発表するの意。
あらわ-れる	表れる	顔色に表れる・結果に表れる・行動に表れる・誠意が表れる	↔現れる「表れる」は，表，表面に出るの意。
あらわ-れる	現れる	怪獣が現れる・姿が現れる・太陽が現れる・本性が現れる	↔表れる「現れる」は，出現する，出てくるの意。
あ-る	有る	有り金・有り明けの月	↔在る「有る」は，「無い」の対義語。複合語以外は仮名書きが多い。
あ-る	在る	我ここに在り・異郷に在りて	↔有る「在る」は，存在・所在を表す。「ありか・あり方」など，一般的には仮名書きが多い。
ある-く	歩く	飛び歩く・歩き通す・歩き回る	
あ-れる	荒れる	荒れ地・大荒れ・荒れ果てる・海が荒れる・生活が荒れる・相場が荒れる・手が荒れる・畑が荒れる	
あわ	泡	泡立つ・泡立てる・泡が立つ・泡を食う・水の泡・口角泡を飛ばす	
あわ-い	淡い	淡雪・淡い色・淡い郷愁・淡い望み	
あ-わす	合わす	心を合わす・答えを合わす・話を合わす・つじつまを合わす	
あ-わせる	合わせる	問い合わせる・合わせ技・顔合わせ・めぐり合わせ・照らし合わせる・力を合わせる・話を合わせる・合わせる顔がない	↔併せる
あわ-せる	併せる	併せもつ・隣国を併せる・交通費を併せて支給する	↔合わせる副詞・接続詞の場合は仮名書きが多い。
あわ-ただしい	慌ただしい	慌ただしさ・慌ただしげだ・慌ただしい雰囲気・師走の慌ただしい町の様子	「師走」は，高校で学習する付表の語。
あわ-てる	慌てる	大慌て・慌てず騒がず・慌てて現場へ駆けつける	
あわ-れ	哀れ	哀れな話・哀れがる・哀れを誘う・哀れをもよおす	もののあわれ
あわ-れむ	哀れむ	哀れみ・哀れみを乞う・哀れみを誘う	
アン	安	安全・安価・不安・安易・安逸・安産・安住・安静・安息・安泰・安定・安否・慰安・治安・平安・保安・安心立命	
アン	案	案文・案内・新案・案外・案出・案分・原案・思案・草案・提案・答案・腹案・法案・立案・案の定・案を練る・案じる	案じる←安(×)じる
アン	暗	暗示・暗愚・明暗・暗雲・暗記・暗合・暗号・暗黒・暗殺・暗算・暗室・暗唱・暗礁・暗黙・暗躍・暗中模索・疑心暗鬼	

音訓	漢字	用例	備考
<u>アン</u>	行[2]	行脚[2]□・行火[2]1	
イ	以[4]	以上[4 1]・以内[4 2]・以後[3 4]・以下[4 1]・以外[4 2]・以降[4 6]・以前[4 2]・以来[4 2]・以心伝心[4 2 4 2]	
イ	衣[4]	衣服[4 3]・衣食住[4 2 3]・作業衣[2 3 4]・衣冠[4 3]・衣装[4 ⑥]・衣鉢[4 □]・衣料[4 4]・衣類[4 4]・脱衣[4 3]・着衣[4 1]・白衣[4 4]・更衣室[3 1 4]・地衣類[6 4 4]・糖衣錠[4 1 4]・衣冠束帯[4 3 4 4]	
イ	位[4]	位置[4 4]・第一位[3 1 4]・各位[4 4]・位階[4 4]・王位[1 4]・学位[1 4]・首位[1 4]・順位[1 4]・上位[1 4]・水位[1 4]・単位[4 4]・地位[3 4]・品位[1 4]・方位[1 4]	「三位一体・従三位」は、「サンミイッタイ・ジュサンミ」。
イ	囲[5]	囲碁[5]・包囲[4 5]・範囲[4 5]・胸囲[6 5]・四囲[1 5]・周囲[4 5]	
イ	医[3]	医学[3 1]・医療[3]・名医[1 3]・医院[3 3]・医師[3 5]・医者[3 3]・軍医[4 3]・校医[1 3]・獣医[3]・船医[2 3]・医学部[3 1 3]・医薬品[3 3]・医は仁術	
イ	委[3]	委任[3 5]・委員[3 1]・委細[3 3]・委譲[3]・委嘱[3]・委託[3]・委細承知[3 2 6 2]・委曲を尽くす[3 3]	
イ	易[5]	容易[5]・安易[5]・難易[5]・簡易[5]・平易[5]・易から難に進む	
イ	胃[6]	胃腸[6 6]・胃酸[6]・胃弱[6 2]・胃液[6 4]・胃病[6 3]・胃袋[6 1 6]・胃下垂[6 3]・胃が苦しい	
イ	異[6]	異論[6 6]・異同[6 2]・奇異[6]・異議[6 4]・異義[6 5]・異郷[6]・異彩[6]・異常[6 5]・異状[6 5]・異色[6 2]・異性[6 5]・異動[6 3]・異変[6 4]・驚異[4 6]・差異[6 1 2 1]・異口同音[6]・異を唱える[3 3]	「異議」は、異なる意見、「異議あり」。↔「異義」は、異なる意味、「同音異義語」。「異常」は、正常でないこと。↔「異状」は、いつもと違った様子。
イ	移[5]	移転[5 3]・移民[4 3]・推移[6 5]・移管[5 4]・移行[5 2]・移住[5 3]・移譲[5]・移植[5 3]・移籍[5 3]・移動[5 3]・移入[5 1]・転移[3 5]	移籍←移席(×)
イ	意[3]	意見[3 1]・意味[3 3]・決意[3 3]・意外[3 2]・意向[3 3]・意思[3 2]・意志[3 5]・意識[3 5]・意匠[3]・意図[3 2]・敬意[6 3]・厚意[2 3]・合意[4 3]・熱意[2 3]・用意[3 1 3 2]・意気投合[3 3]	「意思」は、心に思っていること、「意思の疎通を欠く」「意思表示」。↔「意志」は、やり抜こうする心のはたらき、「意志が強い」「意志薄弱」。
イ	遺[6]	遺棄[6]・遺産[6 4]・遺失[6 4]・遺憾[6]・遺業[6 3]・遺骨[6]・遺恨[6 5]・遺志[6 5]・遺児[6 4]・遺書[6 2]・遺跡[6]・遺族[6 3]・遺体[6 2]・遺伝[6]・拾遺[③ 6]・補遺[6 6]・後遺症[6 2 6]	遺恨←意(×)恨
イ	依	依頼・依拠・依然[4]・依願・依存[6]	
イ	威	威力・威圧・示威・威嚇[2]・威儀・威光・威信・威勢・威容・球威・脅威[6]・権威・猛威[2 5]・威風堂々・国威発揚[6]・威をふるう	威儀←威義(×)「威容」は、「偉容」とも。
イ	為	為政者[5 3]・行為[2]・作為[2]・営為[4 2]・人為[4 2]・無作為[4 2]・無為徒食・無為無策[4 6]	
イ	尉	尉官[4]・一尉[1]・大尉[1]・少尉[2]・中尉[1]	
イ	偉	偉大[1]・偉人[1]・偉観[3]・偉業[4]・偉勲・偉功[2]・偉才[4]・偉容[2]・偉丈夫[4]	「偉容」は、「威容」とも。
イ	違	違反・違法・相違[4]・違憲・違背[4 1]・違約金・違和感	
イ	維	維持・繊維[2 4]・明治維新	
イ	慰	慰安[3]・慰問・慰労[3]・慰留[5]・慰謝料[5 4]・慰霊碑・弔慰金[1]	

音訓	漢字	用 例	備 考
イ	緯	緯度³・北緯²・経緯⁵・緯線²・南緯²	
イ	畏	畏敬⁶・畏怖⁶・畏縮⁶・畏友²	
イ	萎	萎縮⁶	
イ	椅	椅子¹	
イ	彙	語彙²・彙報⁵・字彙¹	
イ	唯	唯々諾々	
い	井	井戸⁴・井の中の蛙（かわず）▼	
い-う	言う²	物言い²・言い分⁴・言い訳¹・言い伝え⁴・言い返す²・言い交わす④・言い²きる・言い残す²・言い放つ⁵・言い張る²	〜という場合
いえ	家²	家元²・家路²・家出²・家並み³・家屋敷²・家を建てる²・家を継ぐ²・家を出る¹	
い-える	癒える	傷が癒える⁶・心が癒える²・病が癒える³	
い-かす	生かす¹	才能を生かす²⁵・時間を生かす²²・持ち味を生かす³³	
いか-る	怒る	怒り²・怒り心頭に発する²²・海神の怒り²³・烈火のごとく怒る¹	
イキ	域⁶	域内⁶²・地域¹・区域²・域外³・音域³・西域²・聖域³・流域⁵・領域⁶・霊域⁵・推測の域を出ない⁶⁵⁶¹	
いき	息³	吐息³・息む¹・鼻息³・息ぎれ³・息づく³・息づかい³・息づまる³・息が合う³・息がきれる³・息をのむ³・息を吐く³	
いき	粋	粋な姿⁶・粋なはからい²・江戸の粋	
いきお-い	勢い⁵	勢いづく⁴・勢いこむ⁵・勢いがある⁴・勢いにまかせる⁵・勢いを増す⁵・時の勢い²・破竹の勢い⁵¹	
いきどお-る	憤る	憤り・憤りを感じる³・時世を憤る²³	
い-きる	生きる¹	長生き²¹・生き恥¹・生き写し¹³・生き埋め¹・生きがい¹・生き地獄¹・生き字引¹²・生き証人¹²・生き残り³・生き別れ³・生き延びる¹	
イク	育³	育児³⁴・教育²³・発育³・育英³⁴・育成³・育苗・訓育⁴³・飼育³・成育⁴³・生育¹³・体育²³・知育²³・徳育³・保育³⁵³・養育⁴³	
いく	幾	幾つ²・幾ら²・幾日¹・幾重³・幾多¹・幾度²・幾方・幾久しく⁵	いくらなんでも・いくら考えてもわからない
い-く	行く²	行き来²・行き先²・行き倒れ⁴・行きがかり⁴・行き止まり⁴・山へ行く・レッスンに行く²	↔逝く
い-く	逝く	不意に逝く⁴・若くして逝く⁶・彼が逝って三年たつ¹¹	↔行く
いくさ	戦④	勝ち戦³④・戦に勝つ④	

音訓	漢字	用例	備考
いけ	池	古池・ため池・池の縁	
い-ける	生ける	生け捕り・生け垣・生け花・生けにえ・花を生ける	
いこ-い	憩い	憩いのひととき・憩いの場所	
いこ-う	憩う	ベンチで憩う	
いさぎよ-い	潔い	潔い態度・潔く諦める	
いさ-む	勇む	勇み足・勇ましい・勇み肌・勇み立つ・喜び勇む・心が勇む・勇ましい物語	
いし	石	小石・石頭・石垣・石畳・石橋・石仏・軽石・碁石・石組み・石造り・火打ち石・石の上にも三年・焼け石に水	
いしずえ	礎	国の礎・礎を築く	
いずみ	泉	泉のほとり・知識の泉・話の泉	
いそが-しい	忙しい	忙しい仕事・忙しい毎日・勉強が忙しい・猫の手も借りたいほどの忙しさ	忙しい←急(×)がしい
いそ-ぐ	急ぐ	急ぎの用・急ぎ足・駅へ急ぐ・帰りを急ぐ・完成を急ぐ・先を急ぐ・急がば回れ	
いた	板	板前・板壁・板塀・床板・板囲い・板敷き・板の間・板張り・羽子板・羽目板・板ばさみ・板につく	
いた-い	痛い	痛さ・痛々しい・頭が痛い・耳が痛い・急な出費が痛い・痛めに遭う・痛くもかゆくもない・痛くもない腹を探られる	
いだ-く	抱く	疑いを抱く・希望を抱く・胸に抱く	
いた-す	致す	思いを致す・不徳の致すところ	
いただき	頂	山の頂	
いただ-く	頂く	雪を頂く・総裁に頂く	食事をいただく・先生からいただいた本・〜していただく
いた-む	痛む	痛み・痛み分け・痛みを感じる・傷の痛み・胸の痛み・足が痛む	↔傷む・悼む
いた-む	傷む	傷みがひどい・家具の傷み・家が傷む・果物が傷む・機械が傷む	↔痛む・悼む 「果物」は，小学校で学習する付表の語。
いた-む	悼む	故人を悼む・死を悼む	↔痛む・傷む
いた-める	痛める	痛めつける・腰を痛める・肘を痛める	↔傷める
いた-める	傷める	外壁を傷める・品物を傷める	↔痛める
いた-る	至る	山に至る・目的地に至る	いたるところ・いたれりつくせり

音訓	漢字	用例	備考
イチ	一	一度・一座・第一・一存・一同・一堂・一読・一流・万一・一概に・一言半句・一日千秋・一心同体・一心不乱	兄弟一同↔一堂に会する 一概に←一概(×)に 一心同体←一身(×)同体
イチ	壱	壱万円	契約書などで、「二」や「十」に修正されないために使われる。
いち	市	競り市・市場・青物市・市が立つ	
いちじる-しい	著しい	著しさ・著しい進歩・進境著しい	
イツ	一	同一・統一・画一・専一・択一・均一・単一・唯一・心を一にする・軌を一にする	
イツ	逸	逸話・逸品・逸する・逸機・逸材・逸脱・逸聞・散逸・秀逸	
いつ	五	五日	
いつく-しむ	慈しむ	慈しみ・慈しみの心・孫を慈しむ	
いつ-つ	五つ	五つ子	
いつわ-る	偽る	偽り・年齢を偽る・人を偽る・本心を偽る・身分を偽る	
いと	糸	糸目・毛糸・糸口・糸杉・生糸・絹糸・糸繰り・糸巻き・糸をよる・糸を紡ぐ	
いとな-む	営む	営み・事業を営む・巣を営む・生活を営む・法事を営む・旅館を営む・日々の営み	
いど-む	挑む	戦いを挑む・北極横断に挑む	
いな	否	否めない・賛成か否か	
いな	稲	稲作・稲穂・稲妻・稲光	
いぬ	犬	野良犬・負け犬・犬も歩けば棒に当たる・犬も食わない	「野良」は、高校で学習する付表の語。
いね	稲	稲刈り・稲こき・稲の穂	
いのち	命	命拾い・命綱・命懸け・命取り・命知らず・命あっての物種・命長ければ恥多し・命の洗濯	
いの-る	祈る	祈り・一心に祈る・成功を祈る・幸せを祈る・必勝の祈り	
いばら	茨	野茨・茨の道・茨の人生	茨城(いばらき)県
いま	今	今頃・今更・今時・今ふう・今様・今はもう秋	いま一度・いま少し・いまに見ていろ
いまし-める	戒める	戒め・親の戒め・自分自身を戒める	
い-まわしい	忌まわしい	忌まわしい思い出・忌まわしい話	
い-む	忌む	忌み言葉・忌むべき風習・物忌み	

音訓	漢字	用 例	備 考
いも	芋	里芋・焼き芋・山芋・芋づる式・芋を洗うような混雑ぶり	
いもうと	妹	姉と妹	
いや	嫌	嫌だ・嫌がる・嫌気がさす・嫌み・嫌がらせ	
いや-しい	卑しい	卑しさ・卑しい行い・卑しい根性・卑しい笑い	
いや-しむ	卑しむ	人を卑しむ	
いや-しめる	卑しめる	人を卑しめる	
い-やす	癒やす	心を癒やす・傷を癒やす	
い-る	入る	寝入る・大入り・気に入る・入り江・入り口・入り日・入り組む・入り浸る・入り交じる・入り乱れる	↔要る
い-る	居る	芝居・居候・居座る・居眠り・居残り・立ち居ふるまい	
い-る	要る	金が要る・人手が要る・保証人が要る	↔入る [仮名書きが多い]
い-る	射る	的を射る・矢を射る・人を射る目つき	
い-る	鋳る	鋳物・鋳型・硬貨を鋳る	
い-る	煎る	煎り豆・ごまを煎る・肝煎り	肝煎り←肝入(×)り
い-れる	入れる	入れ物・入れ歯・入れ替え・入れ知恵・入れ違い・口に入れる・力を入れる・手に入れる	
いろ	色	桜色・色づく・色紙・色気・色恋・顔色・色合い・色眼鏡・十人十色・色めき立つ・色があせる・色を失う	「眼鏡」は，小学校で学習する付表の語。
いろど-る	彩る	彩り・彩り豊か・彩りを添える・会場を花で彩る	
いわ	岩	岩場・岩肌・岩室・岩山・岩絵の具	
いわ-う	祝う	祝い酒・祝い物・前祝い・卒業祝い・門出を祝う・勝利を祝う	
イン	引	引力・引退・索引・引火・引見・引責・引率・引用・吸引・誘引・我田引水	引率←引卒(×)
イン	印	印刷・印象・調印・印影・印鑑・印紙・印字・印章・印税・印肉・押印・消印・検印・実印・印をもらう・印を結ぶ	
イン	因	原因・要因・因子・因数・因縁・遠因・起因・勝因・因果応報	「因縁」の読みは，「インネン」。
イン	音	福音・母音・子音	
イン	員	満員・定員・社員・員数・委員・議員・教員・欠員・職員・人員・随員・店員・幅員・公務員	
イン	院	院内・議院・病院・院政・院長・医院・寺院・書院・退院・通院・入院・別院・本院・修道院	

音訓	漢字	用例	備考
イン	飲	飲料³⁴・飲食³²・痛飲⁶³・飲酒³³・飲用³²・愛飲⁴³・飲料水³⁴¹・暴飲暴食⁵³⁵²	
イン	姻	姻族・婚姻³・姻戚	
イン	陰	陰気¹・陰性⁵・光陰²・陰影・陰極⁴・陰険⁵・陰湿・陰謀³・陽陽・陰暦・寸陰⁶・緑陰³・陰にこもる・陰に陽に	陰影←隠(×)影
イン	隠	隠居・隠忍⁵・隠語²・隠者・隠然・隠匿・隠微・隠蔽・隠喩・隠花植物³・隠忍自重²³	隠然←陰(×)然，隠匿←陰(×)匿
イン	韻	韻律⁶・韻文・音韻¹・押韻□・脚韻・余韻⁵・韻を踏む	
イン	咽	咽喉・咽頭²	
イン	淫	淫雨¹・書に淫する・富貴も淫するあたわず□⁴⁶	
ウ	右	右岸¹³・右折¹⁴・右派¹⁶・右翼¹・右腕¹・右大臣¹¹⁴・右中間¹¹²・右往左往¹⁵¹⁵・右顧左眄(ベン)¹▼¹	
ウ	宇	宇宙⁶・気宇⁶⁶・堂宇¹⁶・眉宇⁵⁶・気宇壮大□⁶¹⁶	
ウ	羽	羽毛②・羽化②³・羽翼②³・羽化登仙②³³・奥羽山脈□②¹⁵	
ウ	有	有無③・有象無象③⁴⁵⁴⁵・有縁④・有情⑤³・有頂天⑥¹・未曽有③・有為転変³⁴	
ウ	雨	雨量¹⁴・降雨⁶¹・梅雨¹¹・雨季²¹・雨期¹¹・雨天²¹・豪雨³¹・慈雨¹¹・風雨¹¹・雷雨²¹・酸性雨⁵⁵¹・暴風雨⁵²¹	
うい	初	初陣□・初々しい□・初産□⁴・初孫□⁴	「初孫」は，「はつまご」とも。
う-い	憂い	憂きめ□・もの憂い□	「憂き」は，文語の連体形。
うえ	上	身の上³・上様¹・上下¹¹・父上²¹・年上¹¹・母上²¹・真上³¹・目上¹¹・上の兄²¹・上に立つ者¹³¹・上には上がある¹¹¹	
う-える	植える	鉢植え³・植え込み³・種を植える・木を植える	
う-える	飢える	飢え・飢え死に³・飢えに襲われる・愛に飢える⁴・本に飢える	
うお	魚	魚市場²²・魚河岸²⁵³・魚釣り²・水を得た魚・魚心あれば水心あり²¹²	「河岸」は，高校で学習する付表の語。
うかが-う	伺う	都合を伺う³²・伺いを立てる・進退伺い³⁶・本日伺います¹¹	顔色をうかがう・機会をうかがう
う-かぶ	浮かぶ	浮かび上がる¹・水に浮かぶ¹・雲が浮かぶ²・涙が浮かぶ¹・名案が浮かぶ¹⁴	
う-かべる	浮かべる	思い浮かべる²・舟を浮かべる・笑みを浮かべる④	
う-かる	受かる	試験に受かる⁴⁴・検査に受かる⁵⁵³	
う-かれる	浮かれる	勝利に浮かれる³⁴	
う-く	浮く	浮き・浮き草²・浮き雲²・浮き袋・浮き沈み・浮き彫り・浮き上がる¹・浮き足だつ¹	うきたつ・うきうきする

音訓	漢字	用例	備考
うけたまわ-る	承る	ご意見を承る	承る←受(×)け賜(×)る
う-ける	受ける	受け皿・受け手・受け身・受け持ち・受け取る・受け流す・受け止める・待ち受ける・受けて立つ・被害を受ける	↔請ける
う-ける	請ける	下請け・請け合う・請け負う・工事を請ける	↔受ける 請け負う←受(×)け負う
うご-かす	動かす	心を動かす・たんすを動かす・歴史を動かす・エンジンを動かす・部下を動かす・動かしがたい事実	
うご-く	動く	動きがとれない・世界の動き・雲が動く・心が動く・警察が動く・動かぬ証拠	
うし	牛	牛追い・牛小屋・牛の歩み・牛のよだれ・牛に引かれて善光寺参り	
うじ	氏	氏神・氏子	
うしな-う	失う	チャンスを失う・気を失う・財産を失う・信用を失う	
うし-ろ	後ろ	後ろ足・後ろ姿・後ろ盾・後ろ指・後ろ暗い・後ろ向き・後ろ髪を引かれる	
うす	臼	石臼・木臼・茶臼	
うず	渦	渦潮・渦巻く・人の渦に巻き込まれる	
うす-い	薄い	薄着・品薄・薄味・薄口・薄雲・薄墨・薄日・薄化粧・薄汚い・薄暗い・薄笑い・薄い板・味が薄い・印象が薄い	うすうす感じている
うす-まる	薄まる	塩分が薄まる・色が薄まる	
うす-める	薄める	味を薄める・水で薄める	
うす-らぐ	薄らぐ	痛みが薄らぐ・悲しみが薄らぐ・寒さが薄らぐ	
うす-れる	薄れる	痛みが薄れる・興味が薄れる・記憶が薄れる	
うた	歌	歌声・歌姫・歌枕・鼻歌・歌詠み・子守歌	↔唄
うた	唄	小唄・長唄・地唄・端唄	↔歌
うたい	謡	素謡・謡物	
うた-う	歌う	歌い手・歌い上げる・演歌を歌う・小鳥が歌う	↔謡う
うた-う	謡う	謡曲を謡う	↔歌う
うたが-う	疑う	疑い・疑わしい・疑い深い・耳を疑う・目を疑う・犯人ではないかと疑う・疑いをかける・疑いが解ける・疑わしい人物	
うち	内	内側・内気・内海・内堀・内幕・内輪・内訳・内祝い・内弟子・内風呂・内弁慶・内にこもる・内に秘める	うちの父・うちの会社・うちへ帰る
ウツ	鬱	憂鬱・鬱々・鬱屈・鬱血・鬱積・鬱憤・陰鬱・沈鬱	うっとうしい

音訓	漢字	用 例	備 考
う-つ	打つ³	打ち身³・打ち水³・打ち勝つ³・打ち切る³・打ち壊し³・打ち止め³²・太刀²²打ち・心を打つ³・碁を打つ³	↔撃つ・討つ「太刀」は，中学校で学習する付表の語。
う-つ	討つ⑥	敵討ち⑥⑥・闇討ち⑥・夜討ち⑥²・討ち入り⑥・討ち死に⑥¹・あだ討ち⑥・返り討⑥³ち・敵を討つ⑥⑥	↔打つ・撃つ
う-つ	撃つ³	早撃ち³・挟み撃ち³・迎え撃つ³・狙い撃ち³・銃を撃つ³・鳥を撃つ²	↔打つ・討つ
うつく-しい	美しい³	美しさ³・美しい花³・美しい友情³・声が美しい³・際立つ美しさ⑤¹	
うつ-す	映す⁶	映し出す⁶・鏡に映す・スライドを映す⁶	↔写す
うつ-す	写す³	写し絵³・書き写す³・書類を写す・写しを取る³	↔映す
うつ-す	移す⁵	席を移す⁴・心を移す³・視線を移す⁶²・部署を移す³⁶・話題を移す⁵²³・行動⁵²³に移す⁵	
うった-える	訴える³	訴え³⁶・苦痛を訴える⁶⁵・裁判に訴える¹⁶・大衆に訴える³¹・訴えを取り下げる	
うつ-る	映る³	テレビの映りが悪い⁶・水面に影が映る¹³⁶・鏡に顔が映る⁴²⁶	↔写る
うつ-る	写る³	裏写り³・写真写り³³・写真に写る³	↔映る
うつ-る	移る⁵	移り変わり²⁵・移り香²・移り気²³・心が移る²⁵・新居に移る²²⁵・会社を移る²²⁵・季節が移ろう⁴⁴・時代の移り変わり²³³	風邪がうつる
うつわ	器④	ガラスの器④・大臣の器¹⁴④・器が大きい④	
うで	腕²	腕前²・腕利き²④・腕組み²・腕比べ²⁵・腕相撲²³・腕試し④・腕時計²²・すご腕²・腕まくり⁴⁴・腕が上がる²³・腕が立つ²³	「相撲」は，中学校で学習する付表の語。「時計」は，小学校で学習する付表の語。
うと-い	疎い□	世事に疎い³³・去る者は日々に疎し³□	
うと-む	疎む□	疎ましい³³・疎んじる³・人に疎まれる³	
うなが-す	促す³	参加を促す⁴⁴・注意を促す³³・生長を促す¹²	
うね	畝²	畝間²・畝織²⁵・畑に畝をうつ³	
うば-う	奪う²	奪い取る³・奪い合う²・心を奪う²・目を奪う¹・権利を奪う⁶⁴・財産を奪⁵⁴う・仕事を奪われる³³	
うぶ	産④	産湯④³・産着④³・産毛④²・産声④²	
うま	馬²	馬小屋²¹・馬屋²³・竹馬¹²・早馬¹・馬追い²³・馬跳び²・馬の骨²⁶・馬乗り²³・馬²の耳に念仏⁴⁵	
う-まる	埋まる³	土砂に埋まる¹・堀が埋まる⑥	
う-まれる	生まれる³	平成生まれ³⁴¹・生まれかわる¹・京都に生まれる²³・作品が生まれる²³・スターが生まれる¹	↔産まれる
う-まれる	産まれる⁴	赤ちゃんが産まれる³³¹・予定日に産まれる⁴	↔生まれる

音訓	漢字	用例	備考
うみ	海²	海²鳴り・外²海・海²開き・海²の³幸・雲②の海・火²の海・海¹千¹山¹千	
う-む	生¹む	生²み出す・生²みの親・(創作などの)生²みの苦³しみ・傑作を生む・新記録を生む・利息を生む・疑惑を生む	↔産む
う-む	産⁴む	産⁴み月・(出産の際の)産⁴みの苦⁴しみ・卵⁶を産⁴む	↔生む 「産む」は，出産・産卵のときに使う。
うめ	梅⁴	梅⁴見・梅⁴酒³・梅¹酢⁴・白⁴梅⁶・梅干し	
う-める	埋める	埋¹め立て・穴⁶を埋める・堀を埋める・校庭にタイムカプセルを埋める	
う-もれる	埋もれる	埋¹もれ²木・雪に埋もれる	
うやうや-しい	恭しい	恭⁵しい³態度	
うやま-う	敬⁶う	親を敬⁶う・師と敬う	
うら	裏⁶	裏⁶口¹・裏⁶方²・裏⁶声²・裏⁶作²・裏⁶地³・裏⁶庭²・裏⁶打³ち・裏⁶街⑥道④・裏⁶書²き・裏⁶通⁶り²・天¹井④裏⑥・裏をかく	
うら	浦	津々浦々	
うらな-う	占う	占い・占⁵い師・星占い・夢¹占い・運勢を占う・将来⁶を占² う	
うら-む	恨む	恨²み・恨み²言・恨みつらみ¹・人を恨む¹・雨を恨む・恨みをかう・恨みを晴らす・恨み骨髄に徹する	
うら-めしい	恨めしい	恨¹めしい雨・恨めしく²思う	
うらや-ましい	羨ましい	羨⁴ましい²仲・弟が羨ましい	
うらや-む	羨む	他³人¹を羨む・姉を羨²む	
う-る	売²る	売²り出す・売²り声²・売²り手²・売²り込み・売²り惜しみ・売²り飛⁴ばす・顔を売る・売り言葉に買い言葉	
う-る	得る⑤	得⑤るところ・得⑤るところが多い	〜しうる［仮名書きが多い。］
うるお-う	潤う	潤¹い・草¹木が潤う・家²計が潤う	
うるお-す	潤す	田¹畑³を潤す・喉を潤す・民④を潤す	
うるし	漆	漆塗り・漆にかぶれる・漆にまける	
うる-む	潤む	声が潤む・目が¹潤む	
うるわ-しい	麗しい	麗しさ・麗⁵しい³女¹性・見¹目¹麗しい	
うれ-い	愁い	愁いに沈む・愁⁴いを帯²びる・春の愁い	↔憂い
うれ-い	憂い	後顧の憂²い・凶作の憂²いがある	↔愁い
うれ-える	愁える	友の³死を愁える	↔憂える

音訓	漢字	用例	備考
うれ-える	憂える	憂え・将来を憂える・病気を憂える	↔愁える
う-れる	売れる	売れ行き・売れ筋・売れ高・売れっ子・売れ残り・よく売れる店・名が売れる	
う-れる	熟れる	サクランボの実が熟れる・熟れたトマト	
うわ	上	上着・上積み・上背・上手・上前・上役・上書き・上掛け・上滑り・上澄み・上塗り・上乗せ・上履き・上目づかい	声がうわずる・うわのそら
う-わる	植わる	桜が植わっている	
ウン	運	運動・運命・海運・運営・運河・運行・運航・運勢・運送・運賃・運転・運搬・運輸・悪運・機運・気運・幸運・悲運	「機運」は，うまくいきそうなめぐり合わせ，「機運が熟する」。↔「気運」は，時勢の成り行き，「原発反対の気運が盛り上がる」。
ウン	雲	雲海・積乱雲・雲霞（カ）・雲水・雲量・星雲・戦雲・雷雲・雲上人・風雲児・雲泥の差・青雲の志・雲散霧消	
エ	会	会釈・会得・法会・図会・一期一会	
エ	絵	絵本・絵図・口絵・絵師・絵筆・絵馬・油絵・影絵・下絵・墨絵・絵巻物・絵空事・絵に描いた餅	
エ	恵	恵方参り・知恵	
エ	回	回向	
エ	依	帰依	
え	重	一重・八重桜・九重・七重八重・幾重にも	
え	江	入り江・江戸時代	
え	柄	柄をすげる・ひしゃくの柄	
え	餌	餌食・餌づけ・すり餌・小鳥の餌	
エイ	永	永続・永久・永遠・永住・永世・永代・永年・永眠・永続性・半永久・永遠無窮	
エイ	泳	泳法・水泳・背泳・泳者・遠泳・競泳・遊泳・力泳	
エイ	英	英雄・英断・俊英・英気・英傑・英語・英国・英才・英姿・英知・英明・育英	
エイ	映	映画・上映・反映・映写・映像・水面に映じる夕日	映像↔影像。「映像」は，映し出された物体の像，または心に浮かぶイメージ。
エイ	栄	栄枯・栄養・繁栄・栄華・栄冠・栄光・栄進・栄達・栄転・栄誉・虚栄・光栄・ご清栄の段・受賞の栄・栄耀（ヨウ）栄華	
エイ	営	営業・経営・陣営・営舎・営繕・営倉・営巣・営造・営利・営林・運営・国営・造営・直営・兵営・民営・野営・露営	

音訓	漢字	用　例	備　考
エイ	衛⁵	衛⁵生¹・護⁵衛・守³衛・衛⁵星²・衛⁵兵・後²衛・自²衛・前²衛・防⁵衛・門⁵衛	
エイ	詠	詠嘆・詠¹草・朗⁵詠・詠²歌・詠³唱・詠進・吟⁵詠・題²詠・和歌を詠³じる	
エイ	影	影響・陰影・撮⁵影・影³像・暗⁶影・遺⁴影・印²影・近³影・幻²影・投³影	影像↔映像。「影像」は、物の陰、または絵画・彫刻・写真などに表された神仏・人などの像。
エイ	鋭	鋭⁴利・鋭⁵敏・精⁵鋭・鋭³意・鋭²角・鋭¹気・鋭峰・新²鋭・先¹鋭・新進気鋭⁶・敵の鋭鋒²³¹（ホウ）をかわす▼	
えが-く	描く	描き出す・人¹物を描³く・苦³悩を描く・心に描²く・弧を描く	
エキ	役③	役³務⁵・使³役③・兵⁴役③・役③牛²・現⁵役③・雑⁵役③・戦⁴役③・懲³役③・服³役③・労⁴役③・前²九¹年¹の役③	
エキ	易⁵	易⁵者・貿⁴易・不⁵易・易¹学・改⁴易・交²易・不⁴易流³行²	
エキ	益	有³益・利⁵益・益³する・益⁴虫・益⁴鳥・権²益・公⁶益・収⁶益・純⁶益・損⁵益・便⁴益・無⁵益・社²会に益²する行²為・世の中の益²になる	
エキ	液⁵	液⁵体・液⁵状・血⁵液・液⁴化・液⁵剤・液²胞・胃⁶液・樹⁵液・唾⁶液・乳⁵液・粘⁵液・廃⁵液・溶⁵液・液に浸す	
エキ	駅³	駅³長²・駅³伝・貨⁴物³駅・駅³員²・駅³舎・駅³頭²・駅³弁・駅³前²・宿³駅・廃³駅・駅³ビル・終³着³駅・各³駅³停³車	
エキ	疫	疫³病³・悪³疫・防⁵疫・疫¹学・疫痢・検³疫・免²疫	
えさ	餌	家²畜の餌・釣りの餌	
えだ	枝⁵	枝⁵葉³・枝⁵豆³・枝⁵道²・下¹枝⁵・枝⁵ぶり・枯れ枝⁵・枝⁵分⁵かれ・枝²を伸ばす・枝⁵を張る	
エツ	悦	悦²楽・喜⁵悦・恐⁴悦・法⁴悦・満⁴悦・悦に入¹る	
エツ	越	越⁵境・超⁵越・優⁶越・越⁴権・越⁶冬・越³年・卓⁵越	
エツ	謁	謁見・拝⁶謁・謁する	
エツ	閲	閲⁶覧・閲⁵歴・校⁴閲・閲²読・検⁵閲	
え-む	笑む④	ほくそ笑④む・笑④み・笑④みを浮かべる・笑④みをたたえる	
えら-い	偉い	偉ぶる・偉¹い人だ	えらく疲れる
えら-ぶ	選⁴ぶ	選⁴び出す・選³び³抜⁴く・代³表⁴を選ぶ・いい品³を選⁴ぶ・手¹段を選⁶ばない・弘⁴（コウ）法³筆を選²ばず▼	
えり	襟	襟⁴首・襟⁴髪・襟⁴章・襟⁴飾り・襟⁴ぐり・襟⁶巻き・襟¹を立てる・襟¹を正す	
え-る	得⁵る	共⁴感³を得⁵る・承⁶認⑥を得⁵る・利⁴益⁵を得る・良⁴縁⁵を得⁵る・要⁴領⁵を得⁵ない	↔獲る ありえない・～せざるをえない・やむをえない

音訓	漢字	用例	備考
え-る	獲る	獲物³・獣を獲る	↔得る
エン	円¹	円卓¹・円熟⁶・一円¹・円滑¹・円形²・円弧¹・円座⁶・円周¹・円陣⁴・円柱¹・円筒¹・円盤¹・円満¹・長円²・半円¹・円グラフ・円舞曲³	
エン	延⁶	延長⁶²・延期⁶²・遅延³・延引⁶²・延焼⁶・延滞⁶④・延着⁶・延納⁶・圧延⁵⁶・順延⁴⁶・延々三時間に及ぶ⁶¹²²・息災延命³⁵⁶³	
エン	沿⁶	沿海⁶²・沿線⁶²・沿革⁶⁶・沿岸⁶²・沿道⁶²	
エン	園²	園芸²⁴・公園⁵²・楽園⁶²・園児²³・園長²⁴・園丁²・学園¹²・菜園⁴²・造園⁵²・庭園³²・田園¹²・農園⁴²・遊園地³²²・植物園³²²・動物園³²²・幼稚園³²²	
エン	遠²	遠近²⁴・永遠⁵²・敬遠⁶²・遠因²⁵・遠泳²²・遠海²²・遠景²¹・遠征²²・遠足²¹・遠方²・遠望²⁴・遠慮²⁵・遠路²⁴・深遠³²・疎遠²・遠隔操作²⁶²⁶・遠謀深慮²⁵³	
エン	塩⁴	塩分⁴²・塩酸⁴⁵・食塩²⁴・塩害⁴⁴・塩基⁴⁵・塩素⁴⁴・塩田⁴²・岩塩⁵⁶・製塩⁵⁴	
エン	演⁵	演技⁵⁵・演奏⁵⁶・講演⁵⁵・演芸⁵⁴・演劇⁵⁶・演算⁵²・演習⁵³・演出⁵¹・演台⁵²・演題⁵³・演壇⁵・開演³⁵・競演⁵⁵・公演⁵・実演³⁵・上演⁶³・熱演²⁵・演じる	
エン	炎	炎上¹・炎天¹・火炎¹・炎暑³・炎症⁴・炎熱²・胃炎⁶・気炎²・肺炎⁶・鼻炎③・中耳炎①	
エン	宴	宴会²・宴席⁴・酒宴³・宴遊³・祝宴⁴・宴を催す・宴たけなわ	
エン	援	援助³・応援³・声援³・援軍⁴・援護⁴・援用・救援⁵・後援²・支援⁵	救援←急(×)援
エン	煙	煙突・煙霧・喫煙・煙雨¹・煙害¹・煙幕¹・禁煙・黒煙²・水煙⁴・節煙・排煙▼・煤(バイ)煙・噴煙³・油煙	
エン	猿	野猿²・類人猿⁴¹・犬猿の仲¹・猿人¹	
エン	鉛	鉛筆・亜鉛²・黒鉛²・鉛害²・鉛管²・鉛直²・鉛版⁵	
エン	縁	縁故¹・縁日²・血縁²・縁側²・縁起²・縁語⁴・縁台²・縁談²・機縁⁴・絶縁⁵・無縁・離縁・良縁・縁組み・縁は異なもの・縁を切る	「因縁」は、「インネン」。
エン	怨	怨恨□・怨嗟(サ)□▼・私怨⁶・宿怨³□	
エン	媛④	才媛²④	愛媛(えひめ)県
エン	艶□	妖艶□・艶書□²・艶笑□④・艶美□³・艶聞□²・艶麗□	
オ	悪③	悪寒③³・好悪⁴③・憎悪③・嫌悪③	悪寒←悪感(×)
オ	汚	汚点²・汚物³・汚名¹・汚職²・汚辱¹・汚水⑥・汚染□・汚泥	
<u>オ</u>	和③	和尚③	
お	小	小川¹・小暗い¹³	
お	尾	尾頭付き②⁴・尾根³・犬の尾¹・尾を垂れる⁶・尾を引く・尾を振る²	
お	雄	雄しべ・雄牛²・雄花¹	

音訓	漢字	用 例	備 考
お	緒	鼻緒・下げ緒・玉の緒・下駄の緒・堪忍袋の緒が切れる	
お-いる	老いる	老い・老い先・老いらく・老いこむ・老いては子に従え	
オウ	王	王子・帝王・王位・王冠・王宮・王国・王座・王様・王者・王族・王朝・王妃・国王・女王・大王・仁王・王手をかける	「親王」,「勤王」などは,「シンノウ」,「キンノウ」。「四天王」は,「シテンノウ」。
オウ	央	中央	
オウ	応	応答・応用・呼応・応援・応急・応酬・応接・応戦・応対・応分・供応・相応・対応・適応・因果応報・質問に応じる	「反応」,「順応」などは,「ハンノウ」,「ジュンノウ」。応対←応待(×)
オウ	往	往復・往来・既往症・往還・往時・往航・往生・往信・往診・往年・往路・右往左往	
オウ	皇	法皇・皇子	「天皇」は,「テンノウ」。
オウ	桜	桜花・観桜・桜桃	
オウ	黄	黄金・卵黄・黄土・黄鉄鉱・黄熱病	「黄土」は,「コウド」とも。
オウ	横	横断・横領・専横・横行・横死・横隊・横着・横転・横柄・横暴・縦横	
オウ	凹	凹凸・凹面鏡・凹レンズ・凹版	
オウ	押	押収・押印・押韻・花押	
オウ	欧	欧文・西欧・渡欧・欧化・欧州・欧米	
オウ	殴	殴打・殴殺	
オウ	翁	老翁・○○翁	
オウ	奥	奥義・深奥・奥羽・奥州・秘奥	「奥義」は,「おくギ」とも。奥義←奥儀(×)
オウ	旺	旺盛・食欲旺盛	
お-う	生う	生い立ち・生い茂る・生い先	生い先↔老い先
お-う	追う	追い打ち・追い剝ぎ・追いかける・追いすがる・牛を追う・回を追う・犯人を追う・理想を追う・国を追われる	
お-う	負う	負い目・背負う・荷を負う・傷を負う・名に負う・義務を負う・負うた子に教えられ浅瀬を渡る・〜に負うところが多い	
おうぎ	扇	舞扇・扇形・扇の要・扇の的	
お-える	終える	一生を終える・仕事を終える・修行を終える・宿題を終える	
おお	大	大型・大通り・大水・大雨・大男・大声・大勢・大空・大手・大波・大荒れ・大一番・大騒ぎ・大道具・大当たり・大入り袋	大勢↔多勢(タゼイ)
おお-い	多い	雨の日が多い・欠席者が多い	

音訓	漢字	用例	備考
おお-いに	大いに	大いに語り合う・大いにけっこう	
おお-う	覆う	覆い・覆い隠す・顔を覆う・目を覆う・雪に覆われる・覆いをかける	
おお-きい	大きい	大きさ・大きな・大きい庭・大きい数・大きいことを言う・人物が大きい・被害が大きい・大きなお世話・大きな顔をする	
おお-せ	仰せ	仰せに従う・仰せのとおり	
おおやけ	公	公の場・公の発言・公にする	
おか	丘	小高い丘	
<u>おか</u>	岡	岡目八目・岡山県・静岡県・福岡県	
おか-す	犯す	過ちを犯す・法律を犯す・罪を犯す	↔侵す・冒す 「犯す」は,してはならないことをすること。
おか-す	侵す	国境を侵す・権限を侵す	↔犯す・冒す 「侵す」は,他人の領域に無断で入ること。
おか-す	冒す	危険を冒す・風雨を冒して出発する	↔犯す・侵す 「冒す」は,困難なことを無理にすること。
おが-む	拝む	拝み倒す・伏し拝む・仏様を拝む・札束を拝む・拝み倒して借金する	
おき	沖	沖合い・沖釣り・オホーツク海沖・沖に向かってこぎ出す	
おぎな-う	補う	補い・学資の補い・赤字を補う・栄養を補う・説明を補う	
お-きる	起きる	早起き・起きぬけ・起き上がる・朝早く起きる・事故が起きる・奇跡が起きる・発作が起きる・転んでもただでは起きない	
オク	屋	屋上・屋外・家屋・屋内・社屋・廃屋・屋上屋を架す	
オク	億	億万・一億・億を超す数	
オク	憶	記憶・追憶・憶説・憶測	↔臆
オク	臆	臆説・臆測・臆病・臆断・胸臆・臆するところがない	「臆説」,「臆測」は,「憶説」,「憶測」とも書く。 ↔憶
おく	奥	奥底・奥書・奥義・奥地・奥付・山奥・奥の院・奥の手・奥深い・奥まる・奥行き・心の奥	おくゆかしい 「奥義」は,「オウギ」とも。
お-く	置く	置き傘・置き手紙・置き引き・置き土産・据え置く・捨て置く・置き換える・肩に手を置く・支店を置く	～ておく・間をおく・重点をおく・念頭におく 「土産」は,中学校で学習する付表の語。
おく-らす	遅らす	出発を遅らす・予定を遅らす	
おく-る	送る	見送り・送り状・送り主・送り仮名・送り迎え・送り出す・送り届ける・荷を送る・一生を送る・駅まで送る	↔贈る 「仮名」は,中学校で学習する付表の語。

音訓	漢字	用　例	備　考
おく-る	贈る	贈り物・贈り名・感謝状を贈る・記念品を贈る・官位が贈られる	↔送る
おく-れる	後れる	後れ毛・気後れ・後れをとる	↔遅れる
おく-れる	遅れる	遅れ・月遅れ・手遅れ・時代遅れ・立ち遅れ・流行遅れ・時計の遅れ・乗り遅れる・会合に遅れる・完成が遅れる	↔後れる 「時計」は，小学校で学習する付表の語。
お-こす	起こす	思い起こす・体を起こす・事件を起こす・寝た子を起こす・土を起こす・火事を起こす・筆を起こす・謀反を起こす	↔興す
おこ-す	興す	家を興す・国を興す・事業を興す	↔起こす
おごそ-か	厳か	厳かな儀式・厳かに執り行う	
おこた-る	怠る	義務を怠る・注意を怠る・任務を怠る・努力を怠る	
おこな-う	行う	行いを慎む・日ごろの行い・執り行う・式を行う・試合を行う・田植えを行う	
お-こる	起こる	事の起こり・疑問が起こる・事故が起こる・拍手が起こる・反対運動が起こる	↔興る
おこ-る	興る	国が興る・産業が興る	↔起こる
おこ-る	怒る	ひどく怒る・父に怒られた	
お-さえる	押さえる	押さえ込む・差し押さえる・口を押さえる・現場を押さえる・証拠を押さえる・資産を押さえる・石の押さえ	↔抑える 要点をおさえる
おさ-える	抑える	相手打線を抑える・涙を抑える・怒りを抑える・反撃を抑える・欲望を抑える・インフレを抑える・抑えがきく	↔押さえる
おさな-い	幼い	幼友達・幼子・幼心・幼なじみ・幼い妹・考え方が幼い	「友達」は，小学校で学習する付表の語。
おさ-まる	収まる	争いが収まる・インフレが収まる・丸く収まる	↔納まる
おさ-まる	治まる	痛みが治まる・国が治まる・世の中が治まる	↔修まる
おさ-まる	修まる	身持ちが修まらない	↔治まる
おさ-まる	納まる	国庫に納まる・重役に納まる	↔収まる
おさ-める	収める	戸棚に収める・効果を収める・利益を収める	↔納める カメラにおさめる
おさ-める	治める	国を治める・乱を治める・水を治める	↔修める
おさ-める	修める	学問を修める・身を修める	↔治める
おさ-める	納める	御用納め・見納め・注文の品を納める・税を納める・胸に納める	↔収める
お-しい	惜しい	名残惜しい・惜しい人を失う・命が惜しい・時間が惜しい・手放すには惜しい品	「名残」は，中学校で学習する付表の語。
おし-える	教える	教え・教え子・教えこむ・教え諭す・英語を教える・こつを教える・道を教える・先生の教え	

音訓	漢字	用例	備考
お-しむ	惜しむ	負け惜しみ・金を惜しむ・名を惜しむ・才能を惜しむ・別れを惜しむ・協力を惜しむ・惜しむらくは・惜しみない拍手	
お-す	推す	推し量る・推し進める・会長に推す・A案を推す・推して知るべし	↔押す
お-す	押す	押し・押し花・押し入れ・押し売り・手押し車・押しきる・押し殺す・押し出す・念を押す・判を押す・ドアを押す	↔推す
おす	雄	雄犬・牛の雄	
おそ-い	遅い	遅咲き・遅霜・遅寝・遅番・遅生まれ・遅かれ早かれ・遅い春・足が遅い・帰りが遅い・進歩が遅い・後悔してももう遅い	
おそ-う	襲う	寒さが襲う・台風が襲う・名を襲う・寝込みを襲う・強盗に襲われる	
おそれ	虞	～を害する虞がある	日本国憲法に出てくる漢字。一般的には「洪水のおそれ」など仮名書き。
おそ-れる	恐れる	恐れ・恐れおののく・失敗を恐れる・恐れをなす	↔畏れる
おそ-れる	畏れる	畏れ多い・神を畏れぬ仕業・師を畏れ敬う	↔恐れる
おそ-ろしい	恐ろしい	恐ろしい事件・夜道は恐ろしい	
おそ-わる	教わる	英語を教わる・先生に教わる	
おだ-やか	穏やか	穏やかだ・穏やかな海・穏やかな一日・穏やかな天気・穏やかな人・穏やかに話す	
おちい-る	陥る	危険に陥る・危篤に陥る・苦しい立場に陥る・計略に陥る・敵の術中に陥る	陥る ← 落(×)ち入(×)る
お-ちる	落ちる	落ち着く・落ち度・落ち葉・都落ち・落ち武者・落ち合う・滑り落ちる・雷が落ちる・日が落ちる・試験に落ちる	
オツ	乙	甲乙・○○を甲，○○を乙という	
おっと	夫	妻と夫	
おと	音	物音・足音・音沙汰・音が出る・音をたてて崩れる・音に聞こえた名将	
おとうと	弟	弟弟子・兄と弟	
おど-かす	脅かす	人を脅かす	
おとこ	男	年男・山男・男の子	
おとしい-れる	陥れる	人を陥れる・城を陥れる・窮地に陥れる	
お-とす	落とす	力落とし・落とし穴・落とし物・射落とす・泣き落とす・見落とす・涙を落とす・気を落とす	
おど-す	脅す	脅し・脅し文句・脅し取る・ナイフで脅す	

音訓	漢字	用例	備考
おとず-れる	訪れる	訪れ・春の訪れ・京都を訪れる・平和が訪れる・寒い冬が訪れる・自宅を訪れる	
おど-り	踊り	踊り子・踊り場・盆踊り・踊りの輪ができる	
おと-る	劣る	技術が劣る・品質が劣る・力が劣る	
おど-る	踊る	踊りを踊る・他人に踊らされる・音楽に合わせて踊る	↔躍る
おど-る	躍る	躍り上がる・小躍りする・胸が躍る・身を躍らせる	↔踊る
おとろ-える	衰える	衰え・勢いが衰える・体が衰える	
おどろ-かす	驚かす	世間を驚かす・耳目を驚かす	
おどろ-く	驚く	驚きを隠せない・驚くべき事実・驚くにはあたらない・急なことで驚いた	
おな-じ	同じ	同じだ・同じ人・同じ考え・同じ洋服・同じ穴のむじな・同じ釜の飯を食う	
おに	鬼	鬼ごっこ・赤鬼・鬼火・鬼瓦・鬼将軍・鬼退治・仕事の鬼・鬼が笑う・鬼に金棒・鬼の居ぬ間に洗濯・鬼の目に涙	
おのおの	各	各着席する	「各々」とも書く。
おのれ	己	己にかつ・己を知る	
おび	帯	角帯・帯封・黒帯・帯揚げ・帯締め・帯留め・帯番組・帯グラフ・帯を締める・帯に短したすきに長し	
おびや-かす	脅かす	王座を脅かす・生命を脅かす・自由を脅かす・不安に脅かされる	
お-びる	帯びる	剣を帯びる・使命を帯びる・酒気を帯びる・任務を帯びる	
おぼ-える	覚える	覚え・覚え書き・うろ覚え・覚えがいい・顔を覚える・こつを覚える・単語を覚える	合意確認のため交わされる文書の場合は「覚書」が一般的。
おぼ-れる	溺れる	川で溺れる・酒に溺れる・恋に溺れる・溺れる者はわらをもつかむ	
おも	主	主な人々・主に子どもを対象にしている	
おも	面	川の面・面影・面長・面だち・面もち・面やつれ	
おも-い	重い	重たい・重荷・重い足どり・重い罰・頭が重い・気が重い・傷が重い・口が重い・腰が重い・責任が重い・病気が重い	
おも-う	思う	思い・思わしい・思い出・思いきり・思いつき・思うつぼ・せつない思い・思いがかなう・子を思う母	
おもて	表	表門・裏表・表作・表地・畳表・表街道・表書き・表構え・表看板・表沙汰・表通り・表向き・表で遊ぶ・表の理由	↔面
おもて	面	細面・面を上げる・矢面に立つ・能の面を作る	↔表

音訓	漢字	用例	備考
おもむき	趣	趣のある庭・趣を異にする・異国的な趣・お尋ねの趣は承りました	
おもむ-く	赴く	任地に赴く・病気が快方に赴く	
おや	親	親子・親方・親心・親潮・親玉・親分・親指・里親・親会社・親孝行・親離れ・親の七光り	
およ-ぐ	泳ぐ	泳ぎ・平泳ぎ・クジラが泳ぐ・体が前に泳ぐ・政界を泳ぐ・犯人を泳がせる	
およ-び	及び	A及びB	法令・公用文以外では，仮名書きが多い。
およ-ぶ	及ぶ	及び腰・災害が身に及ぶ・被害額は百億円に及ぶ・及ばずながら・力の及ぶかぎり・及びもつかない・この期に及んで	
およ-ぼす	及ぼす	影響を及ぼす・害を及ぼす	
おり	折	折も折・折あしく・折をみて・折にふれて・休みの折	時おり
お-りる	下りる	飛び下りる・肩の荷が下りる・木から下りる・許可が下りる・錠が下りる・幕が下りる・命令が下りる・山から下りる	↔降りる／「馬・船」などからおりる場合は「下りる」を使う。
お-りる	降りる	乗り降り・滑り降りる・飛び降りる・エレベーターで降りる・車から降りる・霜が降りる・チャンピオンの座を降りる	↔下りる／「乗り物・地位」などからおりる場合に「降りる」を使う。
お-る	折る	折り紙・折り箱・折り鶴・折り目・手折る・折り詰め・菓子折り・折り返す・折り曲げる・枝を折る・我を折る・指を折る	
お-る	織る	織り物・機織り・織り込む・織り成す・布を織る	
おれ	俺	俺に任せろ	
お-れる	折れる	名折れ・風で枝が折れる・角を左へ折れる・先方が折れて謝った	
おろ-か	愚か	愚かだ・愚かしい・愚か者・愚かしい考え・なんて愚かなやつだ	
おろし	卸	卸商・卸値・卸問屋	
お-ろす	下ろす	書き下ろす・髪を下ろす・錠を下ろす・幕を下ろす	↔卸す・降ろす
お-ろす	降ろす	旗を降ろす・荷物を降ろす・主役から降ろす	↔下ろす・卸す
おろ-す	卸す	卸し売り・品物を小売店に卸す	↔下ろす・降ろす
お-わる	終わる	終わり・夏の終わり・一巻の終わり・映画の終わり・仕事が終わる・不成功に終わる	
オン	音	音楽・発音・騒音・音階・音感・音響・音訓・音信・音速・音頭・音読・音痴・音波・音符・雑音・濁音・録音・蓄音機	「観音」は，「カンノン」。
オン	恩	恩情・恩人・謝恩・恩義・恩恵・恩顧・恩師・恩賜・恩赦・忘恩・恩返し・恩を売る・恩をあだで返す	
オン	温	温暖・温厚・気温・温顔・温室・温情・温泉・温存・温帯・温度・温和・検温・常温・体温・保温・温故知新・温室育ち	温厚←温好(×)

音訓	漢字	用例	備考
オン	穏	穏和³・穏当²・平穏³・穏健⁴・穏便⁴・不穏⁴	「安穏」は,「アンノン」。
オン	怨	怨念⁴・怨霊□	
<u>オン</u>	遠⑵	久遠⁵⁼²・遠流²⁼³	
おん	御	御中¹・御礼³・御身³・御曹司⁴	「御曹司」は,「御曹子」とも。
おんな	女	女形¹⁼²・女友達¹⁼²・女物¹⁼³	「友達」は,小学校で学習する付表の語。
カ	下	下流¹⁼³・下降¹⁼⁶・落下³⁼¹・下位¹⁼⁴・下記¹⁼²・下級¹⁼³・下等¹⁼³・下方¹⁼²・下命¹⁼³・閣下⁶⁼¹・却下⁴⁼¹・城下³⁼¹・地下¹⁼¹・天下¹⁼¹・殿下³⁼¹・配下⁴⁼¹・部下²⁼¹・門下²⁼¹	
カ	化³	化石³⁼¹・化学³⁼¹・文化¹⁼¹・化合³⁼¹・化繊³⁼¹・悪化²⁼¹・液化¹⁼³・感化¹⁼³・気化²⁼³・帰化²⁼³・強化²⁼³・激化⁴⁼³・消化³⁼³・浄化¹⁼³・進化⁶⁼³・退化²⁼³・風化¹⁼³・変化¹⁼³	
カ	火¹	火災¹⁼⁵・灯火¹⁼⁶・発火³⁼¹・火炎¹⁼⁴・火口¹⁼²・火山¹⁼¹・火事¹⁼³・火薬¹⁼³・引火⁶⁼¹・消火³⁼¹・戦火⁴⁼¹・耐火⁴⁼⁵・鎮火²⁼¹・点火¹⁼¹・噴火⁴⁼¹・兵火³⁼¹・放火²⁼¹・砲火¹⁼¹	
カ	加⁴	加入⁴⁼¹・加減¹⁼⁴・追加⁴⁼⁵・加害⁴⁼²・加工⁴⁼²・加算⁴⁼²・加勢⁴⁼³・加担⁴⁼³・加筆⁴⁼³・加味⁴⁼³・加盟⁴⁼⁶・参加⁴⁼⁶・増加⁴⁼⁵・添加⁴⁼⁵・倍加⁴⁼²・付加⁴⁼²・累加⁴⁼³・加速度⁴⁼⁵⁼⁶・加減乗除	かげんしてくれ・さじかげん・塩かげん
カ	可⁵	可否⁵⁼¹・可能⁵⁼²・許可⁴⁼⁵・可決⁵⁼⁵・可視⁵⁼¹・可変⁵⁼²・裁可⁴⁼⁵・認可⁴⁼⁵・不可⁵⁼⁵・不可逆性⁵⁼⁵⁼¹・可燃性⁵⁼⁵⁼⁵・不可解⁵⁼³・不可欠⁴⁼⁵⁼⁵・不可避⁵⁼⁴⁼²・不可分⁵⁼²⁼¹・可とする	不可欠←不可決(×)
カ	仮⁵	仮面⁵⁼³・仮定⁵⁼³・仮装⁵⁼⁶・仮死⁵⁼³・仮称⁵⁼⁵・仮説⁵⁼⁴・仮想⁵⁼³・仮託⁵⁼⁵・仮泊⁵・仮名⁵⁼¹	「仮名」は,「カメイ」。「仮名(かな)」は,別の言葉で,中学校で学習する付表の語。
カ	何②	幾何学②⁼¹	
カ	花¹	花弁¹⁼⁵・花壇¹⁼³・落花³⁼¹・花押¹⁼□・花器¹⁼⁴・花鳥¹⁼²・花瓶¹⁼²・花粉¹⁼¹・桜花⁵⁼¹・開花³⁼¹・献花¹⁼¹・国花¹⁼¹・生花¹⁼¹・造花¹⁼¹・綿花¹⁼¹・花鳥風月	
カ	価⁵	価値⁵⁼⁶・価格⁵⁼⁵・評価⁵⁼⁵・安価⁵⁼⁵・原価²⁼⁵・高価²⁼⁵・市価²⁼⁵・時価²⁼⁵・真価³⁼⁵・代価³⁼⁵・単価⁴⁼⁵・定価⁴⁼⁵・特価⁴⁼⁵・物価⁴⁼⁵・米価⁴⁼⁵・廉価⁴⁼⁵・栄養価	
カ	果⁴	果実⁴⁼³・果断⁴⁼⁵・結果⁴⁼⁵・果敢⁴⁼⁴・果樹⁴⁼⁶・果汁⁴⁼⁵・果報⁴⁼⁵・効果⁵⁼⁴・青果¹⁼⁴・成果⁴⁼⁴・戦果⁴⁼⁴	
カ	河⁵	河川⁵⁼¹・河口⁵⁼①・運河⁵⁼¹・河港⁵⁼¹・河床⁵⁼⁵・河水⁵⁼¹・河畔⁵・銀河³⁼⁵・山河¹⁼⁵・大河¹⁼⁵・渡河⁵・氷河³⁼⁵	「かわどこ」は,「川床」。
カ	科²	科学²⁼¹・教科²⁼²・罪科⁵⁼²・科目²⁼¹・科料²⁼⁴・医科¹⁼²・学科²⁼²・眼科¹⁼²・外科②⁼²・前科²⁼²・内科¹⁼²・文科¹⁼²・法科¹⁼²・理科¹⁼²・教科書²⁼³・分科会²⁼¹・百科事典	
カ	夏²	夏季²⁼⁴・初夏⁴⁼²・盛夏⑥⁼²・夏期²⁼³・晩夏⁶⁼²	「夏季」は,夏の季節のこと。↔「夏期」は,夏の期間のことで,「夏期休暇・夏期講座」など。
カ	家²	家屋²⁼³・家庭²⁼³・作家²⁼²・家業²⁼³・家具²⁼³・家訓²⁼³・家計²⁼³・家畜²⁼³・家伝²⁼⁴・家風²⁼²・一家¹⁼²・画家¹⁼²・旧家¹⁼²・国家¹⁼²・農家¹⁼²・民家¹⁼²・事業家²⁼³・篤志家	
カ	荷③	出荷③・入荷③・荷重③⁼²・荷担③⁼⑥・荷電③・集荷③・電荷③・負荷	入荷←入貨(×)

音訓	漢字	用例	備考
カ	貨⁴	貨⁴物³・貨⁴幣・通²貨⁴・貨⁴客・貨⁴車³・外⁴貨⁴・金¹貨⁴・銀³貨⁴・硬⁴貨⁴・財⁵貨⁴・雑⁵貨⁴・滞⁴貨⁴・銅⁴貨⁴・百貨店	
カ	過⁵	過⁵度³・過⁵失⁵・通²過⁵・過⁵激⁵・過⁵去⁶・過⁵誤⁵・過⁵重⁵・過⁵剰⁵・過⁵信⁴・過⁵程⁴・過⁵熱⁵・過⁵敏⁵・過⁵労⁵・経⁴過⁵・罪⁵過⁵・過⁵渡³期²・過⁵当⁴競争	
カ	歌²	歌²曲³・唱²歌²・短²歌²・歌²劇²・歌²詞²・歌²手¹・歌²集²・歌²人²・歌²風²・歌²謡²・狂⁴歌²・校¹歌²・詩²歌²・牧⁴歌²・和³歌²・流行²歌²・放²歌²高吟	「詩歌」は，「シカ・シイカ」。
カ	課⁴	日¹課⁴・課⁴する・課⁴外²・課⁴業²・課⁴税⁵・課⁴題²・課⁴程⁴・課⁴長²・課⁴目¹・正⁴課⁴・賦⁴課⁴・部³課⁴・放³課⁴後²・次⁴の課⁴・任⁵務⁵を課⁴する	
カ	佳	佳²作²・佳²人¹・絶⁴佳²・佳²境⁵・佳²句²・佳²日¹・佳²品²・絶⁴佳²の眺⁵望・佳²人¹薄³命	
カ	架	架²橋³・架²空²・書¹架²・架²設⁵・架²線²・開²架²・高²架²・担⁶架²・十¹字¹架²	架空←仮(×)空，担架←担荷(×)
カ	華	華³美⁴・繁³華³・栄⁴華³・華³族³・華³道²・華³麗⁵・豪⁵華³・昇³華³・中華¹	
カ	菓	菓¹子⁵・製⁵菓・茶②菓・銘菓	「茶菓(サカ)」は，「チャカ」とも。
カ	渦	渦中	
カ	嫁	嫁する・降⁶嫁・婚³嫁・転¹嫁・人⁵に責⁵任を嫁する	
カ	暇	余⁵暇・休¹暇・寸⁶暇・閑暇・賜暇	
カ	禍	禍福³・禍³根⁵・災⁵禍・奇³禍・惨⑥禍・舌⁴禍・戦⁴禍・輪禍	
カ	靴	製⁵靴・軍⁴靴・長²靴	
カ	寡	寡黙・寡⁵婦・多²寡・寡²言・寡²作²・寡²少²・寡²聞⁶・寡²欲⁶・衆⁶寡²敵⁶せず	
カ	箇	箇³所・箇⁵条²書き	
カ	稼	稼³業⁴・稼¹働¹³・人気稼⁴業²・稼²働²時間	「稼働」は，「稼動」とも。
カ	苛	苛酷・苛⁵烈・苛性ソーダ・苛政は虎よりも猛(たけ)し	
か	日¹	三¹日¹・十¹日¹・四¹日¹・五¹日¹・六¹日¹	
か	香⁴	移⁵り香⁴・梅⁴の香¹・木⁴の香⁴	
か	蚊	蚊³柱・やぶ蚊・蚊³取²り④線香・蚊に刺される	
か	鹿⁴	鹿⁴の子¹	
ガ	我⑥	我⑥流³・彼⑥我・自²⑥我・我⑥意⑥・我⑥見³・我⑥執⑥・我⑥慢⑥・我⑥欲⑥・忘⑥⑥我・無⁴⑥我・我⑥田¹引²水・無⁶我⁵夢¹中・我⑥を通す	
ガ	画²	画²家²・図⁶画²・映²画²・画²架⁵・画²業²・画²工²・画²賛²・画²集⁵・画²像²・画²風²・画²面²・画²廊³・絵⁶画²・版²画²・壁⁵画²・漫¹画²・画²用¹紙²・日¹本画²	
ガ	芽⁴	発³芽⁴・麦②芽⁴・肉²芽⁴・出¹芽⁴	

音訓	漢字	用例	備考
ガ	賀⁴	賀⁴状・祝⁵賀・賀⁴する・賀⁴詞・賀⁴正・謹⁴賀・慶⁶賀・参⁴賀・年⁴賀・拝¹賀・新²年を賀⁴する	
ガ	雅	雅趣・優⁶雅・風²雅・雅²歌・雅²楽・雅²言・雅²語・雅³号・雅²俗・雅文¹・雅⁴量・温⁴雅・典⁴雅	
ガ	餓	餓死・餓³鬼・飢餓	
ガ	牙	牙⁴城・歯³牙・毒⁵牙にかかる	
ガ	瓦	瓦⁵解・瓦礫▼（レキ）	
カイ	回²	回²答・転²回・次²回・回²顧・回²収・回²診・回²想・回²避・回²復・回²遊・回²覧・回²路・回²廊・巡²回・旋²回・撤²回・回²を重ねる	撤回←徹（×）回
カイ	灰	灰⑥白色・石¹灰・灰⑥燼（ジン）に帰²する	
カイ	会²	会²話・会²計・社²会・会²員・会²議・会²合・会²社・会²場・会²食・会²談・会²報・宴²会・学²会・議²会・教²会・国²会・司²会・会²を開³く	
カイ	快⁵	快⁵活・快⁵晴・明⁵快・快⁵感・快⁵挙・快⁵勝・快⁵走・快⁵諾・快⁵調・快⁵適・快⁵方・快⁵楽・軽⁵快・全⁵快・壮⁵快・痛⁵快・愉⁵快	
カイ	改⁴	改⁴造・改⁴革・更⁴改・改⁴悪・改⁴易・改⁴作・改⁴札・改⁴修・改⁴宗・改⁴組・改⁴称・改⁴正・改⁴善・改⁴題・改⁴築・改⁴定・改⁴訂・改⁴良	「改定」は，改めて定めること。↔「改訂」は，本の内容を改めること。
カイ	海²	海²岸・海²水浴・航²海・海²域・海²運・海²峡・海²軍・海²図・海²藻・海²難・海²抜・海²流・雲²海・公²海・領²海・海²産物・人²海戦術	
カイ	界³	境³界・限³界・世³界・外³界・学³界・眼³界・財³界・業³界・下³界・視³界・政³界・租³界・他³界・銀³世界・芸³能界・法³曹界	
カイ	械⁴	機⁴械・器⁴械	「機械」は，動力によって動く装置。↔「器械」は，簡単なしかけの装置。
カイ	絵²	絵²画	
カイ	開³	開³始・開³拓・展³開・開³演・開³花・開³化・開³会・開³襟・開³眼・開³校・開³港・開³講・開³設・開³店・開³発・開³票・公³開・打³開	文明開化↔開花宣言 文学に開眼（カイガン）する↔大仏開眼（カイゲン）
カイ	階³	階³段・階³級・地³階・階³下・階³上・階³層・位³階・音³階・段³階・二³階・最³上階	
カイ	解⁵	解⁵決・解⁵禁・理⁵解・解⁵散・解⁵釈・解⁵除・解⁵説・解⁵体・解⁵任・解⁵放・解⁵剖・瓦⁵解・見⁵解・誤⁵解・分⁵解・弁⁵解・和⁵解・不⁵可解	
カイ	介	介¹入・紹⁵介・介⁵する・介³護・介在・介助・介抱・仲介・媒介・魚²介類⁴	おせっかい
カイ	戒	戒²心・戒⁶律・警⁶戒・戒⁵告・戒¹名・訓⁴戒・斎戒・自²戒・破⁵戒・戒⁶厳令・懲⁵戒免職	
カイ	怪	怪談・怪²物・奇⁶怪・怪⁶漢・怪⁵火・怪¹奇・怪³獣・怪¹力・怪腕・妖怪・複⁵雑⁵怪奇	

音　訓	漢字	用　例	備　考
カイ	拐	拐帯⁴・誘拐	
カイ	悔	悔恨・後悔²・悔悟	
カイ	皆	皆無・皆勤⁶・皆既食¹²・皆既日食¹²・皆既月食¹²	
カイ	塊	塊状⁵・山塊・塊茎¹・塊根・金塊・土塊	
カイ	壊	壊滅⁵・破壊・決壊³・壊乱・倒壊・崩壊・壊血病³³	
カイ	懐	懐中³・懐古・述懐³・懐疑²・懐旧⁵・懐郷・懐剣・懐紙・懐柔²・懐胎・懐妊³・懐炉・所懐・抱懐・本懐¹・懐中時計¹²²・懐古趣味	「時計」は、小学校で学習する付表の語。
カイ	楷	楷書²	
カイ	潰	潰瘍・潰走²・胃潰瘍⁶	
カイ	諧	俳諧⁶・諧謔（ギャク）▼・諧調³	
<u>カイ</u>	街④	街道②²	
かい	貝¹	貝細工¹²²・ほら貝¹・貝殻¹・貝柱¹³・二枚貝¹⁶・巻き貝¹・貝のように口を閉ざす¹⑥	
ガイ	外²	外出²¹・海外²²・除外⁶²・外貨²²・外界²⁴・外見²³・外国²¹・外泊²²・外野²²・以外⁴²・戸外²²・郊外²²・号外⁶²・渉外²²・心外²²・例外²²・論外²⁴・外交辞令²²⁴⁴	
ガイ	害⁴	害悪⁴³・被害⁴⁴・損害⁶⁴・害虫⁴²・害毒⁴³・加害²⁴・危害²¹・災害²²・惨害²²・障害²²・水害¹⁴・阻害⁴⁴・迫害⁴⁴・妨害⁴³・有害⁴⁶・利害⁶⁴・冷害⁴⁴・害をなす⁴	妨害←防(×)害
ガイ	街⁴	街頭⁴²・市街²⁴・商店街³²⁴・街灯⁴⁴・街路樹⁴³⁶・官庁街⁴⁶⁴・繁華街⁴⁶⁴・名店街¹²⁴	
ガイ	劾	弾劾	
ガイ	涯	生涯¹・生涯教育¹²³・天涯孤独¹⁵	
ガイ	慨	慨嘆・憤慨³・感慨³・悲憤慷（コウ）慨³・感慨無量³⁴⁴	↔概
ガイ	該	該当²・該博⁴・当該²	
ガイ	概	概念・大概・概して・概括⁴・概観・概況²・概算²・概数・概説⁴・概評⁵・概要⁴・概略⁵・概論⁶・気概・梗概	↔概
ガイ	崖	断崖⁵・懸崖・断崖絶壁⁵⁵	
ガイ	蓋	頭蓋骨²・蓋然性⁴⁵・抜山蓋世¹³	
ガイ	骸	形骸化²・死骸²⁴・骸骨⁶・遺骸⁶・残骸⁴	
かいこ	蚕⁶	蚕棚⁶	
か-う	交う②	飛び交う⁴②・筋交い⁶②・行き交う²②・羽交い絞め²②	
か-う	買う²	買い物²³・買い置き²³・買い占め²⁴・本を買う²	

音訓	漢字	用例	備考
か-う	飼う	飼い主・飼い猫・飼い葉・牛飼い・飼い殺し・犬を飼う	
かえ-す	返す	仕返し・やり返す・ひっくり返す・恩を返す・借りを返す・言葉を返す・借金を返す	↔帰す かえすがえす
かえ-す	帰す	家に帰す・海へ帰す	↔返す
かえり-みる	省みる	己を省みる・我が身を省みる	↔顧みる 「省みる」は、己の行動や考えをあとでよく考えるの意。
かえり-みる	顧みる	過去を顧みる・歴史を顧みる・危険を顧みない	↔省みる 「顧みる」は、昔のことを思い起こすの意。
か-える	代える	挨拶に代える・命には代えられない・背に腹は代えられぬ	↔換える・替える・変える 「代える」は、代理・代表・交代などの意味の場合に使う。
か-える	変える	形を変える・位置を変える・顔色を変える・観点を変える・立場を変える・方針を変える・予定を変える	↔替える・代える・換える 「変える」は、変更・変化の意味の場合に使う。
か-える	換える	遺伝子組み換え・品物を取り換える・乗り換える・引き換える・物を金に換える	↔代える・替える・変える 「換える」は、AとBを交換する場合に使う。 言いかえる・書きかえる・置きかえる
か-える	替える	替え歌・替え玉・衣替え・入れ替え・植え替え・買い替え・詰め替え・吹き替え	↔換える・代える・変える 「替える」は、AをやめてBにかえる場合に使う。
かえ-る	返る	寝返り・返り血・返り咲き・とんぼ返り・生き返る・振り返る・我に返る・初心に返る	↔帰る 「返る」は、主に物事が元のようになる場合に使う。返り咲き←帰(×)り咲き
かえ-る	帰る	帰り・帰り道・帰りがけ・家に帰る・故郷に帰る・古巣に帰る	↔返る 「帰る」は、元いたところに戻ってくる場合に使う。
かお	顔	横顔・したり顔・顔役・素顔・顔だち・顔つき・顔ぶれ・顔負け・顔向け・知らん顔・顔が売れる・顔を立てる	
かお-り	香り	香り高い・香水の香り・茶の香り・土の香り	↔薫り
かお-る	香る	梅の花が香る・ほのかに香るバラ	↔薫る
かお-る	薫る	薫り・風薫る五月・文化の薫り・初夏の薫り	↔香る
かか-える	抱える	一抱え・かばんを抱える・頭を抱える・難問を抱える・仕事を抱え込む・お抱え運転手	
かか-げる	掲げる	看板を掲げる・旗を掲げる・目標を掲げる・理想を掲げる	
かがみ	鏡	鏡板・鏡餅・手鏡・鏡開き・合わせ鏡	
かがや-く	輝く	輝き・輝かしい・輝く星・ネオンの輝き・宝石の輝き・星の輝き・栄光に輝く・空に輝く・太陽が輝く・輝かしい未来	

音訓	漢字	用 例	備 考
かかり	係³	係³員・庶³務係⁵・係³長・戸²籍係・進³行係・出²納³係	↔掛
かかり	掛	改⁴札掛⁴・出¹札掛⁴・配³車掛¹	↔係 「掛」は，鉄道関係や，一部の国立大学の部局課の小分けなどに使われている。
か-かる	架かる	橋³が架かる・電²線²が架かる	↔掛かる・懸かる
か-かる	掛かる	ボタンが掛かる・ひもが引²っ掛かる	↔係る・懸かる・架かる 一般的には仮名書きが多い。
か-かる	懸かる	橋³懸かり・賞⁵金¹が懸かる・月¹が中²天に懸かる	↔掛かる・架かる 一般的には仮名書きが多い。
かか-る	係る³	係り結び・生⁴死²に係る問³題・本³件に係る訴¹訟⁵	↔掛かる 一般的には仮名書きが多い。
かか-わる	関わる⁴	関わり⁴・関わり²合い・関わり²がある・関わり⁴をもつ・命³に関⁴わる	～にもかかわらず
かき	垣	垣³根・石垣・竹垣・玉垣・人垣・生け垣・垣を巡らす	
かき	柿	柿⁴の種・柿³の実・干⁶し柿	
かぎ	鍵	鍵⁶穴²・合い鍵・鍵³を開ける・事³件の鍵⁵を握る	
かぎ-る	限る⁵	限り⁵・今²日¹限り⁵・限³りある命⁵・限りない力¹・時²間²を限る⁵・人¹数²を限る⁵・花は桜に限る	見渡すかぎり・～しないかぎり 「今日」は，小学校で学習する付表の語。
カク	各⁴	各⁴自²・各種⁴・各⁴位³・各員⁴・各⁴人・各⁴所・各地・各⁴派・各⁴論⁶・各⁴家²庭³	
カク	画²	画²期³的・計²画・区²画・画²策・画²数・企³画・参²画・字²画・総⁴画・点⁴画・画²一¹化³	
カク	角²	角²度・三角・頭²角・角²界・角²材・角²質・角²逐・角²膜・鋭²角・外²角・仰²角・互²角・死¹角・触²角・直⁵角・鈍²角・内²角・対²角線	
カク	拡⁶	拡⁶大¹・拡張²・拡²声³器・拡²散・拡²充・軍⁴拡⁶	
カク	革⁶	革⁶新²・改⁴革⁶・皮³革・革⁶質・革⁶命⁵・沿⁶革・変⁴革	
カク	客③	客③死³・主³客③・旅³客③・剣³客③・刺³客¹・文¹人墨客③	「客」は，「キャク」とも。
カク	格⁵	格⁵式・規⁵格・性⁵格・格⁵言・格⁵差・格⁵調・格⁵闘・価²格・合⁶格・骨⁵格・資²格・失⁵格・人⁵格・体⁵格・風格・格⁶納庫・格が高い	
カク	覚⁴	覚⁴悟・知²覚・発⁴覚・覚²醒・感³覚・幻²覚・才²覚・錯⁶覚・視⁴覚・自²覚・触²覚・聴⁵覚・不²覚・味²覚	
カク	閣⁶	閣⁶議⁴・閣僚²・内⁶閣・閣⁶下²・閣⁶外²・組⁶閣・倒¹閣・入⁶閣・仏⁵閣・楼⁶閣・天¹守³閣	天守閣←天主(×)閣
カク	確⁵	確⁵定³・確⁵認⑥・正¹確⁵・確⁵固⁴・確⁵執・確⁵実・確⁵証・確⁵信・確⁵答・確⁵保・確⁵報・確⁵約・確⁵立・確⁵率・的⁴確・適²確・明⁵確	的確な判断↔適確な対応 確信←確心(×)
カク	核	核心・核反応・結核・核酸・中核・核家族・核実験・核戦争・核分裂・核兵器・原子核・反核運動・運動の核になる	

34

音訓	漢字	用例	備考
カク	殻	甲殻・地殻・卵殻	
カク	郭	城郭・外郭・輪郭・胸郭	
カク	較	比較・較差	「最高最低気温の較差」↔「賃金の格差」
カク	隔	隔離・隔月・間隔・隔日・隔世・隔年・隔絶・遠隔・遠隔操作	
カク	獲	獲得・捕獲・漁獲高・一獲千金	↔穫
カク	嚇	威嚇	
カク	穫	収穫・多穫	↔獲
か-く	欠く	こと欠く・義理を欠く・決め手を欠く・常識を欠く・礼儀を欠く	
か-く	書く	書き方・書き手・書き物・物書き・書き下し・書き初め・書き下ろす・詩を書く・字を書く・手紙を書く	↔描く
か-く	描く	絵描き・図に描く・花を描く	↔書く
か-ぐ	嗅ぐ	臭いを嗅ぐ・鼻で嗅ぐ・秘密を嗅ぎつける	
ガク	学	学習・科学・大学・学位・学級・学芸・学校・学資・学者・学説・学童・学問・医学・雑学・私学・数学・独学・学がある	
ガク	楽	楽隊・楽器・音楽・楽曲・楽士・楽章・楽団・楽譜・楽屋・器楽・声楽・邦楽・洋楽・管弦楽・交響楽	
ガク	額	額縁・金額・前額部・額面・巨額・減額・高額・差額・残額・全額・総額・増額・定額・倍額・半額・額が多い・額に入れる	
ガク	岳	岳父・山岳	
ガク	顎	顎関節	
かく-す	隠す	物を隠す・姿を隠す・名を隠す・身を隠す・事実を隠す	
かく-れる	隠れる	雲隠れ・隠れ家・隠れた才能・穴に隠れる・月が雲に隠れる・物陰に隠れる	
かげ	陰	日陰・陰口・陰膳・木陰・島陰・陰弁慶・陰干し・陰ひなた・陰ながら・陰のある人・草葉の陰・山の陰	↔影 〜のおかげ・おかげさま
かげ	影	影絵・人影・面影・月影・火影・星影・影法師・影武者・暗い影・影が薄い・影がさす・影も形もない・影を潜める	↔陰
がけ	崖	崖下・崖崩れ・崖の上	
か-ける	欠ける	茶わんが欠ける・月が欠ける・人情に欠ける・人数が欠ける・歯が欠ける	
か-ける	架ける	橋を架ける・綱を架ける・電線を架ける	↔掛ける・懸ける・賭ける

音訓	漢字	用例	備考
か-ける	掛ける	掛け金・掛け声・掛け算・掛け軸・掛け図・掛け値・掛け捨て・掛け布団・絵を掛ける	↔懸ける・架ける・賭ける 見かける・走りかける・腰をかける・鼻にかける
か-ける	駆ける	駆け足・駆け落ち・駆け引き・駆け込む・駆け出す・駆けつける・駆け抜ける・駆け回る・馬が駆ける	
か-ける	懸ける	命懸け・思いを懸ける・賞金を懸ける	↔掛ける・架ける・賭ける
か-ける	賭ける	金を賭ける・賭けに勝つ・社運を賭ける	↔掛ける・懸ける・架ける
かげ-る	陰る	陰り・顔が陰る・日が陰る・陰りが見える・陰りのある顔	
かご	籠	竹籠・花籠・虫籠・買い物籠・籠の鳥	
かこ-う	囲う	囲い・雪囲い・生け垣の囲い・金網で囲う・犯人を囲う・塀で囲う・囲いをする	
かこ-む	囲む	囲み・囲み記事・取り囲む・柵で囲む・城を囲む・食卓を囲む	
かさ	傘	雨傘・日傘・番傘・相合い傘	
かざ	風	風上・風車・風穴・風花・風見鶏（どり）・風上にも置けない・風向きを見る	
かさ-なる	重なる	重なり合う・積み重なる・仕事が重なる・用事が重なる・重なる不幸	
かさ-ねる	重ねる	重ね着・重ね重ね・重ねの羽織・杯を重ねる・失敗を重ねる・罪を重ねる・手を重ねる・年を重ねる	
かざ-る	飾る	飾り・飾り気・飾り窓・飾り物・松飾り・着飾る・飾りつける・うわべを飾る・言葉を飾る・花を飾る・有終の美を飾る	
かしこ-い	賢い	賢さ・賢げだ・賢い子ども・賢く立ち回る	
かしら	頭	頭文字・旗頭・座頭・頭に据える・頭をおろす	
か-す	貸す	貸し・貸し家・貸し室・貸し席・貸し借り・貸し切り・貸し倒れ・貸し付け・貸し布団・金を貸す・力を貸す・耳を貸す	「貸付金」のような複合語の場合は、送り仮名をつけない。
かず	数	口数・言葉数・数知れない・数ならぬ身・数を数える・数をこなす・ものの数でない・数々の品	
かぜ	風	そよ風・秋風・雨風・北風・波風・春風・夜風・風薫る・風通し・追い風・臆病風・風の便り・風が吹く	
かせ-ぐ	稼ぐ	稼ぎ・稼ぎ高・稼ぎ手・荒稼ぎ・出稼ぎ・共稼ぎ・稼ぎに出る・大金を稼ぐ・点数を稼ぐ・時を稼ぐ	
かぞ-える	数える	数え年・数え歌・数え上げる・数えたてる・順番を数える・欠点を数える	
かた	片	片方・片手・片一方・片側・片隅・片肌・片棒・片道・片思い・片仮名・片手間・片割れ・片づける	「仮名」は、中学校で学習する付表の語。

音訓	漢字	用例	備考
かた	方	話し方・敵方・親方・上方・里方・母方・味方・目方・夕方・明け方・数え方	「あのかた・こちらのかた・ご来場のかたがた」などは，仮名書きが多い。
かた	形	形見・手形・女形・髪形・花形・弓形・自由形・ハート形・やせ形	↔型 「形」は，もののすがた，かたち。
かた	型	型紙・血液型・鋳型・A型・大型・型どおり・型破り・ひな型・紋切り型・剣道の型・自動車の型・型にはまる	↔形 「型」は，もとになったり手本になったりするかたち。
かた	肩	肩口・肩車・肩先・肩幅・肩当て・肩入れ・肩書き・肩凝り・肩代わり・肩透かし・肩たたき・肩身が狭い・肩を並べる	
かた	潟	干潟・新潟県	
かた-い	固い	固練り・固い絆・固い握手・固い約束・固い友情・固く結ぶ・固く信じる・口が固い・決意が固い・団結が固い	↔堅い・硬い 「固い」の反対は「もろい」。
かた-い	難い	想像に難くない	「〜しがたい」は，仮名書きが多い。
かた-い	堅い	堅炭・堅物・堅い話・手堅い・堅い商売・堅い守り・堅苦しい・合格は堅い	↔硬い・固い
かた-い	硬い	硬い鉛筆・硬い土・硬い表現・硬いボール・態度が硬い・話が硬い・表情が硬い・文章が硬い・緊張して硬くなる	↔硬い・固い 「硬い」の反対は「軟らかい」。
かたき	敵	敵役・商売敵・恋敵・親の敵・目の敵・敵を討つ・敵をとる	
かたち	形	形作る・形がつく・形になる・形を写す・形を描く・形をつける・形を整える・形をなす・影も形も見えない	
かたな	刀	小刀・手刀・山刀・刀鍛冶・守り刀・おっとり刀・刀で斬る・刀を差す・刀を研ぐ・刀を抜く・刀折れ矢尽きる	「鍛冶」は，中学校で学習する付表の語。
かたまり	塊	土の塊・肉の塊・雪の塊・脂肪の塊	欲のかたまり・学生のかたまり
かた-まる	固まる	凝り固まる・牛乳が固まる・考えが固まる・基礎が固まる・証拠が固まる	
かたむ-く	傾く	傾き・傾きかげん・0度の傾き・日が傾く・船が傾く・心が傾く・土台が傾く・社運が傾く・賛成に傾く	
かたむ-ける	傾ける	首を傾ける・心を傾ける・杯を傾ける・耳を傾ける・全力を傾ける	
かた-める	固める	固め・固め技・足固め・固めの杯・踏み固める・基礎を固める・決心を固める・城を固める・身を固める・守りを固める	
かたよ-る	偏る	偏り・偏った考え・一方に偏る・食事が偏る・人事が偏る・考え方に偏りがある	
かた-らう	語らう	語らい・語らいの場・楽しい語らい・友と語らう・語らって旅に出る	
かた-る	語る	物語・語り手・語り部・語り物・昔語り・語り合う・語り明かす・語りかける・語り伝える・思い出を語る・語るに落ちる	

音訓	漢字	用例	備考
かたわ-ら	傍ら	傍らで過ごす・傍らに置く	勉学のかたわら
カツ	活	活動・活力・生活・活気・活況・活字・活発・活版・活躍・活用・活路・快活・死活・自活・復活・活性化	
カツ	割	割愛・割拠・分割・割譲・割腹・割賦販売	
カツ	括	一括・包括・概括・総括・統括	
カツ	喝	喝破・一喝・恐喝・喝采・恫（ドウ）喝	
カツ	渇	渇望・渇水・渇仰・飢渇・枯渇	
カツ	滑	滑走・滑降・円滑・滑空・滑車・平滑・滑走路・潤滑油・円転滑脱	
カツ	褐	褐色・茶褐色	
カツ	轄	管轄・所轄・直轄・総轄・統轄・分轄	
カツ	葛	心の葛藤・葛藤が深まる	
カッ	合	合戦	
か-つ	且つ	且つ	「飲みかつ歌う・必要かつ十分」など，一般的には仮名書きが多い。
か-つ	勝つ	勝ち・勝手・勝ち戦・勝ち気・勝ち星・勝ち抜き・勝ち負け・勝ち進む・勝ち取る・勝ち誇る・打ち勝つ・敵に勝つ	己にかつ・欲望にかつ・悲しみにかつ
ガツ	月	正月・九月・月日	
ガッ	合	合併・合宿・合点・合作・合冊・合算・合唱・合掌・合奏・合体・合致・合評・合本・合掌造り・合併症・合従連衡	「合点」は，「ガテン」とも。
かつ-ぐ	担ぐ	担ぎ出す・籠を担ぐ・片棒を担ぐ・たんすを担ぐ・会長に担ぐ	
かて	糧	糧を得る・心の糧・日々の糧	
かど	角	街角・四つ角・角地・机の角・角が立つ・角が取れる	
かど	門	門口・門松・門出・笑う門には福来る	
かな	金	金物・金具・金網・金型・金気・金輪・金切り声・金だらい・鬼に金棒	
かな-しい	悲しい	悲しがる・悲しいできごと・悲しい物語・そんなに悲しがらないでください	
かな-しむ	悲しむ	悲しみ・深い悲しみ・悲しみをこらえる・母の死を悲しむ	
かな-でる	奏でる	曲を奏でる・琴を奏でる	
かなめ	要	肝腎要・守備の要・扇子の要	「肝腎要」は，「肝心要」とも。
かなら-ず	必ず	必ずしも・必ず実行する・必ずしも負けるとはいえない	

音訓	漢字	用例	備考
かね	金	金持ち・針金・金貸し・金包み・金づる・引き金・金づかい・金づまり・金のなる木・金がかかる・金で買う	
かね	鐘	釣り鐘・寺の鐘・除夜の鐘・鐘が鳴る・鐘をつく	
か-ねる	兼ねる	兼ね備える・首相が外相を兼ねる・大は小を兼ねる	見かねる・待ちかねる・わかりかねます
かの	彼	彼女	あれが，かの有名な～
かぶ	株	株式・株価・株券・株主・株分け・切り株・上場株・優良株・株式会社・株が上がる・お株を奪う	
かべ	壁	壁土・白壁・壁紙・土壁・壁掛け・壁新聞・壁を塗る・壁にぶつかる・壁を破る・壁に耳あり障子に目あり	
かま	窯	窯元・窯入れ・炭焼き窯	
かま	釜	釜飯・茶釜	
かま	鎌	鎌倉時代・鎌首・鎌を研ぐ・鎌をかける	
かま-う	構う	構う	一般的には仮名書きが多い。
かま-える	構える	構え・家構え・門構え	身がまえる・事をかまえる・一家をかまえる［複合語（名詞）以外は，仮名書きが多い。］
かみ	上	川上・上方・上座・上手・お上・風上・上の句・上半期・上屋敷・上一段活用	
かみ	神	神様・貧乏神・神棚・神業・氏神・神隠し・神頼み・風の神・福の神・山の神・神も仏もない	神奈川（かながわ）県
かみ	紙	紙くず・厚紙・色紙・壁紙・銀紙・手紙・鼻紙・巻紙・紙芝居・紙鉄砲・紙一重・紙吹雪・折り紙・千代紙	「吹雪」は，中学校で学習する付表の語。
かみ	髪	髪結い・日本髪・髪油・髪洗い・髪飾り・洗い髪・ざんばら髪・髪が薄い・髪が乱れる・髪をすく・髪を結う	
かみなり	雷	雷雲・雷おやじ・雷が落ちる・雷が鳴る	
かめ	亀	亀の甲より年の功・鶴は千年亀は万年・亀を飼う	
かも-す	醸す	醸し出す・酒を醸す・物議を醸す・雰囲気を醸す	
かよ-う	通う	通い・通い路・通いつめる・学校に通う・心が通う・血が通う・船が通う	
から	空	空手・空手形・空箱・空くじ・空梅雨・空振り・空返事・空回り・空いばり	からっぽ・からになる 「梅雨」は，中学校で学習する付表の語。
から	唐	唐織・唐草模様・唐傘・唐紙・唐衣・唐松	
から	殻	貝殻・茶殻・吸い殻・抜け殻・豆の殻・もぬけの殻・殻にこもる・殻を破る	

音訓	漢字	用例	備考
がら	柄	事柄³・身柄³・大柄・人柄⁵・職業柄³・着物の柄³・柄が小さい¹・柄が悪³い・柄に合わない・柄にもないことを言う²	
から-い	辛い	辛み・辛口⁴・塩辛い・点が辛い¹・辛いめを見る	かろうじて合格した[仮名書きが一般的。]
か-らす	枯らす	木枯らし¹・植木を枯らす	
からだ	体	体²つき・体を鍛える・体をこわす・体を張る⁵	
から-まる	絡まる	糸が絡まる¹・つたが絡まる□⁵⁵・複雑な事情が絡まった事件³⁵□ ³⁵	
から-む	絡む	絡みつく□・絡み合う²・金が絡む¹・枝につるが絡む³⁵□	
から-める	絡める	足を絡める¹・つるを絡める□・問題を絡める³³	
かり	仮	仮の住まい⁵・仮に³・仮処分⁵・仮通夜⁵⑥²²・仮縫い⁵・仮の姿⁵・仮の名⁶・仮の世⁵・仮免許⁵・仮住まい⁵³・仮にも⁵	かりそめ
か-り	狩り	ぶどう狩り⁵・蛍狩り³・潮干狩り⑥・いのしし狩り⑥・狩りに行く²	
か-りる	借りる	借り着⁴・借り手・借り主⁴・借り物・前借り¹・借り入れ・借り換え⁴・借り貸し・借り越し・本を借りる・力を借りる	「借入金」の場合は送り仮名をつけない。
か-る	刈る	刈り入れ¹・切り株³・刈り上げ¹・刈り込み³・刈り取る³・頭を刈る²・草を刈る	
か-る	狩る	狩り込み・うさぎを狩る	
か-る	駆る	駆り立てる¹・駆り集める³・馬を駆る²・余勢を駆る⁵⁵・不安に駆られる⁴³	
かる-い	軽い	軽々³と・手軽¹³だ・軽石³¹・軽口³¹・軽業③・足軽¹³・気軽³³・身軽³³・軽はずみ・軽い足どり³・軽いけが³・口が軽い³・腰が軽い	
かれ	彼	彼ら・彼氏⁴・彼はいい男だ	かれこれ
か-れる	枯れる	枯れ木¹・枯れ枝⁵・枯れ草・枯れ野²・枯れ葉³・枯れた芸・枯れ尾花⁴・草が枯れる¹・枯れ木に花が咲く	井戸がかれる・喉がかれる・夏がれ
かろ-やか	軽やか③	軽やかだ③・軽やかな足どり③	
かわ	川¹	川岸・小川¹・川音¹・川上¹・川下¹・川筋・川床・川端¹・川幅²・谷川・川遊び¹³・川越し¹・川沿い¹・川止め・川開き¹・川を渡る²	↔河
かわ	皮³	甘皮¹³・渋皮³²・皮切り³²・皮算用³²²・木の皮・欲の皮³・化けの皮	↔革
かわ	河⁵	河⁵	↔川 固有名詞や、特に慣用が固定しているときのみ使う。
かわ	革⑥	革靴⑥・牛革²⑥・革製品⑥⁵³・革のコート⑥	↔皮 「革」は、製品を作るために加工したもの。
がわ	側⁴	側⁴・裏側⁴・片側³・上側²⁴・内側³⁴・縁側²⁴・表側²⁴・北側²⁴・外側⁶⁴・敵側²⁴・西側⁴・左側¹⁴・右側³⁴・消費者の側に立つ⁵³	「かわ」とも。
かわ-かす	乾かす	洗濯物⁶を乾かす³	

音訓	漢字	用 例	備 考
かわ-く	乾く	乾いた土地・乾きが早い・空気が乾く・洗濯物が乾く	↔渇く
かわ-く	渇く	渇き・愛情の渇き・口が渇く・喉が渇く	↔乾く
か-わす	交わす	挨拶を交わす・枝を交わす・手紙を交わす	
かわら	瓦	瓦屋根・瓦版・瓦ぶき	
か-わる	代わる	代わり・肩代わり・身代わり・大臣が代わる・米の代わりに麦を食う・父に代わって言う	↔換わる・替わる・変わる 〜するかわりに・かわるがわる
か-わる	変わる	声変わり・心変わり・移り変わり・変わり果てる・色が変わる・住所が変わる・姿が変わる	↔替わる・代わる・換わる
か-わる	換わる	配置が換わる・物が金に換わる	↔代わる・替わる・変わる
か-わる	替わる	代替わり・月替わり・入れ替わり・学校を替わる・商売が替わる・年度が替わる・替わり狂言・日替わり定食	↔換わる・代わる・変わる
カン	干	干渉・干潮・若干・干支・干拓・干満・欄干・十干十二支	
カン	刊	刊行・発刊・週刊・季刊・既刊・休刊・近刊・月刊・旬刊・新刊・創刊・増刊・朝刊・日刊・廃刊・夕刊・隔月刊	
カン	完	完全・完成・未完・完結・完遂・完走・完投・完納・完備・完封・完璧・完訳・完了・補完・完膚なきまで・完全無欠	
カン	官	官庁・教官・官位・官憲・官軍・官舎・官職・官報・官吏・官僚・器官・警官・神官・長官・文官・司令官・官と民	器官←器管(×)
カン	巻	巻頭・圧巻・一巻・巻末・経巻・全巻・万巻の書・全三十巻・巻をおく	
カン	看	看護・看破・看板・看過・看守・看病	看過←観(×)過
カン	寒	寒暑・寒村・厳寒・寒気・寒帯・寒波・寒風・寒流・悪寒・酷寒・大寒・耐寒・貧寒・防寒・余寒・寒冷前線・三寒四温	
カン	間	間隔・中間・時間・間隙・間欠・間食・間接・間断・期間・区間・空間・瞬間・年間・民間・夜間・林間・間一髪・○○週間	間一髪←間一発(×)
カン	幹	幹線・幹事・根幹・幹部・基幹・主幹	
カン	感	感心・感覚・直感・感化・感慨・感激・感謝・感想・感服・感銘・感涙・快感・所感・痛感・鈍感・万感・敏感・隔世の感	直感がはたらく↔直観による理解 感慨←感概(×)
カン	漢	漢字・漢語・門外漢・漢籍・漢文・悪漢・怪漢・好漢・痴漢・暴漢・漢和辞典	
カン	慣	慣例・慣性・習慣・慣行・慣習・慣用	
カン	管	管理・管制・鉄管・管轄・管見・管弦・管内・移管・気管・血管・所管・土管・保管・管楽器・試験管・ガス管・ガラス管	気管←気官(×)
カン	関	関節・関係・関する・関心・関西・関税・関知・関東・関門・関与・関連・機関・玄関・税関・相関・難関・連関・関八州	

音訓	漢字	用例	備考
カン	館[3]	館内[3][2]・旅館[3][3]・図書館[2][2]・館員[3][3]・館長[2][3]・会館[2][3]・新館[4][3]・別館[1][3]・本館[3][3]・洋館・映画館[6][2]・公民館[4][2][3]・水族館[2][6][3]・大使館[3][5][3]・博物館[3][5][3]・美術館	
カン	簡[6]	簡単[6][4]・簡易[6][2]・書簡[2][6]・簡潔[6][5]・簡素[6][3]・簡便[6][2]・簡明[6][5]・簡略[5][6]・断簡[1][6]・木簡・簡にして要を得る[6][3]	
カン	観[4]	観察[4][4]・客観[4][4]・壮観[4][3]・観客[4][2]・観光[4][6]・観衆[4][5]・観賞[4][4]・観照[4][5]・観測[4][2]・観点・観念[4][4]・概観[4][4]・景観[4][2]・主観[4][6]・静観[4][4]・直観[1][1]・傍観[1][4]・先入観	直観による理解↔直感がはたらく 先入観←先入感(×)
カン	甘	甘言・甘受・甘味料[3][4]・甘美・甘露	
カン	甲	甲板[3]・甲高い[2]	「甲板」は、「コウハン」とも。
カン	汗	汗顔[2]・発汗[3]・汗腺・汗牛充棟・汗顔の至り[2][6]	
カン	缶	缶詰[2]・製缶[5]・空き缶[1]・缶切り・缶入りジュース	
カン	肝	肝臓・肝胆[4]・肝要・肝腎[4]・肝油・肝胆相照らす	「肝腎」は、「肝心」とも。
カン	冠	冠詞[6]・王冠・栄冠[1]・冠省・冠水[2]・金冠・弱冠[2]・宝冠[6]・冠婚葬祭[3]	弱冠←若(×)冠
カン	陥	陥落[3]・陥没[4]・欠陥[2]・陥穽(セイ)[4]・失陥	
カン	乾	乾燥・乾杯[2]・乾電池[2]・乾季[3]・乾期・乾湿[3]・乾物[5]・乾留・乾パン[4]・無味乾燥[3]	
カン	勘	勘弁・勘当[2]・勘案・勘考[3]・勘定・勘ちがい・勘がいい・勘に頼る	勘に頼る←感(×)に頼る
カン	患	患者・疾患・患部[3]・急患[2]・内憂外患	
カン	貫	貫通・縦貫[3]・尺貫法[3]・貫徹・貫流[3]・貫禄(ロク)▼[1]・一貫目[1]・突貫工事[2][3]・終始一貫[3][1]・首尾一貫[3][1]	貫徹←完(×)撤(×)
カン	喚	喚問[3]・召喚・叫喚[3]・喚起・喚声[2]	驚きの喚声↔勝利の歓声
カン	堪	堪忍□・堪能□[5]	「堪能」は、「タンノウ」とも。
カン	換	換気[1]・換算[2]・交換[1]・換金[2]・換言[1]・転換[4]・変換・換骨奪胎[6]	
カン	敢	敢然[4]・果敢[4]・勇敢[2]・敢行・敢闘	
カン	棺	棺おけ・石棺[1]・出棺・納棺・木棺・棺に蓋をする	
カン	款	定款[3]・借款[2]・落款[3]・約款[4]	
カン	閑	閑静[4]・閑却[4]・繁閑[3]・閑雅[2]・閑居[1]・閑散[4]・閑職[4]・閑談[4]・安閑[6]・森閑[1]・等閑[3]・農閑期[3][2]・閑話休題[2][1][3]	「森閑」は、「深閑」とも。
カン	勧	勧誘・勧奨[5]・勧告[3]・勧業[3]・勧進[3]・勧善懲悪[3]	
カン	寛	寛大[1]・寛容[5]・寛厳[6]	
カン	歓	歓迎[2]・歓声[2]・交歓[2]・歓喜[2]・歓心[3]・歓待[2]・歓談・歓楽・哀歓	勝利の歓声↔驚きの喚声 歓待←歓対(×)

音訓	漢字	用例	備考
カン	監	監視⁶・監督⁵・総監⁵・監禁⁵・監獄⁵・監査⁴・監察⁵・監修⁵・舎監⁶・収監⁶・警視総監⁶⁶⁵	
カン	緩	緩和³・緩慢³・緩急³・弛(シ)緩▼・緩衝地帯²⁴	緩衝地帯←間(×)衝地帯
カン	憾	遺憾⁶	
カン	還	還元¹・生還³・返還⁴・還付³・還流・還暦⁵・往還²・帰還・召還・償還・送還³・奪還	↔環 還暦←還歴(×)
カン	環	環状⁵・環境⁵・循環・環礁¹・金環食²・〜の一環として・衆人環視の中で⁶¹⁶¹	↔還 循環←巡(×)環 衆人環視←衆人監(×)視
カン	艦	艦船²・艦隊⁴・軍艦・艦橋³・艦艇⁴・旗艦²・母艦・艦載機・潜水艦¹	
カン	鑑	鑑賞⁵・鑑定³・年鑑・鑑査³・鑑札¹・鑑識⁴・鑑別³・印鑑・名鑑	
カン	韓	韓国²・日韓関係¹⁴³	
<u>かん</u>	神	神主③³・神無月③⁴¹	
ガン	丸	丸薬²³・弾丸⁴・砲丸²	
ガン	元	元祖²⁵・元日²³・元来²²・元金²¹・元年²¹・元本²¹・元利²⁴	
ガン	岸	岸壁³³・対岸³³・彼岸²¹・沿岸²³・海岸²¹・湖岸³³・両岸²³・護岸工事⁵³²³	
ガン	岩	岩石²¹・岩塩¹・火成岩⁴²・岩礁²・岩盤²・岩壁²・奇岩²・溶岩¹・火山岩¹²	
ガン	眼	眼球⁵³・眼力³⁵・主眼⁵²・眼科⁵²・眼光⁵²・眼前⁵²・眼帯⁵¹・眼中²⁵・近眼・検眼⁵⁵・心眼²⁵・着眼²⁵・肉眼²・複眼²・双眼鏡⁵²・方眼紙²⁵²	
ガン	顔	顔面²³・童顔³²・厚顔⑤²・顔色²・顔料²・温顔²・汗顔⁶²・紅顔⁶²・洗顔⁶²・拝顔・破顔一笑⑤²¹④	
ガン	願	願望⁴・祈願⁴・志願⁵⁴・願書⁴²・願力⁴¹・哀願⁴・懇願⁴・宿願³⁴・出願¹⁴・請願⁴・大願¹⁴・嘆願⁴・念願④⑥・悲願⁴・大願成就¹⁴・願をかける⁴	
ガン	含	含有³・含蓄³・包含⁴	
ガン	頑	頑強²・頑健⁴・頑固²・頑丈⁴・頑迷⑤・頑固一徹⁴¹	
ガン	玩	玩具³・愛玩⁴・熟読玩味⁶²³	
かんが-える	考える	考え²・考えこむ²・考えつく²・考え直す²・考えが浅い⁴・将来を考える⁶²²	
かんが-みる	鑑みる	時局を鑑みる²³	
かんば-しい	芳しい	芳しさ・芳しい香り⁴	成績はかんばしくない
かんむり	冠	冠大会¹²・冠を正す²・冠を曲げる³・金の冠¹	
キ	己	知己²⑥・克己⑥	
キ	危	危険⁶⁵・危害⁶⁴・安危³⁶・危機⁶⁴・危急⁶³・危地⁶²・危篤⁶・危難⁶⁶・危険信号⁶⁵⁴³・危機一髪⁴¹・危急存亡⁶³⁶⁶	

音訓	漢字	用例	備考
キ	⑥机	⑥机上・⑥④机辺・⑥①机下・⑥①①⑥机上の空論	
キ	¹気	¹²気体・¹⁴気候・¹⁴元気・¹²気圧・¹気鋭・¹⁶気炎・¹⁵気概・¹⁵気骨・¹気質・⑤気性・¹⁵気象・¹³気品・³¹気風・¹¹気分・¹³意気・¹⑤根気・¹勇気・¹気が散る	
キ	⁴希	⁴²希望・⁴³希少・⁴³希薄・⁴希求・⁴³希釈・⁴希代・²⁴古希	
キ	²汽	²¹汽車・²¹汽船・²³汽笛	
キ	⁴季	⁴⁴季節・¹⁴四季・⁴⁵雨季・⁴²季刊・⁴³季語・⁴季題・⁴乾季・⁴⁴節季・¹⁴年季	
キ	⁵紀	⁵²紀行・⁵²紀元・²⁵風紀・⁵⁴紀要・⁴⁵軍紀・³⁵⁴綱紀・⁵²¹世紀末・³⁵○世紀・⁵²¹紀行文・⁵⁴²紀伝体	綱紀←綱規(×)
キ	²記	²¹記入・²³記号・⁴²伝記・²記憶・²³記載・²³記事・²³記者・²⁵記述・²⁴記念・²⁴記録・³²暗記・³²手記・⁴¹書記・¹²注記・²²登記・⁴¹筆記・思い出の記	
キ	³起	³¹起立・³⁶起源・³⁶奮起・³²起因・³²起居・³²起業・³²起工・⁵³起床・³¹起訴・³¹起草・³²起点・³²起伏・³²起用・⁵³喚起・⁵³決起・³²再起・³²提起・³³²¹起死回生	奮起←奮気(×)
キ	²帰	²帰還・⁵²帰納・⁶²復帰・²□帰依・²⁶帰化・²³帰郷・²³帰京・²²帰結・²²帰港・²²帰国・²⁴帰省・²帰巣・²④帰属・²⁴帰宅・²⁴帰着・²⁴帰路・³²回帰・帰する	帰結←帰決(×)
キ	⁵基	⁵基礎・⁵基準・⁵⁵基地・⁵⁵基幹・⁵⁵基金・⁵⁵基数・⁵基調・⁵基盤・⁵基本・¹⁵一基・⁴⁵塩基・³⁵開基	
キ	⁵寄	⁵³寄宿・⁵³寄贈・⁵²寄港・⁵³寄食・⁵¹寄進・⁵寄生・⁵³寄託・⁵寄付・⁵寄附・⁵寄与	法令・公用文では,「寄附」。
キ	⁵規	⁵⁵規則・⁵⁶規律・³⁵定規・⁵⁵規格・⁵⁵規準・⁵⁵規制・⁵⁵規定・⁵³規範・⁵⁶規模・⁵⁴規約・⁴⁵校規・³⁵新規・¹⁵正規・²⁵内規・⁵法規	
キ	⁵喜	⁵⁶喜劇・³⁵悲喜・⁵歓喜・⁵喜悦・⁵喜捨・⁵喜寿・⁵随喜・⁵²⁴³喜色満面・⁵喜怒哀楽・⁵¹⁵¹一喜一憂・⁵⁶狂喜乱舞	
キ	⑥揮	⁶³³揮発油・³⁶指揮・³⁶発揮・⁶▼揮毫(ゴウ)	
キ	³期	³²期間・³²期待・⁶³予期・²³期限・²³期日・¹³延期・²³会期・¹³学期・³刑期・³婚期・²³時期・⁴³周期・³³定期・¹²任期・⁴³満期・³無期・⁴³¹思春期・期する	
キ	⁶貴	⁶³貴重・⁶¹貴下・³⁶騰貴・³⁶貴兄・⁶貴社・⁶貴人・⁶³貴族・¹³高貴・④²富貴・⁶¹⁵貴金属・⁶²¹貴公子・⁶⁵¹貴婦人	
キ	⁴旗	⁴⁴旗手・⁴⁴旗艦・⁴⁴国旗・⁴⁴軍旗・⁴³校旗・⁴弔旗・⁴反旗・⁴半旗・²⁵星条旗・②²⁴万国旗	
キ	⁴器	⁴⁴器量・⁴⁴器用・⁴⁴陶器・⁴⁴器械・⁴⁴器官・⁴³器具・⁴器材・⁴楽器・⁴凶器・²⁴計器・⁶⁴磁器・⁶²漆器・³⁴大器・³¹⁴土器・⁴武器・⁴兵器・⁶消火器・¹⁵聴診器	器官←器管(×)
キ	⁴機	⁴⁴機械・⁶⁴機会・⁴危機・⁴機運・⁴⁴機関・⁴器・⁴機嫌・⁴機構・⁴機先・⁴²機体・⁴²機知・⁴機能・⁶機密・⁴機略・⁴²待機・⁴¹飛行機・⁴²機を見る	機嫌←気(×)嫌
キ	企	²企画・²企図・³企業	
キ	④岐	④³岐路・²④分岐・²④多岐・²④²分岐点	岐阜(ぎふ)県

音訓	漢字	用例	備考
キ	忌	忌避・忌中¹・禁忌⁵・年忌¹・忌引き・一周忌¹⁴	
キ	奇	奇襲・奇数²・珍奇・奇異・奇縁・奇禍⁶・奇怪・奇遇²・奇形・奇行²・奇習³・奇跡・奇抜・奇妙²・新奇・奇想天外³¹²・奇をてらう	奇怪→奇々怪々
キ	祈	祈願⁴・祈念⁴・祈禱▼（トウ）	
キ	軌	軌道・広軌・常軌・軌条・軌跡・軌範・狭軌・常軌を逸する⁵	
キ	既	既成⁴・既婚⁵・既往症⁵・既刊³・既決・既設⁶・既存²・既知³・既定・既得⁵・既報⁵・既製品⁵³・既成事実⁴³³・皆既日食¹²	「既成」は，物事ができあがっていること。↔「既製」は，できあがっている商品のこと。
キ	飢	飢餓・飢渇	
キ	鬼	鬼神³・鬼才²・餓鬼・鬼気¹・鬼籍・鬼畜²・鬼門³・悪鬼・債鬼・幽鬼・殺人鬼⁵¹・神出鬼没³¹・百鬼夜行¹²²	「百鬼夜行」は，「ヒャッキヤコウ・ヒャッキヤギョウ」。
キ	幾	幾何学②¹	
キ	棋	棋士・棋譜⁶・将棋・棋院・棋界³・棋風²	
キ	棄	棄権⁶・放棄・遺棄⁶・棄却・棄損⁵・投棄³・破棄⁵・廃棄・自暴自棄²⁵²	
キ	輝	輝石¹・光輝²	
キ	騎	騎士⁵・騎馬²・一騎当千¹²¹・騎手・騎乗³・騎兵⁴・単騎⁴	
キ	伎	歌舞伎²	
キ	亀	亀裂・亀甲	
キ	毀	毀損⁵・毀誉⁵・破毀¹・名誉毀損⁵	「毀損・破毀」は，「棄損・破棄」とも。
キ	畿	畿内²・近畿²・五畿内	
き	生	生糸①・生地①・生一本①¹・生真面目①³³¹・生じょうゆ①・生で飲む³	「真面目」は，小学校で学習する付表の語。
き	木	並木¹・拍子木¹・木戸¹・草木¹・雑木林¹・苗木³・庭木¹・若木⁶・木賃宿¹・木を切る・木で鼻をくくる・木を見て森を見ず	
き	黄	黄色い²・黄ばむ²・黄が強すぎる²	
ギ	技	技術⁵・技師⁵・特技⁴・技官⁵・技芸⁴・技巧⁵・技能⁵・技法⁵・技量⁵・演技⁵・球技³・競技⁵・国技³・実技⁵・妙技⁵・余技⁵	
ギ	義	義理⁵²・意義²・正義⁵・義挙⁵・義肢・義歯⁵・義憤⁵・義務⁵・義勇⁵・講義⁵・主義³⁵・信義・仁義⁵・大義・忠義³⁵・定義・名義¹⁵	↔儀
ギ	疑	疑念⁶・疑問⁴・容疑・疑義・疑獄⁶・疑似⑤・疑心⁴・疑惑⁵・懐疑⁶・嫌疑⁶・質疑・半信半疑・疑心暗鬼	「疑似」は，「擬似」とも。
ギ	議	議論⁴・会議⁶・異議⁴・議案³・議員・議会・議決³・議事⁴・議席・議題⁴・協議⁴・争議⁴・動議⁴・物議⁴・不思議⁴・議する	

音訓	漢字	用 例	備 考
ギ	宜	適宜・便宜・時宜	
ギ	偽	偽名・真偽・虚偽・偽悪・偽作・偽証・偽善・偽装・偽造	真偽←真疑（×） 偽造←欺（×）造
ギ	欺	詐欺・欺瞞（マン）	
ギ	儀	儀式・威儀・地球儀・儀礼・行儀・婚儀・祝儀・葬儀・難儀・律儀・礼儀・婚礼の儀・その儀ばかりは	↔義 「律儀」は，「律義」とも。
ギ	戯	戯曲・遊戯・児戯・戯画	
ギ	擬	擬音・擬人法・模擬・擬制・擬勢・擬態・擬声語・擬態語・次期社長に擬せられる	
ギ	犠	犠牲・犠打・犠飛	犠牲←犠性（×）
き-える	消える	立ち消え・消え入る・消えうせる・火が消える・明かりが消える・姿が消える・足音が消える・痛みが消える	
キク	菊	菊花・白菊・残菊・春菊・野菊・菊人形・除虫菊・菊の香り	
き-く	利く	左利き・利き腕・利き酒	↔効く 「気がきく・無理がきく」など，複合語以外は仮名書きが多い。
き-く	効く	効きめ・薬が効く・宣伝が効く	↔利く
き-く	聞く	聞き耳・聞き覚え・聞き書き・聞き伝え・聞き入る・聞き返す・聞き取る・聞き流す・音を聞く・話を聞く	↔聴く 「聞く」は，一般的にきくこと。疑問点をきく・願いをきく・命令をきく
き-く	聴く	音楽を聴く・演説を聴く・講義を聴く	↔聞く 「聴く」は，改まったり注意したりしてきくこと。
き-こえる	聞こえる	音楽が聞こえてくる・遠くの音がよく聞こえる	
きざ-し	兆し	回復の兆し・戦乱の兆し・春の兆し	
きざ-す	兆す	機運が兆す・不安が兆す	
きざ-む	刻む	刻み・刻み目・分刻み・切り刻む・時を刻む・ねぎを刻む・胸に刻む・刻みを入れる	
きし	岸	向こう岸・岸辺・川岸・岸伝い・岸を離れる・岸に寄せる波	
きず	傷	古傷・傷つく・傷痕・傷口・かすり傷・心の傷・傷が重い・すねに傷をもつ	
きず-く	築く	築き上げる・城を築く・確固たる地位を築く・巨万の富を築く	
き-せる	着せる	着物を着せる・服を着せる	
きそ-う	競う	腕を競う・速さを競う	きそって買い求める
きた	北	北風・北半球・北側・北国・北向き・北の窓・東京の北・北に帰る・北回帰線	

音訓	漢字	用例	備考
きた-える	鍛える	鉄を鍛える・心身を鍛える・鍛え方が足りない	
きた-す	来す	支障を来す・破局を来す・破綻を来す	
きたな-い	汚い	足の裏が汚い・壁が汚い・金に汚い・やり方が汚い・汚らしい服装	
きた-る	来る	来る○日	
キチ	吉	吉日・吉例・大吉・吉事・吉か凶か	「吉日」は、「キツジツ」とも。
キツ	吉	吉報・不吉・吉凶・吉相・吉兆	
キツ	喫	喫煙・満喫・喫する・喫緊・喫茶・喫水線・惨敗を喫する	
キツ	詰	詰問・難詰・面詰	
きぬ	絹	薄絹・絹糸・絹地・絹針・絹ごし・絹張り・絹織物・絹の道・絹を裂くような声	
きば	牙	牙を研ぐ・牙をむく	
きび-しい	厳しい	厳しさ・手厳しい・厳しい訓練・厳しい現実・寒さが厳しい	
き-まる	決まる	計画が決まる・勝負が決まる	きまりが悪い・～にきまっている
きみ	君	母君・姉君・大君・父君・姫君・君の声	
き-める	決める	規則を決める・日取りを決める	
きも	肝	肝っ玉・肝煎り・肝吸い・肝が太い・肝に銘じる・肝を冷やす	
キャ	脚	脚立・行脚	
キャク	客	客間・客車・乗客・客員・客演・客室・客席・客船・客体・客土・観客・顧客・先客・珍客・賓客・お客様	「客員・賓客」は、「カクイン・ヒンカク」とも。
キャク	却	却下・退却・売却・閑却・棄却・困却・償却・焼却・消却・返却・脱却・忘却・冷却	「償却」は、借金を返済すること。↔「焼却」は、焼き捨てること。↔「消却」は、なくしてしまうこと。
キャク	脚	脚部・脚本・三脚・脚韻・脚光・脚色・脚注・橋脚・健脚・失脚・馬脚・立脚	
ギャク	逆	逆上・逆転・順逆・逆境・逆行・逆算・逆襲・逆臣・逆賊・逆手・逆流・悪逆・反逆・逆効果・逆光線・逆もまた真なり	
ギャク	虐	虐待・虐殺・残虐・暴虐	
キュウ	九	九百・三拝九拝・九州・九死に一生	
キュウ	久	永久・持久・耐久・恒久	
キュウ	弓	弓道・弓状・洋弓・弓馬・強弓	
キュウ	旧	旧道・新旧・復旧・旧悪・旧家・旧居・旧教・旧交・旧式・旧習・旧制・旧跡・旧知・旧弊・旧暦・旧正月・旧態依然	

音訓	漢字	用 例	備 考
キュウ	休	休止¹² ・ 休憩¹ ・ 定休³¹ ・ 休暇¹ ・ 休会¹⁵ ・ 休学¹³ ・ 休刊¹³ ・ 休館¹³ ・ 休業¹¹ ・ 休校¹¹ ・ 休講¹⁵ ・ 休場¹² ・ 休職¹² ・ 休戦¹² ・ 休息¹ ・ 休養¹ ・ 運休 ・ 連休	
キュウ	吸	吸収⁶ ・ 吸入⁶¹ ・ 呼吸 ・ 吸引⁶ ・ 吸着⁶² ・ 吸盤⁶ ・ 吸血鬼 ・ 深呼吸³⁶⁶	
キュウ	求⁴	求職⁴⁵ ・ 要求⁴⁴ ・ 追求⁴⁴ ・ 求愛⁴ ・ 求刑⁴⁴ ・ 求婚⁴ ・ 求人⁴ ・ 請求 ・ 探求⁴ ・ 欲求⁶⁴	
キュウ	究³	究明³² ・ 研究³³ ・ 学究³³ ・ 究極³④ ・ 考究⁶³ ・ 探究⁶³ ・ 追究⁶³ ・ 論究	「究極」は,「窮極」とも。
キュウ	泣④	号泣³④ ・ 感泣³④ ・ 泣訴④	
キュウ	急³	急速³ ・ 急務³³ ・ 緊急³³ ・ 急激³⁵ ・ 急行³² ・ 急進³⁵ ・ 急病³² ・ 急坂³③ ・ 急変³⁴ ・ 急用³² ・ 応急⁵³ ・ 火急¹³ ・ 緩急³³ ・ 救急⁵³ ・ 急斜面³⁵¹ ・ 急停車³²¹ ・ 急転直下³²¹	
キュウ	級³	等級³³ ・ 上級¹³ ・ 階級³³ ・ 級数³² ・ 級長³² ・ 級友³² ・ 下級²³ ・ 学級²³ ・ 原級²³ ・ 高級²³ ・ 降級³³ ・ 二級¹³ ・ 昇級 ・ 初級 ・ 進級 ・ 低級 ・ 級が上がる	
キュウ	宮³	宮殿³ ・ 宮廷³ ・ 離宮³⁴ ・ 宮城¹³ ・ 王宮⑤³ ・ 迷宮	
キュウ	救⁵	救助⁵³ ・ 救援⁵ ・ 救急⁵⁵ ・ 救護⁵² ・ 救国⁵ ・ 救済⁵¹ ・ 救出⁵⁶ ・ 救難⁵³ ・ 救命⁵³ ・ 救急車⁵³¹ ・ 人命救助¹³⁵³	
キュウ	球³	球形³² ・ 球技²³ ・ 地球²³ ・ 球根³⁵ ・ 球状³² ・ 球場³⁵ ・ 球団³³ ・ 球面⁵³ ・ 眼球 ・ 気球¹³ ・ 血球³³ ・ 水球¹³ ・ 打球³ ・ 卓球 ・ 庭球 ・ 電球³ ・ 投球²³ ・ 野球	
キュウ	給⁴	給水³² ・ 配給³⁴ ・ 月給²³ ・ 給金⁴¹ ・ 給仕⁴⁴③ ・ 給食⁴ ・ 給付³² ・ 給油⁴ ・ 給与⁴ ・ 給料⁴ ・ 供給⁶⁴ ・ 支給 ・ 時給 ・ 昇給 ・ 補給 ・ 無給 ・ 有給²⁴²¹ ・ 自給自足²¹	
キュウ	及	及第³ ・ 追及 ・ 普及³ ・ 言及 ・ 遡及□ ・ 波及 ・ 及落	
キュウ	丘	丘陵 ・ 砂丘⁶ ・ 火口丘¹¹ ・ 河岸段丘⁵³⁶	
キュウ	朽	不朽⁴ ・ 老朽⁴ ・ 腐朽⁴ ・ 不朽の名作⁴	
キュウ	糾	糾弾 ・ 紛糾 ・ 糾合² ・ 糾明² ・ 糾問	
キュウ	窮	窮極 ・ 窮屈⁶ ・ 困窮² ・ 窮境² ・ 窮状² ・ 窮地² ・ 窮迫③² ・ 窮乏¹² ・ 窮民⁶² ・ 窮余⁴² ・ 貧窮 ・ 無窮 ・ 返事に窮する	「窮極」は,「究極」とも。
キュウ	臼	臼歯³ ・ 脱臼 ・ 臼砲	
キュウ	嗅	嗅覚⁴	
ギュウ	牛²	牛乳²⁶ ・ 闘牛² ・ 牛脂²⁵ ・ 牛舎²² ・ 牛肉²² ・ 牛歩²² ・ 役牛③² ・ 水牛¹² ・ 乳牛⁶² ・ 牧牛⁴² ・ 野牛²² ・ 組織を牛耳る²²⑤② ・ 牛飲馬食²②	
キョ	去³	去年³¹ ・ 去就³ ・ 除去⁶³ ・ 去勢³ ・ 去来³³ ・ 死去⁴³ ・ 辞去³ ・ 逝去⁶³ ・ 退去³ ・ 撤去	
キョ	居⁵	居住⁵³ ・ 居室⁵ ・ 住居³⁵ ・ 居所⁵⁵ ・ 居宅⁵⁵ ・ 居留⁵² ・ 隠居⁵ ・ 閑居⁵ ・ 起居³⁵ ・ 群居⁶⁵ ・ 皇居⁶⁵ ・ 雑居⁵⁵ ・ 新居⁵ ・ 転居⁵ ・ 同居⁵ ・ 別居⁵ ・ 居をかまえる	
キョ	挙⁴	挙手⁴¹ ・ 挙国⁴ ・ 壮挙⁴ ・ 挙行⁴ ・ 挙式⁴ ・ 挙動⁴ ・ 挙兵⁴ ・ 快挙⁴ ・ 軽挙⁴ ・ 検挙⁵⁴ ・ 推挙⁶⁴ ・ 選挙 ・ 暴挙 ・ 枚挙 ・ 列挙¹⁴¹³ ・ 一挙一動	挙動→挙動不審 一挙一動↔一挙手一投足
キョ	許⁵	許可⁵⁵ ・ 許諾⁵ ・ 特許⁴⁵ ・ 許否⁵⁶ ・ 許容⁵⁵ ・ 免許⁵ ・ 黙許⁵	

音訓	漢字	用例	備考
キョ	巨	巨大・巨匠・巨万・巨額・巨漢・巨岩・巨人・巨像・巨体・巨頭・巨費・巨富・巨砲・巨利	
キョ	拒	拒絶・拒否・峻(シュン)拒・拒否権	
キョ	拠	拠点・占拠・根拠・依拠・準拠・典拠・本拠・論拠・群雄割拠	
キョ	虚	虚無・虚偽・空虚・虚栄・虚言・虚構・虚実・虚弱・虚飾・虚勢・虚脱・虚名・虚礼・謙虚・虚心坦(タン)懐・虚をつく	虚実→虚々実々・虚実皮膜
キョ	距	距離・長距離	
ギョ	魚	魚類・金魚・鮮魚・魚介・魚群・魚拓・魚肉・魚雷・木魚・養魚・深海魚・淡水魚	
ギョ	漁	漁業・漁船・漁村・漁獲・漁区・漁場・漁網・漁労・半農半漁	漁獲←魚(×)獲 漁場←魚(×)場 漁網←魚(×)網
ギョ	御	御者・制御・御意・御製・御題・御物・出御・統御・崩御・御名御璽・御する	「御物」は,「ギョブツ・ギョモツ」。
きよ-い	清い	清らかだ・清い水・清い心・清らかな朝	
キョウ	共	共同・共通・公共・共益・共演・共学・共感・共済・共催・共著・共闘・共犯・共謀・共有・共用・共存共栄・共産主義	共同経営・共同募金 ↔協同組合
キョウ	京	京風・上京・帰京・京劇・京菜・京都・京染め・京野菜・京料理・平城京・京の都	
キョウ	供	供給・提供・自供・供応・供述・供託・供与・供用・茶菓を供する・閲覧に供する	
キョウ	協	協力・協会・妥協・協議・協賛・協調・協定・協同・協約・協和・生協・農協	
キョウ	胸	胸囲・胸中・度胸・胸奥・胸郭・胸襟・胸像・胸裏	
キョウ	強	強弱・強要・勉強・強化・強肩・強権・強行・強硬・強制・強壮・強大・強敵・強迫・強暴・強烈・屈強・精強・増強	
キョウ	教	教育・教訓・宗教・教科・教化・教会・教戒・教義・教唆・教材・教師・教授・教職・教団・教養・説教・布教・教条主義	
キョウ	経	経文・お経・写経・経巻・経蔵・経典・経師屋	
キョウ	郷	郷里・郷土・異郷・郷愁・郷党・懐郷・帰郷・故郷・同郷・望郷・桃源郷・理想郷	
キョウ	境	境界・境地・逆境・境遇・異境・越境・環境・国境・心境・進境・辺境・魔境	
キョウ	橋	橋脚・鉄橋・歩道橋・架橋・陸橋・橋頭堡(ホ)	
キョウ	興	興味・興趣・余興・感興・座興・即興・不興・遊興・興味津々・興に乗る・興がわく	

音　訓	漢字	用　例	備　考
キョウ	鏡[4]	鏡台[4 2]・望遠鏡[4 2 4]・反射鏡[3 6 4]・鏡面[4 3]・銅鏡[5 4]・破鏡[5 4]・顕微鏡[4]・三面鏡[1 3 4]・双眼鏡[4 2 4 2 1]・明鏡止水[5]	
キョウ	競[4]	競争[4]・競技[4 3]・競泳[4 5]・競演[4 2]・競合[4 2]・競走[4]・競艇[4 2]・競売	
キョウ	凶	凶悪[3]・凶作[2]・吉凶[3]・凶漢[4]・凶器[2]・凶行[3]・凶荒[5]・凶事[3]・凶状[5]・凶刃[□]・凶徒[4]・凶変[2]・凶暴[3]・元凶[4]・大凶[2]・吉か凶か[1]・凶と出る	
キョウ	叫	叫喚[3]・絶叫[5]・叫声[2]・阿(ア)鼻叫喚[▼③]	
キョウ	狂	狂言[4]・熱狂[3]・狂歌[5]・狂騒[5]・狂態[5]・狂暴[5]・狂奔[5]・狂乱[6]・酔狂[5]・狂喜乱舞[5 6]	
キョウ	享	享有[3]・享受[3]・享楽[2]・享年[1]	享年←亨(×)年
キョウ	況	状況[5]・実況[3]・概況[2]・近況[4]・好況[2]・情況[⑥]・盛況[5]・戦況[6]・不況	状況判断・状況報告↔情況証拠
キョウ	峡	峡谷[②]・地峡[2]・海峡[2]・峡湾・山峡[1]	
キョウ	挟[□]	挟撃[□]	↔狭
キョウ	狭	狭量[□ 4]・広狭[2 □]・偏狭[□]・狭隘(アイ)[□ ▼]・狭義[□ 5]・狭小[□ 1]	↔挟
キョウ	恐	恐怖[3]・恐縮[6]・恐慌[□]・恐悦[□]・恐喝・恐竜[6]・恐悦至極[④]	恐慌←恐荒(×)
キョウ	恭	恭賀[4]・恭順[4]・恭敬[6]	
キョウ	脅	脅迫・脅威	
キョウ	矯	矯正・奇矯・矯激[6]・矯風[2]	矯正←矯整(×)
キョウ	響	音響[1]・影響[2]・交響楽[2]・反響	
キョウ	驚	驚異[6]・驚嘆・驚喜[5]・驚倒・驚天動地[1 3 2]	驚異←驚威(×)
<u>キョウ</u>	兄[2]	兄弟[2 2]・兄弟分[2 2 2]・義兄弟	「兄弟」は,「ケイテイ」と読むこともある。
<u>キョウ</u>	香	香車[④ 1]・香落ち[④ 2]・成り香[4 ④]	
ギョウ	行[2]	行列[2 2]・行政[2 5]・修行[⑤]・行儀[2]・行幸[2]・行司[2]・行事[2]・行書[2 3]・行商[2 3]・行水[2 1]・悪行[3]・苦行[2]・興行[4 3]・難行[4 3]・諸行無常[4 3]・一行一句[3]・アの行	一行一句↔一行半句 難行苦行←難業(×) 苦業(×)
ギョウ	形[2]	形相[2 3]・人形[1 2]・裸形[2]	
ギョウ	業[3]	業績[3 5]・職業[5 3]・卒業[4 3]・業界[3]・業者[3]・業務[3 5]・偉業[3]・営業[5 3]・家業[2 3]・稼業[□ 3]・企業[3]・産業[4]・残業[4 3]・失業[3]・巡業[4]・所業[3]・副業[3]・罷業[3]	
ギョウ	仰	仰視[6]・仰天[1]・仰角[2]・仰望[4]	
ギョウ	暁[□]	暁天[□ 1]・今暁[2 □]・通暁[2 □]・暁光[□ 2]・暁星[□ 2]・早暁[1 □]・払暁[□ □]	
ギョウ	凝	凝固[4]・凝結[4]・凝視[6]・凝血[4]・凝集[6]・凝縮[6]	
キョク	曲[3]	曲線[3 2]・曲面[3 3]・名曲[1 3]・曲解[3]・曲芸[3 4]・曲折[3]・曲直[3 1]・曲目[3 3]・委曲[2 3]・歌曲・楽曲[2 3]・戯曲[3 3]・序曲[2 2]・俗曲[2 2 6 3]・同工異曲・曲をつける	

音訓	漢字	用例	備考
キョク	局³	局部³・時局³・結局²・局限³・局所⁴・局地³・局面³・支局³・終局⁵・政局³・戦局⁴・当局²・難局³・破局³・薬局⁴・郵便局⁵	
キョク	極⁴	極限⁴・終極⁵・積極的⁴・極言⁴・極光⁴・極小⁴・極端⁴・極地⁴・極致⁴・極度⁴・極力⁴・極論⁴・陰極⁴・究極⁴・消極⁴・電極⁴・南極²・疲労の極⁴	「究極」は,「窮極」とも。
ギョク	玉¹	玉座¹・玉石¹・宝玉⁴・玉音⁴・玉稿³・玉砕¹・玉露¹・珠玉¹・玉石混交⁵・金科玉条²	
きよ-まる	清まる⁴	心が清まる²	
きよ-める	清める⁴	身を清める³	
きら-う	嫌う	嫌い³・負けず嫌い・湿気を嫌う¹・ニンジンは嫌いだ	〜のきらいがある・〜のきらいなく
きり	霧	霧雨¹・朝霧²・夜霧・霧がこめる	
き-る	切る²	切り絵²・切り株²・切り紙²・切り口²・切り妻¹・切り札⁵・切り抜き²・紙を切る・縁を切る	↔斬る 使いきる・困りきる・言いきる
き-る	着る²	着物³・晴れ着³・厚着⁵・産着④・上着¹・下着¹・古着²・水着¹・服を着る³	
き-る	斬る²	人を斬る¹・刀で斬る²・世相を斬る³	↔切る
き-れる	切れる²	切れ味²・切れ字³・切れ目²・縁が切れる²・電話が切れる²・よく切れる²・刀²	
きわ	際⑤	際立つ⑤・窓際¹・際物⑤・手際³・水際¹・瀬戸際⁵・土俵際¹・引き際⑤・別れ際⑤	
きわ-まる	極まる④	感極まる③④	↔窮まる
きわ-まる	窮まる	進退窮まる³⁶	↔極まる
きわ-み	極み④	痛心の極み⁶²・喜びの極み⁵	
きわ-める	究める③	学問を究める¹³・真理を究める³²	↔窮める・極める
きわ-める	極める④	栄華を極める⁴・位人臣を極める⁴¹⁴・山頂を極める¹⁶	↔究める・窮める
きわ-める	窮める	貧困を窮める⑤⁶	↔究める・極める
キン	今②	今上②¹・古今和歌集²②³²³	
キン	均⁵	均等⁵³・均一⁵¹・平均³⁵・均衡⁵・均質⁵⁵・均整⁵³・均分⁵²・機会均等⁴²⁵³	「均整」は,「均斉」とも。 均衡←均衝(×)
キン	近²	近所²・近代³・接近⁵・近影²・近海³・近況⁵・近々²・近郊⁵・近視²・近似²⑤・近親²²・近辺²⁴・近来²・遠近²⁴・最近²・至近²・側近⁴²・付近⁴²	
キン	金¹	金属¹・金銭¹・純金⁶・金貨¹・金塊¹・金魚¹・金庫¹・金髪¹・金融¹・基金²・献金¹・現金¹・砂金¹・資金¹・税金¹・金字塔⁴²・金城湯池⁵¹	金城湯池←金城湯地(×)
キン	勤⁶	勤務¹・勤勉⁶³・出勤⁶・勤続⁶・勤労⁶⁴・皆勤⁴・欠勤⁵・精勤⁵・忠勤⁶・通勤⁶・転勤³⁶・夜勤²	

音訓	漢字	用例	備考
キン	筋⁶	筋⁶肉²・筋⁶骨⁶・鉄³筋⁶・筋⁶力¹・腹¹筋⁶・筋⁶骨⁶隆々	
キン	禁⁵	禁⁵止²・禁⁵煙⁵・厳⁵禁⁵・禁⁵忌⁵・禁⁵句⁵・禁⁵酒⁵・禁⁵足¹・禁⁵断⁵・禁⁵物⁵・禁⁵欲⁵・禁⁵裏⁵⁶・禁⁵漁⁵・解⁵禁⁵・拘⁵禁⁵・軟⁵禁⁵・発⁵禁⁵・禁⁵制⁵品³・禁⁵じる	禁制品←禁製(×)品
キン	斤	斤⁴量・斤⁴目¹・パン一¹斤	
キン	菌	細²菌・殺⁵菌・保菌者¹・菌糸¹・菌類⁴・滅¹菌・赤³痢²菌・病原菌	
キン	琴	琴線・木¹琴²・手風琴・月琴	
キン	緊⁵	緊⁵張⁵・緊⁵密⁶・緊⁵急⁵・緊⁵縮・緊⁵迫・緊⁵要⁴・喫緊	
キン	謹⁴	謹⁴慎・謹⁴賀・謹⁴呈・謹⁴啓・謹⁴厳⁶・謹⁴告・謹⁴聴・謹⁴直²・謹⁴厳⁶³²実直	謹慎←勤(×)慎
キン	襟	襟³度³・開⁶襟・胸襟	
キン	巾	頭²巾⁵・雑⁵巾³・巾²着・茶巾⁵	
キン	僅	僅⁴差・僅々・僅少²	
キン	錦	錦²秋・錦旗⁴	
ギン	銀³	銀³貨³⁴・銀³行³²・水¹銀³・銀³河³⁵・銀³紙³²・銀³山³¹・銀³杯³・銀³髪³・銀³盤³・銀³幕³⁶・白¹銀³・銀³世³界³	
ギン	吟	吟³味³・詩³吟³・苦³吟³・吟³詠²・吟³行⁴・吟唱・吟³醸・吟遊・呻（シン）吟³・沈⁶吟³・朗³吟²・放歌²²高吟	
ク	九¹	九¹分³九²厘¹・九¹月・九九	
ク	口¹	口¹調³・口¹伝⁶・異¹口¹同²音¹	
ク	工²	工²面³・細²工²²・大¹工²・工²夫²④	工面←苦(×)面
ク	区³	区³別⁴・地²区³・区³域³・区³画³⁵・区³間³²・区³分³・学¹区³・管⁴区³・禁⁵猟³区³・選挙区³	
ク	句⁵	句⁵集¹・字¹句⁵・節⁴句⁵・句⁵会⁵²・句⁵点⁵・句⁵碑・禁⁵句⁵・警⁶句⁵・語²句⁵・甚句⁵・成⁴句⁵・絶³句⁵・対⁵句⁵・俳⁶句⁵・文¹句⁵・句⁵読⁵点³・句⁵を作る	
ク	苦³	苦³心³²・苦³労³⁴・辛苦³・苦³学³¹・苦³言³・苦³情³⁵・苦³戦³²・苦³闘³・苦³難³⁶・苦³楽³²・苦³慮³・刻苦³・困⁶苦³・病³苦³・貧苦³・四苦³八⁵苦³・苦³にする	
ク	駆	駆³使³・駆逐¹・先⁶駆・駆除³・疾駆・長¹駆⁴・四輪駆動	
ク	久⑤	久⑤遠②	
ク	功④	功④徳⁴	
ク	供⑥	供⑥物³・供⑥養⁴・供⑥米²・追善³⁶供⑥養⁴	
ク	紅⑥	真³紅⑥・深³紅⑥	
ク	宮③	宮③内²庁⁶	

音訓	漢字	用例	備考
ク	庫[3]	庫[3]裏[6]	
ク	貢[□]	年[1]貢[□]	
グ	具[3]	具[3]体[2]的[4]・具[3]備[2]・道[3]具[5]・具[2]現[3]・具[3]象[5]・具[3]申[3]・具[3]足[①]・具[3]有[1]・雨[3]具[3]・家[1]具[3]・器[4]具[3]・教[4]具[3]・工[5]具[3]・寝[3]具[3]・救[6]命[5]具[3]・装[3]身[3]具[3]・政[1]争[3]の具[3]	
グ	愚[3]	愚[3]問[3]・暗[1]愚[3]・愚[3]見[2]・愚[3]考[3]・愚[3]作[3]・愚[3]者[3]・愚[3]痴[3]・愚[3]直[3]・愚[3]劣[3]・愚[3]論[6]・大[3]愚[3]・凡[6]愚[3]・愚[3]の骨[6]頂[7]	
グ	惧	危[3]惧・絶[5]滅[4]危[6]惧種	
く-いる	悔いる	悔[1]い・前[2]非[5]を悔[1]いる・悔[1]いのない人[1]生	
クウ	空[1]	空[1]想[3]・空[1]港[3]・上[1]空[2]・空[1]間[1]・空[1]気[1]・空[1]虚[1]・空[1]軍[4]・空[1]隙[□]・空[1]席[1]・空[1]白[4]・空[1]母[1]・空[1]輸[2]・空[1]路[1]・架[1]空[6]・航[3]空[1]・真[1]空[2]・空[1]前[1]絶[1]後	架空←仮(×)空
く-う	食[2]う	食[2]い物[2]・食[2]い気[1]・食[2]い込[2]む・食[2]い倒[2]れ・食[2]い逃[2]げ・食[2]い散[4]らかす・肉[2]を食[2]う・食[2]うか食[2]われるか・食[2]うや食[2]わず	時間をくう・年をくう・小言をくう・気にくわない・いっぱいくわされる
グウ	宮[③]	宮[③]司[4]・神[3]宮[③]・東[2]宮[③]・参[4]宮[③]	
グウ	偶	偶[4]然・偶[2]数・配[3]偶者・偶[5]感・偶[3]像・偶[1]発・対[1]偶・土[1]偶・木[1]偶	↔遇・隅
グウ	遇	境[5]遇・待[3]遇・遇する・奇[⑤]遇・厚[5]遇・遭[2]遇・知[4]遇・不[6]遇・優[3]遇・冷[3]遇・千[1]載[1]一[1]遇	↔偶・隅
グウ	隅	一[1]隅	↔偶・遇
くき	茎	歯[3]茎・茎[3]と葉	
くさ	草[1]	草[1]花[1]・語[2]り草[1]・草[1]丈[2]・草[1]餅[1]・草[1]刈[1]り・草[1]取[3]り・草[1]ぶき・草[1]むら・草[1]木[1]もなびく	
くさ-い	臭い	臭み・臭さ・汗臭い・焦げ臭い[3]・酒臭い・臭いものに蓋	うさんくさい・水くさい・面倒くさい
くさ-らす	腐らす	食[2]物を腐[3]らす	
くさり	鎖	鎖かたびら・鎖をつなぐ・鉄[3]の鎖	
くさ-る	腐る	肉[2]が腐る・腐るほどある・腐っても鯛(たい)	そんなにくさるな
くさ-れる	腐れる	宝[6]の持ち腐れ・立[3]ち腐れ・根腐れ	
くし	串	串刺し・串[4]焼き・竹[1]串	
くじら	鯨	鯨[6]尺・鯨[6]は哺[4]乳類だ	
くず	葛	葛[□]湯[3]・葛[□]粉[5]・葛[□]の根[3]	
くず-す	崩す	山[6]を崩す・敵[1]陣[2]の一角を崩す	膝をくずす・字をくずす・調子をくずす
くすり	薬[3]	飲[3]み薬[3]・薬[3]屋[3]・薬[3]湯[3]・薬[3]指[3]・鼻[3]薬[3]・薬[5]が効く・毒[3]にも薬[3]にもならぬ	
くず-れる	崩れる	山[3]崩れ・崖[5]崩れ・総[6]崩れ・値[2]崩れ・岩が崩れる	天気がくずれる

音訓	漢字	用例	備考
くせ	癖	口癖・手癖・難癖・なくて七癖・癖がつく・癖になる	
くだ	管	ゴムの管・水道の管	くだを巻く
くだ-く	砕く	岩を砕く・夢を砕く	心をくだく・くだいて話す
くだ-ける	砕ける	砕け散る・岩が砕ける・ガラスが砕ける・腰が砕ける・波が砕ける・当たって砕けろ	くだけた文章
くだ-さる	下さる	恩師が下さった本	お書きくださる・ご心配くださる
くだ-す	下す	敵を下す・判断を下す・命令を下す	
くだ-る	下る	下り・下り坂・下り列車・川を下る・坂を下る・野に下る・時代が下る・判決が下る・敵の軍門に下る	
くち	口	口絵・出口・口癖・口車・口火・裏口・陰口・無口・口添え・口出し・口走る・口約束・口が軽い	
くちびる	唇	唇をかむ・唇をとがらす・厚い唇	
く-ちる	朽ちる	床が朽ちる・身も心も朽ち果てる	
クツ	屈	屈辱・屈伸・不屈・理屈・屈強・屈曲・屈指・屈従・屈身・屈折・屈託・屈服・窮屈・前屈・退屈・卑屈・偏屈・屈する	「屈服」は，「屈伏」とも。屈伸↔屈身
クツ	掘	掘削・発掘・採掘・掘進	↔堀
クツ	窟	巣窟・洞窟・岩窟	
くつ	靴	靴下・革靴・靴墨・雨靴・長靴・ゴム靴・編上げ靴	
くつがえ-す	覆す	自供を覆す・政権を覆す・定説を覆す	
くつがえ-る	覆る	政権が覆る・判決が覆る	
くに	国	島国・国柄・国境・山国・雪国・国を守る・国からの便り・おとぎの国	
くば-る	配る	資料を配る・用紙を配る	気くばり・目くばり
くび	首	首飾り・首筋・首輪・足首・手首・首が飛ぶ・首が回らない・首になる・首を振る・首をひねる	
くま	熊	熊手・熊本県	
くみ	組	赤組・組合・組曲・三人組	
く-む	組む	組み込む・組み替え・組み写真・組み立て・組みひも・組み合う・組み敷く・足場を組む・肩を組む・予算を組む	くみしやすい・くみする
く-む	酌む	酌み交わす・酒を酌む	水をくむ・事情をくむ・気持ちをくむ
くも	雲	雲隠れ・雲間・雨雲・黒雲・夏雲・雪雲・雲の上・雲の峰・雲行き・入道雲・うろこ雲・雲をつかむよう	

音訓	漢字	用 例	備 考
くも-る	曇る	曇り・曇り空・花曇り・曇りガラス・顔が曇る・鏡が曇る・月が曇る・目が曇る	
くや-しい	悔しい	悔しがる・悔し涙・悔し泣き・悔しい思い	
く-やむ	悔やむ	お悔やみ・失敗を悔やむ・友人の死を悔やむ	
くら	倉	倉敷料・倉荷・穴倉	↔蔵
くら	蔵	酒蔵・蔵米・米蔵・蔵入れ・蔵座敷・蔵出し・蔵払い・蔵開き・蔵屋敷・お蔵にする	↔倉
くら-い	暗い	暗がり・暗い性格・道が暗い・法律に暗い	
くらい	位	位する・位負け・王の位・百の位・大臣の位・位が高い・位人臣を極める	一時間くらい・頼めるのはきみぐらいしかいない
く-らう	食らう	一撃を食らう・大酒を食らう・パンチを食らう・大目玉を食らう	
く-らす	暮らす	暮らし・暮らし向き・田舎暮らし・遊んで暮らす・平穏無事に暮らす	「田舎」は，中学校で学習する付表の語。
くら-べる	比べる	背比べ・腕比べ・根比べ・駆け比べ・見比べ・実力を比べる・デザインを比べる	
く-る	来る	嵐が来る・春が来る・人が来る	買ってくる・ピンとくる・お返しがくる
く-る	繰る	繰り返す・繰り言・金繰り・手繰る・繰り上げ・繰り入れ・繰り越し・繰り延べ・ページを繰る	
くる-う	狂う	計算が狂う・順序が狂う・予定が狂う	
くる-おしい	狂おしい	狂おしいほどの思い	
くる-しい	苦しい	苦しがる・見苦しい・心苦しい・寝苦しい・聞き苦しい・家計が苦しい・苦しい時の神頼み	
くる-しむ	苦しむ	苦しみ・圧政に苦しむ・生活に苦しむ・税金に苦しむ・理解に苦しむ	
くる-しめる	苦しめる	わが身を苦しめる	
くるま	車	歯車・車座・車代・車屋・荷車・車止め・車寄せ・車社会・火の車・手押し車	
くれない	紅	紅の空	
く-れる	暮れる	暮れ・暮れ方・年の暮れ・年が暮れる・日が暮れる	思案にくれる・途方にくれる
くろ	黒	真っ黒・白黒・黒雲・黒子・黒潮・黒船・黒星・黒幕・黒装束・黒光り	
くろ-い	黒い	黒さ・腹黒い・黒い服・黒いうわさ	
くわ	桑	桑畑・桑の葉・桑の実	

音訓	漢字	用 例	備 考
くわ-える	加える	つけ加える・害を加える・砂糖を加える・修正を加える・勢力を加える・仲間に加える	
くわ-しい	詳しい	詳しさ・詳しい解説・地理に詳しい	
くわだ-てる	企てる	企て・クーデターを企てる・犯罪を企てる	
くわ-わる	加わる	会に加わる・速度が加わる・仲間に加わる	
クン	君	君主・君臨・諸君・君子・主君・暴君・名君・田中君	
クン	訓	訓練・教訓・音訓・訓育・訓戒・訓示・訓点・訓読・訓令・遺訓・家訓・和訓	
クン	勲	勲功・勲章・殊勲・勲位・勲記・勲等・元勲・叙勲・武勲	
クン	薫	薫風・薫陶・薫育・薫化・芳薫・余薫	
グン	軍	軍隊・軍備・空軍・軍医・軍歌・軍靴・軍艦・軍需・軍縮・軍人・軍勢・援軍・海軍・従軍・将軍・軍資金	
グン	郡	郡部・○○郡・郡司・郡代	
グン	群	群居・大群・抜群・群集・群衆・群小・群青・群臣・群像・群島・群発・群落・魚群・群雄割拠	「群集」は，多くの人が集まること，「群集する」。↔「群衆」は，群がり集まった人々，「群衆心理」。
ケ	化	化粧・化身・権化・道化・七変化	
ケ	気	気配・気色ばむ・火の気・色気・塩気・湿気・湯気・気高い	悲しげ・危なげ・惜しげ
ケ	家	家来・本家・出家	
ケ	仮	仮病	
ケ	華	香華・散華・法華	
ケ	懸	懸念・懸想	
け	毛	毛糸・抜け毛・毛色・毛筋・産毛・鼻毛・綿毛・毛織物・毛ずね・後れ毛・髪の毛・羊の毛	
ゲ	下	下水・下車・上下・下界・下巻・下剤・下山・下宿・下旬・下足・下品・下野・下落・下痢・卑下・下世話	下剤←解(×)剤
ゲ	外	外科・外題・外道	
ゲ	解	解脱・解熱剤・解毒剤	解熱剤←下(×)熱剤
ゲ	夏	夏至	
ゲ	牙	象牙	
ケイ	兄	兄事・父兄・義兄・貴兄・次兄・実兄・諸兄・長兄	

音訓	漢字	用例	備考
ケイ	形[2]	形態[2 5]・形成[2 4]・図形[2 2]・形式[2 2]・形状[2 2]・形勢[2 5]・形容[1 2]・円形[2]・奇形[2 2]・原形[2 2]・整形[3 2]・造形[5 2]・地形[2 2]・変形[5 2]・無形[1 2]・有形[1 2]・正方形[3 5]・相似形[5 2]	↔型「形」は，もののすがた，かたち。
ケイ	系[6]	系統[6 5]・系列[6 3]・体系[6 6]・系図[6 6]・系譜[6]・山系[6]・大系[6]・直系[1 6]・文系[6]・母系[2 6]・傍系・理系	↔係 学問の体系・体系的な理論↔日本文学大系
ケイ	京[②]	京阪神[② ④ 3]	「京浜」，「京阪」などと使う。
ケイ	径[4]	直径[2 4]・直情径行[2 5 4 2]・口径[1 4]・小径[1 4]・石径[1 4]・半径[2 4]	直情径行←直情経(×)行
ケイ	係[3]	係累[3]・係争[3 4]・関係[3 5]・係数[3 5]・係留[4 3]・連係	↔系
ケイ	型[5]	原型[2 5]・模型[6 5]・典型[6 5]・型式[5 4]・造型[5 5]・定型[3 5]・類型[4 5]	↔形「型」は，もとになったり手本になったりするかたち。
ケイ	計[2]	計算[2 2]・計画[2 2]・寒暖計[3 6 2]・計器[2 4]・計上[2 1]・計数[2 2]・計略[2 5]・家計[2 2]・会計[2 2]・集計[3 2]・推計[6 2]・生計[1 5]・設計[5 2]・総計・統計[5 2]・風力計・百年の計	
ケイ	経[5]	経費[5 5]・経済[5 6]・経験[5 5]・経緯[5 4]・経営[5 5]・経過[5 2]・経度[5 5]・経由[5 2]・経理[5 2]・経歴[5 5]・経路[5 3]・月経[1 5]・神経	
ケイ	敬[6]	敬意[6 3]・敬服[6 3]・尊敬[6 6]・敬愛[6 4]・敬遠[6 4]・敬具[6 2]・敬語[6 2]・敬称[6]・敬慕[6]・敬礼[6 3]・敬老[6 4]・失敬[1 5]・崇敬・畏敬の念・表敬訪問	
ケイ	景[4]	景気[4 1]・風景[4 1]・光景[3 4]・景観[4 2]・景勝[4]・景品[4 2]・景物[4]・遠景[2 4]・近景[2 4]・実景[3 4]・情景[5 4]・絶景[5 4]・全景[3 4]・点景[3 4]・背景[6 4]・夜景[4 3 2]・景勝地	
ケイ	軽[3]	軽快[3 5]・軽薄[3 ⑤]・軽率[3 4]・軽挙[3]・軽減[3 5]・軽視[3 6]・軽少[3 6]・軽症[3 6]・軽傷[3 6]・軽度[3 3]・軽便・軽蔑・軽金属・軽工業・軽挙妄動	軽率←軽卒(×) 軽少←軽小(×)
ケイ	警[6]	警告[6 5]・警戒[6 5]・警察[6 4]・警官[6 4]・警句[6 2]・警護[6]・警固[6 2]・警鐘[6 3]・警笛[6 6]・警抜・警備[6 5]・警報[6 5]・警棒・自警[6 5]・夜警[6]	
ケイ	競[4]	競馬[4 2]・競輪[4 4]	
ケイ	刑	刑罰・刑法[4]・処刑[6]・刑期[3]・刑事[6]・刑場[4]・求刑[4]・死刑[6]・私刑・実刑[3]・刑務所[5 3]・絞首刑[□]・刑に服する	
ケイ	茎	球茎・地下茎[2 1]・塊茎・根茎	
ケイ	契	契約・契機[4]・黙契・契印	
ケイ	恵	恵贈・恵与[4]・恩恵[6]・恵存・恵沢[6]・互恵・慈恵	
ケイ	啓	啓発・啓示[5]・拝啓[6]・啓上[1]・啓蒙(モウ)[▼]・行啓[2]・謹啓・天啓[1]	
ケイ	掲	掲示[5]・掲載[2]・前掲・掲揚[5]・再掲	
ケイ	渓	渓谷[②]・渓流[3]・雪渓[2]	
ケイ	蛍	蛍光灯[2 4]・蛍光塗料[2 4]・蛍光色[2 2]・蛍雪の功[2 4]	
ケイ	傾	傾斜・傾倒[3]・傾向[4]・傾国[2]・傾注・傾聴・右傾[1]・左傾[1]・傾城(セイ)[4]傾国[2]	

音訓	漢字	用例	備考
ケイ	携	携帯⁴・必携⁴・提携⁵・携行²・連携⁴	
ケイ	継	継続⁴・継承⁶・中継²・継起³・継子¹・継父²・継母²・継投³・後継²	
ケイ	慶	慶弔⁴・慶祝⁴・慶賀⁴・慶事³・大慶¹・余慶²・同慶のいたり	
ケイ	憩	休憩¹・小憩¹	「小憩」は,「少憩」とも。
ケイ	鶏	鶏卵⑥・鶏舎⁵・養鶏⁴・鶏鳴²・闘鶏	
ケイ	□詣	参詣⁴□・参詣人⁴□¹	
ケイ	憬	憧憬	
ケイ	稽	稽古²・滑稽・滑稽千万¹②	
<u>ケイ</u>	⑤境	境内⑤②	
ゲイ	⁴芸	芸術⁴・芸能⁴⁵・文芸¹⁴・芸域⁴⁶・芸者⁴³・芸人⁴¹・演芸⁵⁴・園芸²⁴・学芸¹⁴・技芸⁵⁴・曲芸³⁴・工芸³⁴・手芸⁴⁵・農芸⁴⁴・腹芸⁴⁴・芸が細かい・芸がない	
ゲイ	迎	迎合・歓迎³・送迎・迎撃³・奉迎・迎賓館	
ゲイ	鯨	鯨油³・捕鯨²・鯨飲馬食²²	「鯨飲馬食」は,「牛飲馬食」とも。
けが-す	□汚す	神を汚す³・末席を汚す□・名誉を汚す¹	
けが-らわしい	□汚らわしい	汚らわしい²行い	
けが-れる	²汚れる	汚れを知らない幼児⁶⁴・血に汚れた手³	
ゲキ	⁶劇	劇薬⁶³・劇場⁶²・演劇⁵・劇化⁶²・劇団⁶⁵・劇的⁶⁵・歌劇²⁶・活劇²⁶・喜劇⁵⁶・惨劇⁶・史劇⁵⁶・悲劇³⁶	劇薬←激(×)薬
ゲキ	⁶激	激動⁶³・感激⁶²・激する・激高⁶²・激賞⁶⁵・激情⁶⁵・激戦⁶⁶・激震⁶⁴・激甚⁶□・激増⁶⁵・激痛⁶⁶・激怒⁶⁶・激動⁶⁶・激突⁶⁶・激変⁶⁶・激流⁶⁶・激励・刺激	「激痛」は,「劇痛」とも。
ゲキ	撃	撃退・攻撃・打撃・撃沈・撃墜・撃破・挟撃・射撃⁶・襲撃・衝撃・追撃・突撃・排撃・爆撃・砲撃・目撃	
ゲキ	□隙	間隙²□・空隙¹□	
け-す	消す	消しゴム³・消し炭³・火消し³・打ち消し³・消し止める³・明かりを消す²・姿を消す⁶・毒を消す・匂いを消す・火を消す	
けず-る	削る	鉛筆を削る³・人員を削る¹³・無駄な言葉を削る⁴	髪をけずる
けた	桁	桁違い³・橋桁¹・一桁・桁が違う	
ケツ	⁴欠	欠乏⁴・欠席⁶⁴・補欠⁴⁶・欠員⁴⁶・欠陥⁴⁶・欠勤⁴⁵・欠航⁴⁶・欠如⁴⁵・欠損⁴⁴・欠点⁴²・欠礼⁴³・出欠⁴⁵・不可欠⁴⁴・完全無欠	欠如←欠除(×) 不可欠←不可決(×)
ケツ	穴	穴居⑥・墓穴⁵⑥・洞穴⁵⑥・▼偕(カイ)老同穴⁴²⑥	「洞穴」は,「ほらな」とも。
ケツ	³血	血液³⁵・鮮血³⁵・血圧³²・血縁³⁴・血管³²・血気³²・血色³³・血相³³・血路²³・止血³・充血³・出血¹・心血²³・熱血⑤・貧血³・輸血³	

音訓	漢字	用例	備考
ケツ	決³	決裂³・決意³・解決⁵³・決壊³・決起³・決議³・決済³⁶・決裁³⁶・決算³²・決死³³・決断³⁵・決着³³・決定⁵³・決闘³・可決³・対決⁴・判決³・決をとる	
ケツ	結⁴	結論⁴⁶・結婚⁴・連結⁴・結果⁴・結核⁵・結局⁴・結合⁴²・結社⁴・結集⁴・結晶⁴・結成⁴⁴・結末⁴⁵・完結⁴・帰結³⁴・凝結³⁴・終結⁴・凍結⁴・起承転結	結論←決(×)論 帰結←帰決(×) 結局←決(×)局
ケツ	潔⁵	潔白⁵³・清潔⁵・純潔⁵・潔癖²⁵・簡潔²⁵・高潔⁵・不潔⁵・精進潔斎⑤⁵・清廉潔白⁴⁵¹	
ケツ	傑	傑物³・傑作³・豪傑⁵・傑出³・英傑⁴・怪傑	
ゲツ	月¹	月曜¹²・明月²¹・歳月²・月刊¹・月給¹⁵・月光¹・月謝¹⁶・月収¹²・月食¹・月賦¹・月報¹⁵・月末¹⁴・月齢¹・残月¹・年月¹・満月¹・名月・翌月	
けむ-い	煙い	煙たい・煙たがる²²・室内が煙い・煙たい存在⁶⁵・親を煙たがる²	
けむり	煙	砂煙⁶・水煙・湯煙³・煙突の煙・たばこの煙	
けむ-る	煙る	雨に煙る街角¹⁴²	
けもの	獣	獣道²	
け-る	蹴る	蹴散らす⁴・ボールを蹴る・誘いを蹴る⁴・席を蹴って立つ¹	
けわ-しい	険しい⁵	険しさ⁵・険しい顔²⁵・険しい崖⁵・険しい山道¹²・情勢が険しい⁵⁵⁵	
ケン	犬¹	犬歯¹³・愛犬⁴¹・野犬²¹・番犬¹・猛犬²¹・猟犬¹⁵・盲導犬³⁵・犬猿の仲²⁵・犬馬の労⁴¹²	
ケン	件⁵	件数⁵²・事件³⁵・条件⁵⁵・件名⁵¹・案件⁴⁵・一件¹⁵・物件³⁵・用件²⁵・無条件⁴⁵⁵・例の件⁵・一件落着¹⁵³³	
ケン	見¹	見学¹³・見地⁴¹・意見²¹・見解¹⁵・見識¹⁵・見当¹²・見物¹³・見聞¹²・一見¹¹・謁見¹・会見²¹・外見²¹・私見⁶¹・卓見⁶¹・拝見⁴¹・発見・必見・偏見	
ケン	券⁶	乗車券³¹⁶・旅券²・債券³⁵・株券⁵・証券⁵¹・食券⁴⁵・券売機¹⁵・回数券³⁵・商品券²⁵・定期券³⁶・入場券¹²⁶・優待券²⁶・映画の券	
ケン	建⁴	建築⁴⁵・建議⁴³・封建的⁴¹・建学⁴・建言⁴²・建国⁴・建設⁴・建造⁴⁵・再建⁴⁵・創建⁶⁴	
ケン	研³	研究³³・研修³⁵・研鑽(サン)³▼・研磨³	
ケン	県³	県庁³⁶・県立³¹・県営³⁵・県会³²・県道³²・都道府県³²⁴³・県の方針³²⁶	
ケン	健⁴	健康⁴⁴・健闘⁴・強健²⁴・健脚⁴・健在⁴⁵・健児⁴⁴・健勝⁴・健全⁴³・健啖(タン)⁴³⁴▼・穏健⁴・頑健⁴・剛健⁴・壮健⁴・保健⁴・健忘症⁶	健忘症←健忘性(×)
ケン	険⁵	険悪⁵³・危険⁵・保険⁵³・険阻⁵・険路⁵・陰険⁵³・邪険⁵・天険¹⁵・冒険⁵・険がある・天下の険⁵	↔儉
ケン	検⁵	検査⁵⁵・検討⁵⁶・点検²⁵・検印⁵⁴・検閲⁵・検温⁵³・検眼⁵⁵・検挙⁵⁴・検察⁵⁴・検算⁵²・検視⁵⁶・検事⁵¹・検出⁵・検定⁵²・検分⁵³・検便³⁵・検問⁵・送検	
ケン	間²	世間³²・人間¹²・一間²	
ケン	絹⑥	絹布⑥⁵・人絹⁵⑥・絹糸⑥¹・絹本¹⑥・正絹	

音訓	漢字	用例	備考
ケン	権⁶	権利⁶・権威⁴・人権¹・権限⁶・権勢⁶・権力⁵・棄権⁶・債権⁶・実権³・主権⁶・政権⁵・特権⁶・覇権⁴・民権⁶・拒否権⁴・参政権⁶・権謀術数	
ケン	憲⁶	憲法⁶・憲章⁴・官憲⁶・憲政⁴・憲兵⁶・違憲⁵・合憲⁵・護憲⁶・立憲¹	
ケン	験⁴	試験⁴・経験⁵・実験³・効験⁵・受験²・体験²	
ケン	□肩	肩章³・双肩・比肩・強肩・肩甲骨	
ケン	倹	倹約・節倹・勤倹・倹素	↔検
ケン	兼	兼用²・兼任²・兼職³・兼業⁴・兼行・兼題³・兼備⁵・兼務⁵・食堂兼居間⁵²	
ケン	剣	剣道²・剣舞・刀剣・剣客③・剣劇・剣豪・剣士⁵・剣術⁵・真剣²・短剣⁵・剣をとる	「剣客（ケンカク）」は，「ケンキャク」とも。
ケン	軒	軒数²・一軒¹・意気軒昂³¹▼（コウ）	
ケン	圏	圏内²・圏外・成層圏⁴⁶・圏点²・首都圏⁵¹・勢力圏⁵¹・北極圏²⁴	
ケン	堅	堅固⁴・堅実³・中堅¹・堅持³・堅塁・堅牢（ロウ）▼・堅忍不抜⁴・意志堅固³⁵⁴	
ケン	嫌	嫌悪③・嫌疑⁶	
ケン	献	献上¹・献身的³⁴・文献¹・献花・献金¹・献策⁶・献酬・献納⁶・献杯・貢献	献身的←献心（×）的
ケン	遣	遣外²・派遣⁶・分遣・遣唐使³	
ケン	賢	賢人¹・賢明²¹・先賢・賢愚②・賢兄²・賢母⁶・遺賢・聖賢⁶・ご賢察のとおり⁴	
ケン	謙	謙虚・謙譲・謙遜	
ケン	□繭	繭糸□¹	
ケン	顕	顕著⁶・顕彰⁴・顕微鏡⁴・顕官⁵・顕現⁶・顕在・貴顕・露顕	
ケン	懸	懸垂・懸賞²・懸命³・懸案²・懸隔・懸河の弁⁵¹¹・一生懸命³	「一生懸命」は，「一所懸命」とも。
ケン	拳	拳銃・拳法⁴・徒手空拳¹¹	
ケン	鍵	鍵盤・ピアノの鍵	
ゲン	元²	元素²⁵・元気²・多元²²・元凶²・元勲²²・元首²³・元服²⁴・元老²²・還元²³・紀元⁵²・単元⁴²・中元¹²	
ゲン	言²	言行²²・言論²⁶・宣言⁶²・言語²²・言辞²⁴・言質²⑤・言動²³・言明²²・格言⁵²・苦言³²・失言⁴²・祝言⁴²・証言²²・断言⁵²・直言²²・方言²²・言をまたない	
ゲン	限⁵	限度⁵³・制限⁵⁵・期限⁵⁵・限界⁵³・限定⁵²・局限⁵²・極限⁵²・権限⁶⁵・刻限⁶⁵・際限⁵⁵・年限¹⁵・無限⁴⁵・門限²⁵・有限³⁵・最小限⁴⁵¹・無限大	
ゲン	原²	原因²⁵・原理²²・高原²²・原案²⁴・原価²⁵・原形²²・原型²⁵・原稿²²・原作²²・原色²²・原則²⁵・原簿²²・原野²²・原油²⁴・原料²²・草原⁴²・原子力²¹・原動力²²	「原形」は，変化する前の初めのかたち。↔「原型」は，製作物のもとになるかたち。

音訓	漢字	用例	備考
ゲン	現⁵	現象⁵⁵・現在⁵⁵・表現³⁵・現役⁵③・現況⁵・現金⁵⁵・現実⁵³・現状⁵⁵・現世⁵³・現存⁵⁶・現勢⁵⁵・現像⁵²・現代⁵⁵・現場⁵³・現物⁵⁵・具現⁵³・再現²⁵・実現¹⁵・出現	「現場」は，「ゲンバ・ゲンジョウ」。
ゲン	減⁵	減少⁵²・増減⁵⁵・加減⁵²・減圧⁵⁵・減員⁵³・減額⁵⁵・減産⁵⁵・減刑⁵⁵・減税⁵⁵・減退⁵²・減点⁵²・減俸⁵⁵・軽減⁴⁵・削減⁵²・節減⁵²・漸減²⁵・半減⁵²・減じる⁵⁶	
ゲン	源⁶	源泉⁶⁶・水源¹⁶・資源⁶³・源平²⁶・源流⁶・起源⁶³・根源⁶・財源⁵⁶・電源²⁶	
ゲン	厳⁶	厳格⁶⁶・厳重⁶⁵・威厳²⁶・厳戒⁶¹・厳寒⁶³・厳禁⁶・厳守⁶・厳粛⁶⁶・厳正⁶¹・厳選⁶⁴・厳然⁶⁴・厳冬⁶⁴・厳罰⁵⁴・厳密⁶⁶・厳命⁶⁶・謹厳⁶⁶・尊厳⁶⁶・厳に	
ゲン	幻	幻滅・幻覚⁵・夢幻・幻影⁵・幻術³・幻想⁴・幻灯・幻惑⁴・変幻自在²⁵	
ゲン	玄	玄米²・玄関⁴・幽玄・玄奥・玄妙	
ゲン	弦	上弦¹・正弦¹・弦月¹・下弦・管弦³・調弦・弦楽器²・バイオリンの弦⁴	
ゲン	舷	舷側⁴・右舷¹・左舷¹	
ゲン	眼⑤	開眼³⑤	「開眼」は，「カイガン」とも。
ゲン	験④	験がある④・霊験・験がいい④・験をかつぐ④	
ゲン	嫌	機嫌⁴	
コ	己⁶	自己²⁶・利己⁴⁶	
コ	戸²	戸外²²・戸籍²²・下戸¹²・戸主²³・戸数²²・戸別²⁴・門戸²²	戸別訪問←個(×)別訪問
コ	古²	古代²³・古典²⁴・太古²²・古今²²・古語²・古刹²⁴・古参²³・古式²²・古書²²・古人²¹・古跡²²・古米⁵²・古老⁵²・往古²²・懐古⁴²・最古²・中古²・復古	「古老」は，「故老」とも。太古←大(×)古
コ	去³	過去⁵³	
コ	呼⁶	呼吸⁶⁶・呼応⁶⁵・点呼²⁶・呼気⁶¹・呼号⁶³・呼称⁶・歓呼⁶・指呼³⁶・連呼⁴⁶	
コ	固⁴	固定・固有・堅固・固形・固辞・固守・固執・固体・確固・頑固⁴・強固²⁴・凝固⁵⁴・禁固⁵⁴・断固	「固執」は，「コシュウ・コシツ」。
コ	故⁵	故郷・故意・事故・故旧・故国・故障・故人・縁故・世故・物故・故事成語⁵³⁴²・故事来歴²⁵³⁵・有職(ソク)故実⁵³	
コ	個⁵	個人⁵¹・個性⁵¹・一個⁵²・個室⁵²・個体⁵²・各個⁴⁵・好個⁴⁵・別個⁵・個を生かす¹	
コ	庫³	倉庫⁴³・文庫¹³・車庫¹³・金庫¹³・国庫²³・在庫⁵³・書庫²³・宝庫⁶³・格納庫⁵⁶³・冷蔵庫⁴⁶³	
コ	湖³	湖水³¹・湖沼³・湖畔³・江湖¹¹³・火口湖・人工湖¹²³	
コ	拠	証拠⁵	
コ	孤	孤独⁴・孤立¹・孤高²・孤島³・孤塁・孤軍奮闘⁴⁶・孤立無援¹⁴・天涯孤独⁵	↔弧
コ	弧	弧状⁵・円弧¹・弧線²・弧を描く	↔弧

音訓	漢字	用例	備考
コ	枯	枯死・枯淡³・栄枯⁴・枯渇□・枯木・栄枯盛衰⑥	
コ	雇	雇用²・雇員³・解雇⁵	
コ	誇	誇示⁵・誇大⁵・誇張⁵・誇大妄想¹³	
コ	鼓	鼓動・鼓舞³・太鼓・鼓笛・鼓吹・鼓膜・鼓腹撃壌⁶	
コ	顧	顧慮・顧問³・回顧・顧客³・愛顧・一顧・後顧・右顧左眄(ベン)▼⑥	
コ	股	股間²・股関節⁴⁴	
コ	虎	虎穴⑥・猛虎・虎穴⑥に入らずんば虎子¹を得ず⁵	
コ	錮	禁錮⁵	
コ	虚	虚空□¹・虚無僧□⁴	こけにする・こけおどし
こ	小	小型¹⁵・小鳥¹²・小切手¹²¹・小石¹¹・小犬¹¹・小首¹²・小声¹¹・小雨¹¹・小銭¹²・小手¹¹・小包¹⁴・小屋¹²・小間物¹⁴・小一時間¹⁶¹¹	こぎれい・こうるさい・こぢんまり
こ	子	親子²¹・年子¹¹・子牛¹¹・子分¹²・子役¹¹・赤子¹²・子会社¹²²・猫の子¹・江戸っ子²¹・子はかすがい¹	
こ	粉	小麦粉¹²⁵・葛粉□⁵・洗い粉⁶⁵・染め粉⁶⁵・パン粉⁶⁵・うどん粉⁶⁵・身を粉にして働く³⁵⁴	
こ	木	木立¹¹・木陰¹¹・木の葉¹³	
こ	黄	黄金②・黄金色②¹²	「黄金」は,「オウゴン」とも。
ゴ	五	五穀¹⁶・五色¹⁴・五目飯¹¹⁴・五官¹⁴・五感¹³・五七調¹¹³・五十音¹¹¹・七五三¹¹¹・十五夜¹¹・五分五分²¹²¹²・五臓六腑(プ)¹⁶¹▼	
ゴ	午	午前²・正午²²・子午線¹²²・午後²²・午睡²・午砲²・端午²²	
ゴ	後	後刻²⁶・前後²²・午後¹²・後光²²・後日²¹・後生²¹・後手²⁴・以後¹²・雨後¹²・最後⁴²・死後²¹・事後²¹・食後²⁴・戦後²²・背後²¹・没後²²・老後²²・読後感²¹³・後生大事²¹¹	
ゴ	語	語学²¹・新語²²・国語²²・語感²²・語気²¹・語句²²・語釈²²・語調²³・語録²²・漢語³²・敬語²⁶・豪語¹²・主語¹²・俗語²²・標語²²・落語²³・類語²²・語の意味²³³	
ゴ	誤	誤解⁶⁵・正誤¹⁶・錯誤⁶⁶・誤差⁶⁴・誤算⁶²・誤字⁶¹・誤植⁶³・誤診⁶⁵・誤読⁶²・誤認⁶⁶・誤報⁶⁵・過誤⁵⁶・正誤表¹⁶³	
ゴ	護	護衛⁵⁵・救護⁵⁵・保護⁵⁵・護岸⁵³・護国⁵²・護持⁵³・護身⁵³・護送⁵³・愛護⁴⁵・加護⁴⁵・看護⁶⁵・警護⁶⁵・守護⁵⁵・弁護⁵⁵・養護⁵⁵・擁護²³	
ゴ	互	互角²⁴・互選²²・相互¹²・互恵²²・互助²²・互譲²²・交互²²	
ゴ	呉	呉服³・呉越同舟²・呉音¹	
ゴ	娯	娯楽²	
ゴ	悟	悟性¹・覚悟²・悔悟²・悟道²・悟得⁵	

音訓	漢字	用例	備考
ゴ	御	御殿・御所・親御・御挨拶	「ご恩・ご覧・ご説明・ごめんください」など，仮名書きが多い。
ゴ	碁	碁石・碁盤・囲碁・碁を打つ	
ゴ	期	最期・この期に及んで・末期の水・一期一会	
こ-い	濃い	濃さ・濃い口・味が濃い・色が濃い・敗色が濃い・ひげが濃い	
こい	恋	初恋・恋する・恋敵・恋心・恋仲・恋人・恋文	
こい-しい	恋しい	恋しがる・恋しい人・恋しいふるさと	
コウ	口	口述・人口・開口・口外・口径・口語・口座・口実・口上・口唇・口論・悪口・河口・火口・閉口・口内炎・口頭試問	口頭試問←口答(×)試問
コウ	工	工場・加工・人工・工業・工具・工芸・工作・工事・工賃・工程・工費・起工・着工・刀工・陶工・名工・木工・家内工業	
コウ	公	公平・公私・公園・公益・公共・公金・公開・公職・公正・公定・公認・公布・公務・公約・奉公・公倍数・公明正大	
コウ	功	功名・功績・成功・功罪・功臣・功利・功労・勲功・奏功・年功・年の功・功を奏する・功なり名を遂げる	
コウ	広	広大・広言・広義・広域・広軌・広告・広壮・広範・広報	
コウ	交	交通・交番・社交・交易・交換・交歓・交互・交差・交際・交錯・交戦・交代・交替・交配・交流・旧交・親交・交響楽	選手を交代する↔交替で番をする
コウ	光	光線・栄光・観光・光陰・光景・光彩・光沢・光明・威光・感光・眼光・脚光・暁光・月光・採光・日光・風光・陽光	
コウ	向	向上・傾向・趣向・向後・意向・一向・回向・転向・動向・内向・偏向・方向・向学心・向寒の折から	
コウ	后	皇后・皇太后・后妃	
コウ	好	好意・好敵手・良好・好悪・好学・好感・好漢・好況・好調・好評・好物・愛好・友好・好奇心・好景気・好人物・好事家	友好←友交(×)
コウ	考	考慮・思考・参考・考案・考究・考査・考察・考証・一考・再考・熟考・選考・長考・備考・黙考・考古学	
コウ	行	行進・行為・旅行・行動・行楽・運行・横行・刊行・逆行・決行・言行・随行・遂行・素行・犯行・尾行・並行・暴行	
コウ	孝	孝行・孝心・不孝・孝養・忠孝	
コウ	効	効果・効力・時効・効験・効能・効用・実効・失効・即効・無効・薬効・有効	
コウ	幸	幸福・不幸・行幸・幸運・幸甚・巡幸・薄幸・幸か不幸か・ご多幸を祈る	

音訓	漢字	用 例	備 考
コウ	厚⑤	厚情⑤5・厚生⑤1・濃厚⑤・厚意⑤3・厚遇⑤・厚志3⑤・温厚3⑤・重厚⑤24・厚顔無恥	ご厚意に感謝する↔好意を抱く 温厚↔温好(×)
コウ	皇6	皇帝6・皇室62・皇后62・皇位64・皇居65・皇族63・上皇16・皇太子621・皇太后626	
コウ	紅6	紅白61・紅茶62・紅葉63・紅顔62・紅唇6□・紅潮66・紅梅64・紅涙5	
コウ	後2	後続24・後悔2・後輩23・後衛25・後援2・後継2・後記21・後見2・後顧23・後者2 後述25・後進2・後世25・後退2・後任2・後半2・後編2・後方2	
コウ	候4	候補46・気候14・測候所543・伺候□4・時候24・斥候4・兆候13・天候14・症候群44	↔侯
コウ	校1	校閲4・将校61・学校1・校歌6・校舎5・校正5・校長1・校庭5・校訂5・校風5 校了1・退校3・転校3・登校1・廃校5・分校5・母校1・在校生	
コウ	耕5	耕作52・耕地52・農耕5・耕具5・筆耕	
コウ	航5	航海52・航空65・就航5・航行3・航程5・航路3・運航35・回航25・寄航5・欠航45 出航15・遡航□5・渡航65・難航65・密航51・巡航ミサイル	難航↔難行(×) 「難行(ナンギョウ)」は，つらい修業の意で，別の言葉。
コウ	降6	降雨61・降参64・下降2・降下6・降車64・降雪6・降誕66・降伏66・降臨66・以降・ 滑降6・昇降6・乗降36・沈降6・投降614・降水量	
コウ	高2	高低24・高級23・最高2・高圧5・高位2・高温2・高価2・高架5・高額25・高貴26 高潔25・高原23・高速2・高弟2②・高名21・崇高2・高射砲322・等高線	
コウ	康4	健康44・小康14	
コウ	黄②	黄葉②3・黄河②5・黄砂②6・黄土②1	「黄土」は，「オウド」とも。
コウ	港3	港湾3・漁港43・出港35・港口31・港内32・寄港5・空港13・軍港43・築港53・入港13 良港43・不凍港4	
コウ	鉱5	鉱物53・鉱山51・鉄鉱35・鉱業53・鉱区5・鉱石51・鉱毒55・鉱脈55・金鉱15・採鉱55 炭鉱35・溶鉱炉	
コウ	構5	構造52・構内55・結構3・構図52・構成52・構想54・構築53・遺構55・機構65・虚構45	
コウ	興5	興行52・復興55・振興3・興業52・興国5・興奮52・興亡56・興隆5・再興52・勃興5・中 興の祖55	
コウ	鋼6	鋼鉄63・鋼材64・製鋼6・鋼索63・鋼板36・鉄鋼	
コウ	講5	講義55・講演5・聴講3・講座52・講師54・講習53・講談55・講堂52・講読55・講和53 開講35・休講15	講義↔講議(×)
コウ	孔	鼻孔③・気孔1・孔版3・眼孔5	
コウ	巧	巧拙・巧妙5・技巧・巧者5・巧手・精巧・巧言令色242	
コウ	甲	甲乙・装甲車・甲虫・甲殻類・甲州・甲状腺・手の甲・亀の甲より 年の功14	
コウ	江	江湖3・長江2	
コウ	坑	坑道2・炭坑3・廃坑・坑口1	

音訓	漢字	用例	備考
コウ	抗	抗争⁴・抗議⁴・対抗・対抗⁵・抗告・抗戦⁵・抗弁・抵抗³・反抗・抗生物質¹³⁵	
コウ	攻	攻守³・攻撃・専攻⁶・攻究・攻勢⁵・攻防・攻略³・速攻・遅攻¹・正攻法⁴・難攻不落⁶⁴³	
コウ	更	更新²・更迭⁴・変更・更衣⁴・更改¹・更正・更生²・深更¹・自力更生¹・更正登記¹³²	
コウ	拘	拘束³・拘留⁵・拘置²・拘引²・拘禁⁵・拘泥□	
コウ	肯	肯定³・首肯²	
コウ	恒	恒常⁵・恒例⁴・恒久²・恒産²・恒心²・恒星²・恒温動物³³³	
コウ	洪	洪水¹・洪積層⁴⁶	
コウ	荒	荒天¹・荒廃・荒涼²・荒野・凶荒⁵・破天荒¹・荒唐無稽⁴	
コウ	郊	郊外²・近郊²	
コウ	香	香水④¹・香気④¹・線香②・香華④²・香典④□・香料④・香炉④²・焼香④・芳香④・香辛料④・香をたく④	
コウ	侯	諸侯⁶・王侯¹・侯爵・列侯³	↔候
コウ	貢	貢献・朝貢²・入貢¹	
コウ	控	控除□⁶・控訴□	
コウ	慌	恐慌□	恐慌←恐荒(×)
コウ	硬	硬度³・硬貨⁴・生硬¹・硬化³・硬球³・硬質・硬水¹・硬直²・硬筆³・強硬²・硬骨漢⁶³・硬軟併せもつ⁵・硬軟自在の交渉術²	
コウ	絞	絞殺□⁵・絞首刑□²	
コウ	項	項目¹・事項³・条項²・項に分ける・第三項³¹	
コウ	溝	下水溝¹¹・排水溝¹・側溝⁴	
コウ	綱	綱紀⁵・綱領・大綱¹・綱目⁴・要綱⁵・綱紀粛正¹	綱紀←網規(×)
コウ	酵	酵母・酵素・発酵	
コウ	稿	草稿¹・原稿・投稿¹・稿本⁴・稿料⁶・遺稿⁵・寄稿・起稿²・脱稿・稿を起こす³・稿を改める⁴	
コウ	衡	均衡⁵・平衡・度量衡³⁴・合従連衡²⁶⁴	均衡←均衝(×)
コウ	購	購入・購買・購読²	購買←購売(×)
コウ	勾	勾配³・勾留⁵	
コウ	梗	心筋梗塞²⁶・脳梗塞⁶	
コウ	喉	喉頭²・咽喉	

音訓	漢字	用例	備考
コウ	格	格子	
コウ	仰	信仰・渇仰	
コウ	耗	心神耗弱	
こう	神	神々しい	
こ-う	恋う	恋い慕う・恋い焦がれる・母を恋う	
こ-う	請う	案内を請う・教えを請う・許しを請う	↔乞う
こ-う	乞う	命乞い・雨乞い・慈悲を乞う・乞うご期待	↔請う
ゴウ	号	号令・号外・番号・号泣・号砲・暗号・雅号・記号・称号・信号・怒号・年号・符号・屋号・創刊号・号する・号を重ねる	
ゴウ	合	合同・合計・結合・合意・合格・合金・合法・合流・会合・迎合・混合・集合・総合・談合・統合・符合・併合・連合	
ゴウ	強	強引・強情・強盗・強奪・強欲・強力	
ゴウ	郷	郷士・近郷・在郷・郷に入りては郷に従え	
ゴウ	業	罪業・自業自得・業火・業苦・因業・業を煮やす・非業の最期	
ゴウ	拷	拷問	
ゴウ	剛	剛健・金剛力・剛球・剛胆・剛直・剛毛・剛腕・金剛石・外柔内剛（内柔外剛）・質実剛健・柔よく剛を制す	↔豪「剛」は，じょうぶで歯が立たないほど強いこと。
ゴウ	豪	豪遊・豪雨・文豪・豪華・豪快・豪気・豪傑・豪語・豪勢・豪壮・豪族・豪胆・豪農・豪放・豪勇・剣豪・酒豪・富豪	↔剛「豪」は，なみはずれてすごいこと。
ゴウ	傲	傲然・傲慢・傲岸不遜	
こうむ-る	被る	害を被る・傷を被る	
こえ	声	呼び声・歌声・産声・大声・小声・地声・鼻声・金切り声・国民の声・読者の声・虫の声・声がはずむ・声をのむ・声がかかる	
こえ	肥	下肥・肥たご・肥だめ・寒肥	
こ-える	肥える	よく肥えた地味・人を見る目が肥える・天高く馬肥ゆる秋	
こ-える	越える	山を越える・危機を越える・困難を乗り越える・柵を越える・障壁を越える・峠を越える	↔超える「越える」は，通過・経過・越権などの意。
こ-える	超える	基準を超える・定員を超える・能力を超える・百万円を超える・予想を超える	↔越える「超える」は，上に出る，超過などの意。
こおり	氷	氷水・氷屋・氷枕・氷菓子・氷砂糖・氷詰め・かき氷・氷が張る	
こお-る	凍る	凍りつく・道が凍る・水が凍る・水道が凍る	
こ-がす	焦がす	畳を焦がす・胸を焦がす・思いを焦がす	

音訓	漢字	用例	備考
こ-がれる	焦がれる	思い焦がれる・恋い焦がれる	
コク	告	告示・告白・報告・告訴・告知・告発・告別・戒告・勧告・警告・原告・公告・広告・申告・宣告・忠告・被告・密告	
コク	谷	幽谷・峡谷・渓谷	
コク	刻	彫刻・時刻・深刻・刻印・刻苦・刻限・寸刻・即刻・遅刻・刻一刻・一刻千金・時々刻々・刻苦勉励	
コク	国	国際・国家・外国・国威・国営・国会・国旗・国境・国交・国策・国産・国籍・国民・国連・建国・故国・祖国・母国	
コク	黒	黒板・漆黒・暗黒・黒鉛・黒煙・黒色・黒点・大黒柱・黒白をつける	
コク	穀	穀物・雑穀・脱穀・穀倉・穀類・米穀・五穀豊穣（ジョウ）	
コク	克	克服・克明・克己・相克・超克	
コク	酷	酷似・冷酷・残酷・酷寒・酷刑・酷使・酷暑・酷評・酷烈・酷薄非情・酷な要求だ	
コク	石	石高・千石船・一万石	
ゴク	極	極上・極秘・至極・極悪・極意・極印・極楽・極悪非道・極楽往生・極楽浄土	
ゴク	獄	獄舎・地獄・疑獄・獄死・獄窓・獄門・獄吏・監獄・出獄・脱獄・投獄・獄につなぐ	
こ-げる	焦げる	黒焦げ・焦げつき・焦げ臭い・焦げつく・黒く焦げる・飯が焦げる	
こご-える	凍える	凍えそうだ・凍えつく・手足が凍える	
ここの	九	九日・九重	
ここの-つ	九つ	九つ	
こころ	心	心得る・親心・心得・心根・歌心・里心・旅心・真心・心意気・心覚え・心持ち・心強い・心がまえ・心づかい	
こころざし	志	志が高い・志を継ぐ・志を遂げる	
こころざ-す	志す	医者を志す・小説家を志す	
こころ-みる	試みる	試み・新しい試み・実験を試みる・何度か試みる	
こころよ-い	快い	快い返事・快い眠り・快い朝の空気・快く引き受ける	
こし	腰	腰だめ・腰板・本腰・腰折れ・腰掛け・腰巾着・腰砕け・腰つき・腰抜け・腰巻き・腰が低い・話の腰を折る	逃げごし・けんかごし
こ-す	越す	年越し・売り越す・買い越す・勝ち越す・乗り越す・引っ越す・川を越す・冬を越す・田舎に越す・暑さが峠を越す	↔越す ～にこしたことはない 「田舎」は，中学校で学習する付表の語。

音訓	漢字	用 例	備 考
こ-す	超す	限度を超す・十万人を超す・目標を超す	↔越す
こた-え	答え	問題の答え・答えを出す	
こた-える	答える	質問に答える・正確に答える・呼びかけに答える	↔応える こたえられないほどうまい・もちこたえる
こた-える	応える	期待に応える・要請に応える	↔答える
コツ	骨	骨子・筋骨・老骨・骨格・骨髄・骨折・骨肉・骨盤・骨膜・気骨・硬骨・鎖骨・鉄骨・軟骨・納骨・反骨・露骨・硬骨漢	こつをつかむ
コツ	滑	滑稽・滑稽千万②	
こと	言	言葉・寝言・言霊・小言・言の葉・独り言	ことづけ・ことづて
こと	事	仕事・事柄・事始め・事足りる・事をかまえる・事なかれ主義・事ここにいたる	できごと〔仮名書きが多い。〕大変なことになる・見たことがある・こと欠く
こと	異	異にする・異なる	
こと	殊	殊に・殊の外・殊更	
こと	琴	琴爪・琴の緒・琴の音・琴を弾く	
ことぶき	寿	寿狂言・新年の寿	
ことわ-る	断る	断り・断り書き・断りを得る・援助を断る・誘いを断る・申し出を断る	
こな	粉	粉雪・粉薬・粉みじん・粉を練る	こなごな
この-む	好む	好み・好ましい・好みの品・最近の好み・若い人の好み・好ましい状態・果物を好む・音楽を好む・好んで参加する	「果物」は、小学校で学習する付表の語。
こば-む	拒む	支払いを拒む・要求を拒む	
こぶし	拳	握り拳・拳を振り上げる	
こま	駒	持ち駒・駒落ち・駒を動かす	
こま-か	細か	細かだ・きめ細かな肌・きめ細かな調査・神経が細かだ・細かな説明は省く	
こま-かい	細かい	細かい字・細かい砂・細かい人・細かい網目・芸が細かい・話が細かい・神経が細かい	
こま-る	困る	困りぬく・困りもの・生活に困る・返事に困る	
こ-む	込む	税込み・飛び込み・割り込む・乗り込む・吹き込む・申し込む・持ち込む	↔混む 考えこむ・冷えこむ
こ-む	混む	混み合う・人混み・電車が混む	↔込む
こめ	米	米粒・米蔵・米屋・生米・闇米・米びつ・米騒動・米をとぐ	

音訓	漢字	用 例	備 考
こ-める	込める	弾を込める・夕闇が立ち込める	心をこめる・気持ちをこめる
こ-もる	籠もる	家に籠もる・寺に籠もる	心がこもる・煙がこもる
こ-やし	肥やし	肥やしをやる	
こ-やす	肥やす	私腹を肥やす・土地を肥やす・豚を肥やす・見る目を肥やす	
こよみ	暦	花暦・暦を繰る・暦のうえでは春	
こ-らしめる	懲らしめる	悪人を懲らしめる	
こ-らす	凝らす	肩を凝らす・工夫を凝らす・趣向を凝らす	
こ-らす	懲らす	悪を懲らす・敵を懲らす	
こ-りる	懲りる	性懲りもなく・一度で懲りる・失敗に懲りる	もうこりごりだ
こ-る	凝る	凝り性・肩凝り・凝り固まる・肩が凝る・道具に凝る・文学に凝る	
ころ	頃	日頃・あの頃・子どもの頃・頃は元禄（ロク）	
ころ-がす	転がす	玉転がし・たるを転がす・足をかけて転がす	
ころ-がる	転がる	転がり摩擦・寝転がる・ころころ転がる・ボールが転がる・畳の上に転がる・チャンスが転がっている	
ころ-げる	転げる	転げ込む・転げ落ちる・つまずいて転げる	
ころ-す	殺す	見殺し・殺し文句・息を殺す・声を殺す・才能を殺す・角をためて牛を殺す・虫も殺さない	
ころ-ぶ	転ぶ	寝転ぶ・転ぶように走る・つまずいて転ぶ・転ばぬ先の杖（つえ）	
ころも	衣	羽衣・衣替え・天ぷらの衣	
こわ	声	声色・声高・声音	
こわ-い	怖い	怖がる・怖い顔・怖い話・あとが怖い・怖いもの見たさ・怖いもの知らず	こわごわ
こわ-す	壊す	建物を壊す・時計を壊す	体をこわす 「時計」は，小学校で学習する付表の語。
こわ-れる	壊れる	壊れ物・橋が壊れる・塀が壊れる・テレビが壊れる	話がこわれる
コン	今	今後・今日・昨今・今回・今期・今昔・今週・今春・今度・今般・今夜・現今・当今・古今東西・今シーズン	
コン	困	困難・困窮・貧困・困却・困苦・困惑	
コン	金	金色・金剛力・黄金・金堂	「黄金」は，「こがね」とも。
コン	根	根拠・根気・平方根・根幹・根茎・根源・根性・根底・根本・禍根・球根・精根・大根・病根・根負け・事実無根・根をつめる	

音訓	漢字	用例	備考
コン	混	混合⁵²・混雑⁵⁵・混迷⁵⑤・混在⁵⁵・混声⁵²・混成⁵²・混戦⁵⁴・混線⁵²・混然⁵⁴・混同⁵²・混紡⁵・混浴⁵⁴・混乱⁵⁴・混声合唱⁵²²⁴・玉石混交¹¹⁵²	
コン	昆	昆虫¹・昆布⁵	「昆布」は、「コブ」とも。
コン	恨	遺恨⁶・痛恨⁶・悔恨⁶・怨恨□・多情多恨²⁵²	
コン	婚	婚約⁴・結婚⁴・新婚⁴・婚姻³・婚期³・婚儀³・婚礼³・既婚⁴・求婚⁴・成婚⁴・晩婚⁶・未婚・離婚	
コン	紺	紺青□・紺屋³・濃紺・紺地²・紫紺	「紺屋」は、「コウや」とも。
コン	魂	魂胆³・霊魂³・商魂・士魂・詩魂・鎮魂¹・闘魂³・入魂³²・和魂漢才³・和魂洋才³²	
コン	墾	開墾³・墾田	
コン	懇	懇切²・懇親会²²・懇意²²・懇願³・懇請⁴・懇談³・懇望④・昵(ジッ)懇▼	
コン	痕	痕跡・血痕³	
コン	建	建立④①	
コン	献	献立・一献¹	
ゴン	言	言上²¹・伝言⁴²・無言⁴²・誓言³²・他言¹²・文言⑥²・遺言²²・言語道断²²⁵・一言一句¹²¹⁵・一言半句¹²²⁵	言語道断←言語同(×)断
ゴン	勤	勤行⑥²	
ゴン	権	権化⑥③・権現⑥⁵	
ゴン	厳	荘厳⑥	
サ	左	左右¹¹・左翼¹¹・左遷¹²・左官¹⁴・左記¹¹・左党¹⁶・左折¹¹・左派¹⁶・左腕¹¹・証左⁵¹・左中間¹¹²・右往左往¹⁵¹⁵	
サ	作	作業²³・作用²²・動作³²・作法²⁴・造作⁵²・発作③²	「造作」は、「ゾウサク」とも。
サ	査	査察⁵⁴・調査³⁵・巡査⁴・査収⁵・査証⁵³・査定⁵・査問⁵⁵・監査⁵・検査²⁵・考査⁵・審査⁵・捜査⁵	
サ	砂	砂丘⁶・砂糖⁶・砂金⁶・砂鉄⁶¹・砂漠⁶³・黄砂⑥²・熱砂⁴⁶・流砂³⁶・砂防ダム⁶⁵	
サ	茶	茶菓②・茶話会②²・喫茶②・茶道②²	
サ	差	差異⁴⁶・差別⁴⁶・誤差⁶⁴・差額⁴³・差配²⁴・交差²⁴・時差¹⁴・小差³⁴・落差⁴⁶・偏差値・個人差⁵¹⁴・千差万別¹⁴②⁴・差がある・差がつく²・雲泥の差□⁴	「差異」は、「差違」とも。小差←少(×)差
サ	佐	佐幕⁴⁶・補佐⁶⁴・大佐¹⁴	
サ	唆	教唆²・示唆⑤・教唆扇動²³	
サ	詐	詐欺・詐取³・詐称・詐術⁵	
サ	鎖	鎖国²・連鎖⁴・封鎖・鎖骨⁶・閉鎖⁶	

音訓	漢字	用例	備考
サ	沙	沙汰・音沙汰・ご無沙汰・正気の沙汰ではない・地獄の沙汰も金次第	警察ざた
サ	再	再来年・再来月・再来週	
ザ	座	座席・座談・星座・座興・座骨・座視・座敷・座礁・座禅・座長・座標・王座・玉座・高座・講座・即座	
ザ	挫	挫折・頓挫・捻挫	
サイ	才	才能・才覚・秀才・才気・才子・才人・才知・才略・偉才・英才・鬼才・俊才・多才・天才・文才・経営の才	
サイ	再	再度・再選・再出発・再会・再開・再起・再建・再現・再興・再婚・再生・再任・再燃・再発・再版・再来・一再・再三再四	
サイ	西	西国・東西・西海・関西・西方浄土	
サイ	災	災害・災難・火災・災禍・災厄・震災・人災・戦災・天災・被災・無病息災	
サイ	妻	妻子・夫妻・良妻・妻女・妻帯・愛妻・後妻	
サイ	採	採集・採用・採光・採決・採血・採掘・採鉱・採算・採取・採択・採炭・採点・採否・採録・伐採	採掘←採堀(×)
サイ	済	返済・救済・経済・済世・済度・既済・共済・決済・弁済・未済・経世済民	
サイ	祭	祭礼・文化祭・祭日・祭政・祭壇・祭典・司祭・祝祭・葬祭・大祭・例祭・前夜祭	
サイ	細	細心・詳細・零細・細菌・細事・細則・細大・細部・細密・細目・委細・繊細・微細・明細・毛細血管・細にわたる	細大漏らさず←最(×)大漏らさず
サイ	菜	菜園・菜食・野菜・前菜・白菜・一汁一菜	
サイ	最	最大・最近・最先端・最愛・最悪・最後・最期・最高・最初・最上・最終・最新・最前・最短・最中・最低・最適・最良	「最後」は、いちばんあとのこと。↔「最期」は、死に際のこと。
サイ	裁	裁縫・裁判・体裁・裁可・裁決・裁断・裁定・決裁・制裁・総裁・仲裁・独裁・洋裁・和裁・最高裁	↔栽
サイ	際	際限・交際・この際・国際・実際・分際・思わぬチャンスに際会する	
サイ	砕	砕石・砕氷・粉砕・玉砕・撃砕・粉骨砕身	粉砕←粉細(×), 粉骨砕身←粉骨砕細(×)心(×)
サイ	宰	宰領・宰相・主宰	
サイ	栽	栽培・盆栽・栽植・前(セン)栽	↔裁
サイ	彩	彩色・色彩・淡彩・彩管・彩度・異彩・光彩・水彩・精彩・多彩・迷彩・油彩	

音訓	漢字	用例	備考
サイ	斎	斎場²・潔斎⁵・書斎²・斎戒・斎主③・精進潔斎⑤³⁵	
サイ	債	債務⁵・負債³・公債・債鬼・債券⁶・債権³・外債・起債²・国債・社債²	
サイ	催	催眠・開催³・主催・催促・共催④・催涙弾	
サイ	歳	歳末⁴・歳月¹・二十歳¹・歳出¹・歳入・歳費²²・歳時記②・万歳三唱¹⁴・三河万歳²・年々歳々¹	「二十歳」は、「はたち」とも。
サイ	載	積載⁴・掲載・記載・載録・収載⁶・所載³・転載³・登載・搭載⁴・満載・連載⁴・千載一遇	「登載」は、新聞・雑誌に記事を載せること。⇔「搭載」は、必要な物資を積み込むこと。
サイ	采	采配³・喝采・拍手喝采¹	
サイ	塞	要塞⁴・城塞⁴	
サイ	切②	一切¹②・一切合財¹②²⑤	
サイ	財⑤	財布⑤⁵・一切合財¹②²⑤	
サイ	殺	相殺³⑤	
さい	埼⁴	埼玉県⁴¹³	
ザイ	在⁵	在留⁵⁶・在宅⁵⁶・存在⁶⁵・在位⁵⁴・在学⁵¹・在庫・在住⁵³・在職⁵⁵・在世⁵³・在野⁵²・介在⁵・健在・現在・散在・実在・潜在・滞在・点在	
ザイ	材⁴	材木⁴¹・材料⁴⁴・人材¹・材質⁴・逸材⁰・器材³・教材³⁴・資材・取材⁵⁴・製材⁵⁴・石材¹⁴・素材³・題材⁰・用材⁵⁴・適材適所⁵³	
ザイ	財⁵	財産⁵⁴・私財⁶⁵・文化財⁵³・財貨・財界⁵³・財源・財政⁵⁵・財団⁵⁵・財閥⁵³・財宝⁵⁶・財務⁵⁵・財力⁵⁵・家財・散財・資財・浄財・財をなす	
ザイ	罪⁵	罪状⁵⁵・犯罪⁵⁶・謝罪⁵³・罪悪⁵³・罪科⁵³・罪業③・罪人⁵¹・原罪⁴⁵・功罪³⁵・死罪・重罪⁵⁵・断罪⁵³・微罪⁵³・無罪・有罪③⑤・余罪・流罪	
ザイ	剤	薬剤師³⁵・錠剤・消化剤³³・下剤¹・洗剤⁶・調剤³・乳剤⁶・溶剤³・殺虫剤⁵¹・鎮痛剤・解熱剤⑤④	下剤←解(×)剤 解熱剤←下(×)熱剤
さいわ-い	幸い³	幸いなこと⁴³¹・不幸中の幸い³・風が幸いした²³	
さえぎ-る	遮る²	話を遮る・行く手を遮る・流れを遮る	
さか	坂³	坂道³²・下り坂¹¹・上り坂¹¹・四十の坂³	
さか	逆⁵	逆立つ⁵¹・逆さ⁵・逆さま⁵²・逆毛⁵¹・逆手⁵・逆夢⁵¹・逆恨み⁵・逆立ち⁵・逆ねじ・逆巻く・逆上がり・逆落とし・逆立てる	
さか	酒³	酒屋³³・酒場³²・酒盛り³⁶・酒蔵³⑥・酒代³³・酒手³¹	
さかい	境⁵	境目⁵¹・県境・国境・生死の境	
さか-える	栄える⁴	栄え⁴・国が栄える²	

音訓	漢字	用例	備考
さが-す	探す	宝探し・あら探し・獲物を探す・貸し家を探す・職を探す	↔捜す
さが-す	捜す	家出人を捜す・犯人を捜す・紛失物を捜す	↔探す
さかずき	杯	杯を傾ける・杯を交わす	
さかな	魚	魚屋・煮魚・焼き魚・魚釣り	酒のさかな
さかのぼ-る	遡る	川を遡る・時代を遡る	
さか-らう	逆らう	親に逆らう・風に逆らう・時代に逆らう	
さか-る	盛る	燃え盛る・盛り・花盛り・盛り場・育ち盛り・夏の盛り	
さ-がる	下がる	ぶら下がる・昼下がり・頭が下がる・時代が下がる・成績が下がる・値が下がる・熱が下がる・能率が下がる	
さか-ん	盛ん	盛んだ・盛んに・意気盛ん・老いてますます盛ん・火が盛んに燃える	
さき	先	先立つ・縁先・手先・軒先・鼻先・指先・先駆け・先取り・先走り・先ぶれ・先行き・小手先・一寸先は闇・先を越す	
さき	崎	○○崎	
サク	冊	短冊	
サク	作	作為・著作・豊作・作家・作詞・作図・作成・作製・作戦・作品・裏作・合作・傑作・原作・工作・耕作・創作・労作	「作成」は，文書や計画や案をつくること。↔「作製」は，物品などの具体物をつくること。
サク	昨	昨日・昨年・一昨日・昨今・昨夜	
サク	策	策略・政策・対策・策士・策定・策動・策謀・画策・国策・散策・失策・術策・得策・秘策・方策・万策・策におぼれる	
サク	削	削除・削減・添削・開削・掘削・削岩機	
サク	索	索引・思索・鉄索・索具・索漠・検索・捜索・探索・模索	
サク	酢	酢酸・木酢液	
サク	搾	搾取・圧搾・搾乳・搾油	
サク	錯	錯誤・錯覚・交錯・錯角・錯雑・錯乱・倒錯・時代錯誤	
サク	柵	鉄柵・木柵・柵を越える・柵をめぐらす	
さ-く	割く	時間を割く・紙面を割く・人手を割く	↔裂く
さ-く	咲く	遅咲き・咲き誇る・咲き乱れる・四季咲き・桜が咲く・話に花が咲く	
さ-く	裂く	八つ裂き・引き裂く・生木を裂く・友達の仲を裂く・布を裂く・仲を裂く	↔割く 「友達」は，小学校で学習する付表の語。

音訓	漢字	用例	備考
さくら	桜⁵	桜⁵色²・葉³桜⁵・桜⁵貝¹・桜⁵草¹・桜⁵狩り・桜⁵前²線²・八¹重³桜⁵	
さぐ-る	探⑥る	探⑥り・手¹探⑥り・探⑥り出す・探⑥りあてる・探⑥りを入れる・様³子¹を探⑥る・ポケットを探⑥る・秘境を探⑥る	
さけ	酒³	酒³好³き・甘³酒³・深³酒³・酒³飲³み・利④き酒³・酒³がまわる・酒³は百¹薬³の長²	「利き酒」は、「聞き酒」とも。
さげす-む	蔑む	蔑⁵む³ような態度	
さけ-ぶ	叫ぶ	叫び・叫²び声⁴・泣³き叫⁶ぶ・悲¹痛²な叫び・大¹声²で叫ぶ	
さ-ける	裂ける	裂け目¹・岩¹の裂け目²・地³面が裂ける・服¹が裂ける・口¹が裂けても言²わない	
さ-ける	避ける	確⁵答²を避ける・車¹を避ける・人¹目¹を避ける・ラッシュ時²を避ける	
さ-げる	下¹げる	払¹い下げる・頭²を下げる・お膳⑥を下げる・供³物を下げる・位⁴を下¹げる・調³子¹を下¹げる・値¹段を下げる	↔提げる
さ-げる	提⑤げる	手¹提⑤げ・手¹提⑤げかばん	↔下げる
ささ-える	支⁵える	支⁵え・心²の支⁵え・一¹家²を支⁵える・生¹活²を支⁵える・塀⁵を支⁵える・敵⁶の攻⁵撃を支⁵える	
さ-さる	刺さる	とげが刺さる・矢²が刺さる・胸⁶に刺さる	
さ-す	指³す	名¹指³し・時²計²の針⁶が十¹時²を指³す	↔差す・刺す・挿す 将棋をさす・北をさして歩く 「時計」は、小学校で学習する付表の語。
さ-す	差⁴す	差⁴し足¹・差⁴し入⁴れ・差⁴し障⁶り・差⁴し出¹す・差⁴し押さえ・差⁴し伸⁴べる・刀²を差⁴す・かんぬきを差⁴す	↔刺す・指す・挿す 日がさす・魔がさす・傘をさす・水をさす・油をさす
さ-す	刺す	刺し殺¹す・刺し網¹・刺し傷・刺し子・刺し身・串刺し・刺し違える・刃³物で刺す・本³塁で刺す・蚊に刺される	↔差す・指す・挿す
さ-す	挿す	挿し木¹・一¹輪⁴挿し・花²瓶に花を挿す・かんざしを挿す	↔差す・刺す・指す
さず-かる	授⑤かる	授⑤かりもの・子¹どもを授⑤かる・才²能⁵を授⑤かる	
さず-ける	授⑤ける	賞⁵を授⑤ける・秘⁶策⁶を授⑤ける	
さそ-う	誘う	誘¹い水・誘い込む・誘いにのる³・悪²の道に誘う・涙を誘う・ハイキングに誘う	
さだ-か	定③か	定③かだ・定③かに見¹えない・記²憶が定③かでない	
さだ-まる	定³まる	評⁵価⁵が定³まる・気¹持³ちが定³まる・態²度³が定³まる・天¹下¹が定³まる・天¹気が定³まる	
さだ-める	定³める	定³め・世³の定³め・会²の定³め・憲²法⁶を定³める・心²を定³める・制⁵度³を定³める	さだめし・さだめて
さち	幸③	海²の幸③・山①の幸③・幸③多²かれと祈る	
サツ	冊⁶	冊⁶子¹・別⁴冊⁶・冊⁶数²・一¹冊⁶・分²冊⁶	

音訓	漢字	用例	備考
サツ	札⁴	札⁴入れ・表¹札・入⁴札・札⁴束・改⁴札・鑑⁴札・検⁵札・出¹札・偽□⁴札・落³札・千¹円¹札	
サツ	刷⁴	刷⁴新・印²刷・増⁴刷・縮⁶刷⁴版⁵	
サツ	殺⁵	殺⁵人・殺⁵到・黙⁵殺・殺⁵意・殺⁵害・殺⁵気・殺⁵伐・暗³殺・殴⁵殺・虐⁵殺・絞□殺・自²殺・射⁵殺・銃⁵殺・他⁵殺・毒⁵殺・抹⁵殺・殺⁵風²景⁴	殺到←殺倒（×）
サツ	察⁴	察⁴知・観⁴察・考⁴察・警⁴察・検⁵察・視⁵察・診⁴察・推⁴察・洞⁴察・明²察	
サツ	撮⁴	撮⁴影・空¹撮・特⁴撮	
サツ	擦	擦⁵過⁶傷・摩擦	
サツ	刹□	古²刹・名¹刹	
サツ	拶	挨拶	
<u>サツ</u>	早①	早①速³・早①急³	「早急」は，「ソウキュウ」とも。
ザツ	雑⁵	雑⁵談・雑⁵音⁵・混⁵雑・雑⁵役③・雑⁵貨⁴・雑⁵記²・雑⁵居⁵・雑⁵穀⁵・雑⁵誌⁶・雑⁵種⁴・雑⁵草⁵・雑⁵多²・雑⁵念⁵・雑⁵費⁶・粗⁵雑・複⁵雑・乱³雑・雑⁵な仕事³	雑多→種々雑多
さと	里²	里²心・村²里・里²芋・里²親・里²方・里²山・人²里・山¹里・里²帰²り	
さと-す	諭す	諭¹し・生徒を諭⁴す	
さと-る	悟る	悟り・悟⁵りを開²く・悟⁶りの境⁴地・危機を悟る・五¹十¹歳にして悟る	
さば-く	裁⁶く	裁⁶き・裁⁶きを受³ける・罪を裁⁵く・審判が裁く	
さび	寂	寂⁵の境²地・寂のある声・わびと寂	仮名書きが多い。
さび-しい	寂しい	寂しがる・寂しい⁶晩¹年・寂しい¹山²道	口がさびしい・懐がさびしい
さび-れる	寂れる	寂れた²古²寺・町が寂¹れる	
さま	様³	○○様³・王¹様³・殿³様・若⁶様³・皆³様	ご苦労さま・さまざま・ありさま・思うさま・さまにならない
さ-ます	冷ます⁴	湯³冷⁴まし・熱を冷⁴ます・興⁵奮⁶を冷⁴ます	
さ-ます	覚ます⁴	目¹覚⁴まし・眠りを覚⁵ます・迷いを覚²ます・目を覚⁴ます	酔いをさます
さまた-げる	妨げる	妨³げ・勉²強の妨³げ・仕事を妨³げる・道を妨²げる	
さむ-い	寒い³	寒³がる・寒³空¹・寒²け・夜³寒・寒³い朝²・梅⁴雨¹寒³・懐□が寒³い・寒³々²と⁴した風⁴景	「梅雨」は，中学校で学習する付表の語。
さむらい	侍	侍¹大⁶将・たいした侍だ	
さ-める	冷める⁴	お茶²が冷²める・興⁵奮⁶が冷⁴める	
さ-める	覚める⁴	目¹覚⁴め・麻⁵酔から覚¹める・目が覚⁴める	いつもさめている
さら	皿³	灰⁶皿³・絵¹皿³・大²皿³・小²皿³・皿³洗¹い・受³け皿³	

音訓	漢字	用例	備考
さら	更	更に・今更	
さる	猿	猿芝居・猿まね・猿回し・猿ぐつわ・猿も木から落ちる	
さ-る	去る	去る○日・立ち去る・走り去る・世を去る・職を去る・熱が去る・夏が去る・日本を去る・危険が去る・去る者は追わず	
さわ	沢	沢歩き・沢登り	
さわ-ぐ	騒ぐ	騒ぎ・騒がしい・騒がす・騒がせる・騒ぎたてる・大騒ぎ・胸騒ぎ・暴徒が騒ぐ	
さわ-やか	爽やか	爽やかだ・爽やかな朝・爽やかな青年・弁舌爽やか	
さわ-る	障る	差し障り・耳障り・目障り・仕事の障り・体に障る・気に障る・人気に障る	あたりさわり
さわ-る	触る	手触り・肌触り・手に触る	話のさわり・さわりの部分
サン	三	三角・三流・再三・三界・三脚・三権・三角形・三人称・三輪車・第三者・七五三・三々五々・三者三様・三寒四温	再三→再三再四
サン	山	山脈・高山・登山・山河・山岳・山峡・山菜・山積・山村・山頂・山林・火山・金山・銀山・氷山・山水画・外輪山	
サン	参	参加・参万円・降参・参賀・参画・参観・参詣・参考・参集・参照・参上・参戦・参内・参拝・参列・古参・持参・日参	
サン	蚕	蚕糸・蚕食・養蚕・蚕業・蚕室	
サン	産	産業・生産・出産・産地・産婦・産卵・安産・遺産・財産・資産・畜産・倒産・破産・物産・不動産・秋田の産・産する	
サン	散	散歩・散文・解散・散逸・散会・散華・散見・散在・散財・散策・散水・散布・散乱・閑散・集散・発散・分散	さんざん
サン	算	算数・計算・予算・算出・算術・算段・暗算・概算・決算・誤算・採算・心算・成算・清算・精算・打算・通算・目算	私に成算がある↔借金(過去)を清算する↔運賃を精算する
サン	酸	酸味・酸素・辛酸・酸化・酸欠・酸性・胃酸・塩酸・酢酸・硝酸・青酸・炭酸・硫酸・亜硫酸	
サン	賛	賛成・賛同・称賛・賛意・賛歌・賛辞・賛助・賛嘆・賛美・賛否・画賛・協賛・絶賛・礼賛・自画自賛・絵に賛を入れる	
サン	桟	桟橋・桟道・障子の桟	
サン	惨	惨劇・悲惨・陰惨・惨禍・惨害・惨事・惨状	
サン	傘	傘下・落下傘・鉄傘	
ザン	残	残留・残念・敗残・残額・残虐・残業・残金・残酷・残暑・残雪・残存・残高・残忍・残飯・無残・老残・百円の残が出た	残念→残念無念 残虐←惨(×)虐 残酷←惨(×)酷 残忍←惨(×)忍
ザン	惨	惨死・惨殺・惨敗	

音訓	漢字	用例	備考
ザン	暫	暫時・暫定	
ザン	斬	斬殺・斬新・斬首・斬髪	
シ	士	士官・武士・紳士・士気・士族・学士・騎士・策士・闘士・文士・兵士・名士・勇士・力士・代議士・弁護士・同好の士	
シ	子	子孫・女子・帽子・子息・子弟・因子・菓子・君子・原子・妻子・実子・種子・障子・調子・拍子・母子・利子	
シ	支	支持・支障・支店・支援・支給・支出・支所・支線・支度・支柱・支配・支部・支流・収支・気管支・十二支・支離滅裂	「支度」は,「仕度」とも。
シ	止	止宿・静止・中止・止血・止痛・止揚・休止・禁止・終止・制止・阻止・停止・廃止・防止・笑止千万	
シ	氏	氏名・姓氏・某氏・氏族	
シ	仕	仕事・出仕・仕官・仕儀・仕業・奉仕・仕入れ・仕打ち・仕送り・仕返し・仕掛け・仕組み・仕立て・仕様書・仕分け	しかたがない
シ	史	史学・歴史・国史・史家・史実・史跡・史伝・史料・侍史・外史・女史・正史・戦史・世界史・美術史	
シ	司	司会・司令・上司・司教・司祭・司書・司直・司法・行司・宮司・国司・司令官・保護司・児童福祉司	
シ	四	四角・四季・四十七士・四囲・四海・四国・四肢・四辺・四方・四面・四天王・四捨五入・四分五裂・三寒四温・再三再四	
シ	市	市民・市況・都市・市営・市価・市街・市場・市井・市制・市政・市長・市電・市立・市町村・市役所・それは市の責任だ	
シ	矢	一矢を報いる	
シ	示	示唆・図示	
シ	死	死亡・死角・必死・死因・死活・死去・死語・死罪・死守・死傷・死別・死滅・仮死・餓死・生死・戦死・即死・凍死	
シ	糸	綿糸・蚕糸・製糸・菌糸・絹糸	
シ	至	至当・夏至・冬至・至急・至近・至言・至高・至極・至上・至誠・至難・至宝・必至	
シ	次	次第・式次第・事の次第	しだいに晴れてくる
シ	自	自然	
シ	志	志望・有志・寸志・志願・志向・志士・意志・遺志・初志・大志・闘志・同志・薄志・立志・篤志家・三国志・志操堅固	
シ	私	私立・私腹・公私・私意・私営・私見・私語・私財・私淑・私情・私心・私設・私邸・私服・私物・私有・私用・私利私欲	

音訓	漢字	用例	備考
シ	③使	使役³・使者③・駆使³・使節³・使途³・使徒⁴・使命³・使用³・急使²・公使³・ 行使²・酷使³・大使¹・勅使³・天使⁴・特使⁴・密使⁴・労使³	
シ	③始	始終³・年始³・開始¹・始業³・始祖³・始発³・始末³・原始⁴・元始³・創始³・ 一部始終¹ ³ ³ ³	始末←仕(×)末
シ	②姉	姉妹②②・諸姉⁶③・義姉⁵②・大姉¹②・長姉②②・姉弟②②	
シ	⑤枝	枝葉⁵³・連枝⁴⁵・楊(ヨウ)枝・枝葉末節⁵³⁴⁴	
シ	⑥姿	姿勢⁶⁵・容姿⁵⁶・雄姿⁵⁶・姿態⁶⁴・英姿⁴⁶・勇姿⁴⁶・麗姿⁶	姿態←姿体(×)
シ	²思	思想²³・意思³²・相思³²・思案²³・思考²³・思索²³・思慕²⁴・思慮²³・愁思³²・熟思³²・ 思春期²²³・不思議²²²・相思相愛³²³²・沈思黙考²²²²	相思相愛←想(×)思 思想←想(×)愛
シ	³指	指示³⁵・指導³⁵・屈指³²・指揮³⁵・指数³⁶・指弾³²・指定³³・指摘³²・指南³²・指標³⁴・ 指名³¹・指紋³³・指令³³・食指	
シ	⁵師	師匠⁵・教師²⁵・医師³²・師事⁵②・師弟⁵⁵・師範⁶⁵・恩師⁵⁵・技師⁵⁵・旧師⁵⁵・講師⁵⁵・ 導師⁵⁵・庭師⁵⁵・法師⁵⁵・牧師⁵⁵・猟師⁵⁵・漁師⁴⁶・看護師⁵⁵・師の恩	
シ	²紙	紙面²³・用紙²²・新聞紙²²・紙背²⁶・紙幣²⁶・紙片²⁶・色紙²⁶・製紙⁴²・台紙⁵²・ 白紙¹²・半紙¹²・表紙³²・和紙²²・印画紙⁴²²・機関紙⁶²²	紙幣←紙弊(×)
シ	⁶視	視覚⁶⁴・視力⁶¹・注視³⁶・視界⁶³・視察⁶⁵・視線⁶²・視聴⁶⁶・視野⁶²・監視⁶²・近視²⁶・ 軽視³⁶・検視⁵⁶・座視⁶⁶・重視³⁶・敵視⁴⁶・無視⁴⁶・乱視⁶⁶	
シ	⁶詞	歌詞²⁶・作詞²⁶・品詞³⁶・詞藻⁶・助詞³⁶・数詞³⁶・誓詞⁵⁶・動詞⁴⁶・副詞⁴⁶・名詞¹⁶・ 形容詞²⁵⁶・助動詞³³⁶・固有名詞⁴³¹⁶	
シ	³歯	歯科³⁵・乳歯⁶³・義歯⁵³・□⁵³歯牙³・歯石³³・歯列¹³・犬歯²³・門歯⁵³・永久歯⁵⁵³・切歯²³・ 扼(ヤク)腕▼	
シ	⁴試	試験⁴⁴・試作⁴²・追試⁴²・試合⁴⁴・試案⁴²・試食⁴³・試問⁴²・試薬⁴³・試用⁴²・試練⁴³・ 試論⁴⁶・入試¹⁶・試運転⁴³³・試金石⁴¹¹・試行錯誤¹²⁴³・口頭試問¹²⁴³	試行錯誤←思(×)考 (×)錯誤 口頭試問←口答(×) 試問
シ	³詩	詩情³³・詩人³¹・詩吟³³・詩魂³³・詩集³⁶・詩想³²・詩文³³・漢詩³³・自由詩²³³・新体詩³³・ 叙事詩³³・叙情詩⁵³³・詩のリズム	
シ	⁵資	資本⁵・資格⁵¹・物資³²・資金⁵⁴・資源⁵⁶・資材⁵⁴・資産⁵⁴・資質⁵⁵・資料⁵⁵・資力⁵¹・ 英資⁴⁵・外資²⁵・学資¹⁵・出資¹⁵・増資⁵⁵・投資³⁵・融資⁵⁵・資する	
シ	⁵飼	飼育⁵³・飼料⁵⁴・飼養⁵⁴	
シ	⁶誌	誌面⁶・日誌¹⁶・雑誌²⁶・地誌²⁶・週刊誌²⁵⁶・月刊誌¹⁵⁶・博物誌⁴³⁶	
シ	旨	要旨⁴・趣旨¹・本旨⁶・宗旨³・主旨・勅旨⁶・論旨	「趣旨」は，なんのためにそうするかという目的や理由。↔「主旨」は，文章や話で言いたいことの中心。
シ	□伺	□⁴伺候・奉伺	
シ	刺	刺激⁶・名刺¹⁶・風刺²⁶・刺客③・刺殺⁵	「刺客（シカク）」は，「シキャク」とも。
シ	祉	福祉³	

音訓	漢字	用例	備考
シ	肢	肢体・下肢・選択肢・義肢・四肢	
シ	施	施設・施政・実施・施工・施行・施策	「施行・施工」は,「セコウ」とも。
シ	脂	脂肪・油脂・樹脂・脂質・脂粉	
シ	紫	紫紺・紫煙・紫外線・紫雲・山紫水明	
シ	嗣	嗣子・嫡嗣	
シ	雌	雌雄・雌伏	
シ	賜	賜暇・下賜・恩賜	
シ	諮	諮問・諮議	
シ	恣	恣意的・放恣	
シ	摯	真摯	
ジ	示	示威・示談・指示・示現・暗示・訓示・掲示・公示・告示・誇示・提示・呈示・展示・内示・表示・明示	資料を提示する⇔身分証明書を呈示する[見せなければならないものの場合]
ジ	字	字画・文字・活字・字音・字訓・字体・字典・字幕・赤字・漢字・国字・習字・数字・題字・点字・略字・一字一句	
ジ	寺	寺院・社寺・末寺・寺社・古寺・国分寺	
ジ	次	次回・次元・目次・次官・次女・次席・次点・次男・漸次・順次・席次・年次・次善の策・一次試験	
ジ	耳	耳鼻科・中耳炎・耳順・俗耳・内耳・牛耳る・馬耳東風・耳目をひく	
ジ	自	自分・自由・各自・自衛・自覚・自供・自己・自首・自称・自信・自身・自治・自転・自認・自負・自滅・自律・自給自足・自己嫌悪・自己紹介	
ジ	似	類似・酷似・疑似・近似・相似	「疑似」は,「擬似」とも。
ジ	地	地面・地震・地元・地顔・地声・地所・地蔵・地主・意地・生地・素地・布地・服地・無地・路地・露地・地で行く・地が出る	
ジ	児	児童・幼児・優良児・児戯・愛児・遺児・育児・健児・女児・胎児・男児・乳児・双生児・託児所	鹿児島(かごしま)県
ジ	事	事物・無事・師事・事業・事件・事故・事実・事情・事態・事務・幹事・記事・行事・時事・俗事・珍事・万事・故事成語・事実無根	
ジ	治	政治・退治・湯治・主治医・荒療治	
ジ	持	持参・持続・支持・持説・持病・持論・維持・堅持・護持・住持・所持・保持・持久力・持する	

音訓	漢字	用例	備考
ジ	時(2)	時間(2)・時候(2)・当時(4)・時価(2)・時期(2)・時機(5)・時局(2)・時効(3)・時刻(2)・時事(5)・時世(2)・時勢(6)・時代(2)・時流(3)・随時・即時・定時・臨時	時期尚早↔時機到来 ↔時季はずれ 民主主義のご時世↔ 時勢に流される 時刻→時々刻々
ジ	辞(4)	辞書(4)・辞職(2)・式辞(4)・辞意(4)・辞去(5)・辞世(4)・辞退(3)・辞典(4)・辞任(4)・辞表(4)・辞令(4)・言辞(4)・固辞(4)・賛辞(4)・祝辞(6)・弔辞(6)・答辞(4)・辞する(4)	
ジ	磁(6)	磁石(6)・磁気(1)・陶磁器(6)・磁器(1)・磁極(6)・磁針(4)・磁性(6)・磁場(6)・磁力(6)・青磁(1)・白磁(1)・電磁波(2)(6)(3)	
ジ	侍	侍従(6)・侍医(5)・侍講(5)・侍史(5)・侍者(3)	
ジ	滋	滋味(④)(3)・滋養(④)	滋賀（しが）県
ジ	慈	慈愛(4)・慈善(4)・慈悲(4)・慈雨(3)・慈恵(1)・慈父(2)・慈母(2)・仁慈(6)	
ジ	璽	御璽・国璽・玉璽・御名御璽	
ジ	餌	好餌(4)・食餌(2)・薬餌(3)	
<u>ジ</u>	仕(③)	給仕(4)(③)	
<u>ジ</u>	除(⑥)	掃除(⑥)・除目(⑥)(1)	
じ	路(3)	家路(2)(3)・旅路(3)・山路(1)・潮路(6)(3)・波路(3)・夢路(5)(3)	
しあわ-せ	幸せ(3)	幸せな人(3)・幸せを願う(3)	
しいた-げる	虐げる	虐げられし人々(1)	
し-いる	強いる(②)	無理強い(4)(2)(②)・寄付を強いる(5)(4)(②)・参加を強いる(4)(4)(②)	
しお	塩(4)	塩辛い(4)(1)・塩辛(4)(1)・塩気(4)(1)・甘塩(4)(1)・塩出し(4)(2)・塩漬け(4)・塩引き(4)・塩焼き(4)・塩かげん(4)・塩をなめる(4)・塩をする(1)(4)・青菜に塩	
しお	潮(6)	潮風(6)(2)・潮路(6)(3)・潮時(6)(3)・渦潮(1)(6)・潮焼け(6)・引き潮(2)(6)・満ち潮(4)(6)・潮干狩り(⑥)・潮がさす(6)・潮の香り・合図を潮に席を立つ	
しか	鹿(4)	鹿狩り(4)・鹿の角(2)	
しか-る	叱る	叱りつける・叱り飛ばす(4)・子どもを叱る(1)	
シキ	式(3)	式典(3)(4)・形式(2)(3)・数式(3)(4)・式辞(3)(2)・式場(5)(3)・格式(6)(3)・株式(5)(3)・儀式(2)(3)・旧式(5)(3)・公式(2)(3)・書式(2)(3)・新式(2)(1)・図式(3)(3)・正式(2)・軟式(4)(2)・様式(4)(4)・略式(5)(2)・式に臨む	
シキ	色(2)	色彩(2)・色調(2)(3)・色欲(2)(3)・色覚(2)(3)・色紙(2)(3)・色素(2)(3)・五色(5)(3)・金色(6)(3)・彩色(5)(3)・色即是空(2)(2)(2)(1)	
シキ	織(5)	組織(2)(5)	
シキ	識(5)	識別(5)(4)・意識(3)(5)・知識(2)(5)・識見(5)(1)・識者(5)(3)・学識(1)(5)・鑑識(5)・見識(1)(5)・常識(5)(5)・認識(⑥)(5)・博識(4)(5)・標識(3)(5)・面識(3)(5)・有識(5)(4)・良識	
ジキ	直(2)	直訴(2)(4)・直筆(2)(2)・正直(2)・直参(2)(2)・直伝(2)(2)・直門(2)(2)・直弟子(2)(②)(1)	もうじき終わる
<u>ジキ</u>	食(②)	断食(5)(②)・悪食(3)(②)・餌食(②)	

音訓	漢字	用例	備考
し-く	敷く	敷き物・板敷き・下敷・敷きつめる・石を敷く・布団を敷く・鉄道を敷く・屋敷・敷居・敷金・敷地・敷布	
ジク	軸	車軸・地軸・軸足・軸木・軸物・軸棒・主軸・枢軸・中軸・横軸・掛け軸・新機軸・マッチの軸・片足を軸にして	
しげ-る	茂る	茂み・生い茂る・樹木が茂る・茂るに任せる	しげしげと見つめる
しず	静	静々と・静けさ・静心	
しず-か	静か	静かだ・静かに歩く・静かな海・静かに語る・辺りが静かだ	
しずく	滴	滴が落ちる	
しず-まる	静まる	寝静まる・風が静まる・気が静まる・心が静まる	↔鎮まる
しず-まる	鎮まる	内乱が鎮まる・歯の痛みが鎮まる・紛争が鎮まる	↔静まる
しず-む	沈む	浮き沈み・船が沈む・日が沈む・気が沈む・不運に沈む・もの思いに沈む	
しず-める	静める	気を静める・鳴りを静める	↔鎮める・沈める
しず-める	沈める	船を沈める・身を沈める・海中に沈める	↔静める・鎮める
しず-める	鎮める	痛みを鎮める・騒ぎを鎮める・反乱を鎮める	↔静める・沈める
した	下	下見・下絵・下着・下心・下地・下町・格下・手下・年下・下請け・下書き・下敷き・下調べ・下積み・下働き	
した	舌	猫舌・二枚舌・舌先・舌鼓・舌打ち・舌足らず・舌先三寸・舌を出す・舌を巻く・舌が肥える・舌の根の乾かないうちに	
した-う	慕う	慕わしい・恋い慕う・故郷を慕う・徳を慕う・母を慕う	
したが-う	従う	仰せに従う・習慣に従う・大勢に従う・忠告に従う・法に従う	慣れるにしたがって・したがって～だ〔接続詞の場合は,仮名書きが一般的。〕
したが-える	従える	子分を従える・敵を従える・部下を従える	
した-しい	親しい	親しさ・親しい間柄・親しげな態度・親しき中にも礼儀あり	
した-しむ	親しむ	灯火親しむ秋・友と親しむ・読書に親しむ・水に親しむ	
したた-る	滴る	滴り・滴り落ちる・血が滴る	
シチ	七	七五三・七福神・七輪・七五調・七面鳥・七曜表・七転八倒	「七輪」は,「七厘」とも。
シチ	質	質屋・人質・質草・質権・質に入れる	
シツ	失	失望・失敗・消失・失意・失火・失格・失業・失敬・失言・失策・失職・失神・失明・失礼・過失・焼失・損失・失する	
シツ	室	室内・皇室・居室・室長・暗室・王室・温室・教室・寝室・正室・側室・茶室・病室・別室・密室・浴室・地下室	

音　訓	漢字	用　例	備　考
シツ	質	質問・質実・本質・質疑・質素・質量・悪質・異質・気質・資質・実質・性質・素質・体質・地質・品質・物質・神経質・質疑応答	
シツ	疾	疾患・疾走・悪疾・疾駆・疾呼・疾風・疾病・眼疾・疾風迅雷・疾風怒濤（トウ）	
シツ	執	執務・執筆・確執・執権・執行・執刀・固執	「固執」は，「コシュウ」とも。
シツ	湿	湿度・湿地・多湿・湿気・湿潤・湿布・乾湿・湿地帯	
シツ	漆	漆器・漆黒・乾漆	
シツ	叱	叱責・叱正・叱声・叱咤（タ）激励	
シツ	嫉	嫉妬・嫉視	
ジツ	日	連日・平日・休日・日月・過日・隔日・元日・期日・吉日・祭日・終日・祝日・旬日・即日・当日・落日・青天白日	
ジツ	実	実力・充実・実に・実印・実感・実験・実行・実在・実施・実証・実態・果実・結実・情実・真実・誠実・切実・忠実・不言実行	
ジッ	十	十回・十戒・十手・十哲・十進法・十種競技・十中八九・十干十二支	「ジュッ」とも。
しな	品	品物・手品・品薄・品数・粗品・品切れ・品定め・品不足・上等の品・品が違う・手を変え品を変え・所変われば品変わる	
し-ぬ	死ぬ	死に絶える・死に顔・死に金・死に際・死に装束・死に体・死に水・死に目	
しの-ばせる	忍ばせる	足音を忍ばせる・声を忍ばせる・ナイフを忍ばせる	
しの-ぶ	忍ぶ	忍び足・忍びやかだ・忍び込む・忍び寄る・忍び音・忍び声・忍び歩き・忍び泣き・忍びの者・人目を忍ぶ・世を忍ぶ姿	
しば	芝	芝居・芝草・芝桜・芝山・道芝・芝刈り	
しば-る	縛る	縛り上げる・縛りつける・縛り首・罪人を縛る・柱に縛る・両手を縛る・規則に縛られる・時間に縛られる	
しぶ	渋	渋紙・渋柿・渋皮・渋茶・柿渋・渋好み・柿の渋を抜く	
しぶ-い	渋い	渋さ・渋み・渋い色・渋い顔・渋い芸・渋い声・好みが渋い・お茶が渋い	
しぶ-る	渋る	出し渋る・寄付を渋る・返事を渋る	
しぼ-る	絞る	絞り上げる・絞り染め・絞りの羽織・雑巾を絞る・手拭いを絞る	↔搾る 涙をしぼる・音量をしぼる・知恵をしぼる
しぼ-る	搾る	搾り汁・搾りかす・油を搾る・乳を搾る	↔絞る 税金をしぼり取る
しま	島	島国・離れ島・島影・島陰・島流し・島破り・浮き島・南の島・島田を結う	「島影」は，「島の姿」。 ↔「島陰」は，「島の陰になって見えない所」。

音訓	漢字	用 例	備 考
し-まる	閉まる	戸が閉まる・門が閉まる・蓋が閉まる	↔締まる
し-まる	絞まる	首が絞まる	↔締まる
し-まる	締まる	戸締まりをする・取り締まる・帯が締まる・ねじが締まる・ひもが締まる	↔閉まる・絞まる ひきしまった顔・心をひきしめる
し-み	染み	染み抜き	しみになる・心のしみ
し-みる	染みる	色が染みる	目にしみる・骨身にしみる・子どもじみた
しめ-す	示す	示し・神仏のお示し・示し合わせる・上昇を示す・誠意を示す・方角を示す・模範を示す・態度で示す・例を示す	
しめ-す	湿す	タオルを水で湿す・喉を湿す	
し-める	閉める	戸を閉める・蓋を閉める・窓を閉める・店を閉める・閉め出しをくう	↔締める
し-める	占める	買い占め・独り占め・上位を占める・席を占める・多数を占める・優位を占める	
し-める	絞める	羽交い絞め・首を絞める・喉を絞める・鶏を絞める	↔締める
し-める	締める	締め切る・金融の引き締め・締め出す・締めくくる・抱き締める・帯を締める・栓を締める・ねじを締める・家計を締める	↔閉める・絞める 外国製品を締め出す ↔家の外に閉め出される
しめ-る	湿る	湿り・湿り気・湿り声・道路が湿る・気持ちが湿る・湿った空気	
しも	下	川下・下肥・下座・下手・風下・下の句・下半期・下屋敷・下ぶくれ	
しも	霜	霜柱・初霜・遅霜・霜囲い・霜枯れ・霜降り・霜解け・霜が降りる・霜を置く	
シャ	写	写真・描写・映写・写経・写実・写生・写本・実写・書写・転写・筆写・複写・模写・試写会・謄写版・被写体	謄写版←謄(×)写版
シャ	社	社会・会社・神社・社員・社交・社債・社説・社長・社殿・社用・結社・公社・支社・商社・退社・入社・本社・社に帰る	
シャ	車	車輪・車庫・電車・車窓・車両・貨車・滑車・汽車・客車・乗車・戦車・停車・風車・列車・救急車・自動車・高飛車	
シャ	舎	舎監・校舎・寄宿舎・駅舎・官舎・獄舎・宿舎・兵舎・牧舎	
シャ	者	医者・前者・第三者・易者・学者・患者・記者・業者・作者・長者・著者・敗者・筆者・役者・責任者・当事者・保護者	
シャ	砂	土砂・白砂青松	「白砂青松(ハクシャセイショウ)」は,「ハクサセイショウ」とも。
シャ	射	射撃・発射・日射病・射殺・射程・射的・注射・反射・噴射・射幸心・高射砲	

音訓	漢字	用例	備考
シャ	捨⁶	捨象⁶⁵・取捨³⁶・喜捨⁵⁶・捨身⁶³・取捨選択³⁶⁴	
シャ	謝⁵	謝絶⁵⁵・感謝・陳謝⁵⁵・謝意⁵³・謝罪⁵⁴・謝辞⁵³・謝礼⁵・慰謝¹⁵・月謝・深謝³⁵・薄謝⁵・謝恩会⁵⁶²・感謝感激³⁵³⁶・新陳代謝²・謝する⁵	
シャ	赦	赦免¹・大赦・恩赦⁴・特赦³・容赦⁵	
シャ	斜	斜面・斜線・傾斜・斜辺⁴・斜陽³・斜にかまえる	
シャ	煮□	煮沸□	
シャ	遮	遮断⁵・遮蔽物³	
ジャ	邪	邪悪³・邪推⁶・正邪¹・邪気²・邪教・邪険⁶・邪宗・邪心²・邪道・邪念⁴・邪欲⁶・無邪気⁴¹	
ジャ	蛇	蛇の目¹・蛇腹⁶・大蛇¹・蛇口¹・毒蛇⁵	
シャク	尺⁶	尺度⁶³・尺貫法・尺寸⁶・尺八¹・三尺・曲(かね)尺²・鯨尺⁶⁶・縮尺⁶・尺が長い²	
シャク	借⁴	借用・借金⁴¹・貸借⑤・借財⁴⁵・借地⁴²・借家⁴²・借款⁴・借景⁴⁴・仮借⁵⁴・前借²⁴・租借⁴・拝借⁶⁴	
シャク	酌	酌量・晩酌⁴・参酌・独酌⁴・媒酌⁵⁵・情状酌量	
シャク	釈	釈明²・釈放⁵・解釈・釈然②・会釈⁴・希釈³・注釈・保釈⁵	
シャク	爵	爵位⁴・公爵²・侯爵・子爵・男爵¹・伯爵	
<u>シャク</u>	石¹	磁石⁶¹・盤石¹	
<u>シャク</u>	赤①	赤銅①⁵	
<u>シャク</u>	昔③	今昔²③	「今昔」は、「コンジャク」。
ジャク	若	若年⑥・若干¹・若輩⑥・泰然自若⑥⁴²⑥	「若輩」は、「弱輩」とも。
ジャク	弱²	弱点²²・弱小¹³⁶・強弱²²・弱視²⁶・弱体²¹・弱年²²・虚弱²・衰弱²・軟弱²・貧弱⑤²・文弱²²・病弱²¹・○人弱²²・弱冠²²・弱肉強食²²²²・意志薄弱²²²²	弱冠←若(×)冠
ジャク	寂	寂滅⁴・静寂・閑寂⁵・寂然・入寂¹	「寂然(ジャクネン)」は、「セキゼン」とも。
<u>ジャク</u>	着	愛着⁴③・執着・頓着③	「愛着・執着・頓着」は、「アイチャク・シュウチャク・トンチャク」とも。
シュ	手¹	手腕¹・挙手⁴¹・選手⁴¹・手記¹²・手芸¹⁴・手術¹⁵・手段¹⁶・手中¹¹・手法¹⁴・手話¹²・握手・騎手⁵¹・義手¹・触手³¹・助手¹¹・拍手⁴¹・名手¹・徒手空拳	
シュ	主³	主人³・主権³⁶・施主³・主演³⁵・主観³・主眼³・主催³⁴・主宰³・主従³⁵・主導³⁵・主犯³⁵・主賓³⁵・主婦³・主役³⁵・領主³・主治医³⁵・主義主張³⁵³⁵	公演を主催する↔劇団を主宰する 主犯←首(×)犯
シュ	守³	守備³⁵・保守⁵³・攻守⁵³・守衛³⁵・守勢³⁵・守戦³⁵・守秘³⁵・看守・厳守⁴³・固守⁴³・攻守⁵³・死守⁵³・順守³³・鎮守³⁵・墨守³⁵・守護神³⁵・守銭奴³	守秘→守秘義務

音訓	漢字	用例	備考
シュ	取[3]	取捨[3 6]・取材[3 4]・聴取[3]・取得[3 5]・採取[5 3]・搾取[□ 3]・詐取[3]・進取[3 3]・摂取[3]・奪取[3]・先取点[1 3 2]・取捨選択[3 6 4]	
シュ	首[2]	首尾[2]・首席[2 4]・自首[2]・首位[2 4]・首肯[2]・首唱[2 4]・首相[2 ③]・首都[2 3]・首脳[2 6]・首府[2 4]・首領[2 5]・機首[4 2]・元首[2 2]・船首[2 2]・部首[3 1]・首謀者[1 1 2]・百人一首[3 1 4 2]	首席で卒業する↔国家の主席 首謀者←主(×)謀者
シュ	酒[3]	酒宴[3 5]・飲酒[2 3]・洋酒[3 3]・酒気[3 1]・酒豪[3]・酒食[3 2]・酒造[3 2]・禁酒[4 3]・清酒[4 3]・斗酒[3]・銘酒	
シュ	種[4]	種類[3 6]・人種[1 4]・品種[3 4]・種子[4 1]・種々[4]・種族[4 3]・種痘[4]・種苗[4 □]・種別[4 4]・種目[4 1]・異種[6 4]・各種[2 4]・採種[5 4]・雑種[2 2]・変種[4 3]・種の起源[4 3 6]・この種の	
シュ	朱	朱肉[1]・朱筆[2]・朱塗り[3]・朱色[2]・朱印[2]・朱書[2]・朱を入れる・朱に交われば赤くなる	
シュ	狩	狩猟	
シュ	殊	殊勝[3]・殊勲・特殊[4]	
シュ	珠	珠玉[1]・珠算[2]・真珠[3]・連珠	
シュ	趣	趣向[3]・趣味・興趣[3]・趣意[2]・趣旨[3]・画趣・雅趣[3]・詩趣[5]・情趣[2]・野趣・意趣返し[3 3]	趣旨に反する↔文章の主旨をつかむ
シュ	腫	腫瘍[1]・水腫・脳腫瘍[6]	
シュ	修	修行[⑤ 2]・修業[⑤ 3]・修験道[⑤ 4 2]・修羅場[⑤]・武者修行[2 5 3 ⑤ 2]・花嫁修業[1 5 ⑤ 3]	
シュ	衆	衆生[⑥ 1]・若衆[6 ⑥]	
ジュ	受[3]	受諾[3]・受験[3 4]・甘受[3]・受講[3 5]・受賞[3 5]・受信[3 4]・受精[3 5]・受胎[3]・受動[3 3]・受難[3 6]・受納[3 6]・受容[3 5]・受理[3 2]・受領[3 2]・拝受[3 1]・受話器[3 1 2]	
ジュ	授[5]	授与[5]・伝授[4 5]・教授[2 5]・授業[5 2]・授受[5]・授乳[1 5]・天授	
ジュ	樹[6]	樹木[6 1]・樹立[6 1]・街路樹[6 6]・樹影[6 5]・樹液[6 6]・樹下[6 5]・樹海[6 6]・樹幹[6 2]・樹脂[6 5]・樹皮[6 3]・樹氷[6 3]・樹林[6 3]・樹齢[6 6]・果樹[3 6]・巨樹[6]・植樹[6 6]・大樹[6 6]・針葉樹[3 1 6]	
ジュ	寿	寿命[③]・長寿[2]・米寿[2]・喜寿[4]・卒寿[4]・天寿[1]・白寿	
ジュ	需	需要[3]・需給[4]・必需品[4]・軍需[4]・特需[4]・民需	
ジュ	儒	儒学[1]・儒教[2]・儒者[2]・大儒	
ジュ	呪	呪縛[1]・呪文・呪術[5]	
ジュ	従	従○位[⑥ 4]	
ジュ	就	成就[④ ⑥]・大願成就[1 4 ④ ⑥]	
シュウ	収[6]	収穫[6]・収入[6 1]・回収[2 6]・収益[6 5]・収監[6 5]・収支[6 3]・収集[6 ③]・収拾[6 6]・収縮[6 6]・収納[6 6]・収容[6 5]・収用[6 5]・収録[6 2]・吸収[3 6]・減収[5 6]・買収[3 6]・没収[6 6]・領収	「収集」は, 趣味や研究のために集めること。↔「収拾」は, 混乱を正常に戻すこと。「収容」は, 一か所に人や物を入れること。↔「収用」は, 国などが強制的に取り上げて使うこと。

音訓	漢字	用例	備考
シュウ	州³	州³議会・六大州⁴²・欧州¹¹・奥州³・九州¹³・本州¹³・満州⁴³	
シュウ	周⁴	周⁴²知・周囲・円周⁶²・周回²¹・周期²¹・周忌²⁴・周旋²²・周年⁴²・周波¹²・周壁⁴・周辺⁴・周密⁴⁶・周遊⁶²・半周²⁴・用意周到²³⁴・周知徹底¹¹¹²	一周忌・一周年←一週(×)忌・一週(×)年
シュウ	宗⁶	宗⁶教・宗派⁶・改宗⁶・宗旨⁶・宗祖⁶・宗徒⁶⁴・禅宗⁶・○○宗⁶	
シュウ	拾③	拾③得⁵・収⁶拾③・拾③遺⁶	拾得物↔英会話を習得する↔単位を修得する
シュウ	秋²	秋²季⁴・秋分²⁴・晩秋⁶²・秋雨²¹・秋天²¹・秋涼²¹・秋冷²⁴・春秋²²・初秋⁴²・中秋¹²・仲秋④²・麦秋②²・暮秋¹²・立秋¹¹¹²・一日千秋¹¹¹²・秋霜烈日□³	
シュウ	修⁵	修⁵飾⁵・修養⁵⁴・改修⁴⁵・修業⁵³・修士⁵⁵・修辞⁵⁴・修身⁵³・修正⁵¹・修整⁵³・修繕⁵・修得⁴⁵・修復⁵⁴・修理⁵²・修練⁴⁵・必修⁵²³・修道院⁵¹³²・修学旅行⁵□¹¹	「修正」は，不十分なところを正しく直すこと。↔「修整」は，写真や絵などに手を入れて色や調子を変えること。
シュウ	終³	終³了³・終日³¹・最終³・終演³⁵・終業³⁴・終局³³・終結³³・終始³³・終身³³・終息³³・終生³¹・終戦³⁴・終盤³⁵・始終³³・有終⁴⁵・臨終⁵²³・終止符³¹²・終着駅³□¹	「終生」は，「終世」とも。
シュウ	習³	習³²得⁵・習慣³¹・練習³⁵・習作³⁴・習字³³・習性³³・習俗³³・習練³³・演習⁵³・学習¹³・旧習⁵³・講習⁵³・自習³⁵・実習⁴⁵・復習³⁵・補習⁵³	
シュウ	週²	週²刊⁵・週末²⁴・毎週²²・週間²²・週休²¹・隔週²²・今週²²・週に一度²¹³	週刊誌←週間(×)誌
シュウ	就⁶	就⁶任⁶・就寝⁴⁶・去就³⁶・就学⁶¹・就業⁶³・就航⁶⁶・就職⁶⁵	
シュウ	衆⁶	衆⁶寡⁶・民衆⁴⁶・聴衆³⁶・衆知⁶¹・衆望⁶³・衆目⁶・衆議院⁶⁴³・観衆²⁶・公衆¹⁶・大衆⁶⁴³・合衆国²⁶²・衆議一決⁶²⁶²・衆人環視⁶□¹¹・若い衆¹¹²・衆を頼む	
シュウ	集³	集³合³・集結³⁵・全集³⁶・集荷³¹・集会³⁵・集金³¹・集積³³・集中³¹・集配³³・集約³⁴・集落³³・歌集³⁵・群集³⁵・採集⁴³・収集⁶³・招集⁴³・特集⁴³・編集⁵³	
シュウ	囚	囚人¹・死刑囚¹²③・囚役④・囚獄・囚徒・幽囚・虜囚	
シュウ	舟	舟³運・舟艇⁵・舟航・呉越同舟²	
シュウ	秀	秀逸・秀才²・優秀⁶・秀歌・秀句⁵・秀作・秀抜・秀麗・俊秀	
シュウ	臭	臭気¹・悪臭³・俗臭・臭覚⁵・臭素・異臭・消臭³・体臭	
シュウ	執	執念⁴・執心²・我執⑥・執着³・固執⁴	「固執」は，「コシツ」とも。
シュウ	愁	愁傷⁶・哀愁・憂愁・愁思²・愁色²・郷愁³・悲愁³・旅愁³・愁嘆場²・愁眉□³を開く	
シュウ	酬	報酬⁵・応酬⁵・献酬	
シュウ	醜	醜悪³・醜態³・美醜²・醜行²・醜聞²	
シュウ	襲	襲撃・襲名¹・世襲³・襲来²・因襲・奇襲⁵・逆襲⁵・強襲・空襲¹・踏襲²・夜襲²・来襲	
シュウ	袖	領袖⁵・袖珍本□	

音訓	漢字	用 例	備 考
シュウ	羞	羞恥心・含羞²	
シュウ	蹴	一¹蹴・蹴³球	
<u>シュウ</u>	祝[4]	祝[4]儀・祝[4]言²	
ジュウ	十	十¹字¹架・十¹文¹字・十¹全¹・十¹代¹・十¹能¹・十¹分²・十¹五²夜・十¹字¹路・十¹二¹支⁵・十¹八¹番¹・五¹十¹音¹・赤¹十¹字¹・四¹十¹八¹手¹・十¹年¹一¹日¹	
ジュウ	住³	住³所・安³住・衣³食³住・住³居・住³持・住³職・住³宅・住³人・住³民・移⁵住・永⁵住・居⁵住・常³住・定³住	
ジュウ	拾③	拾③万²円¹・拾③円¹	契約書などで、「二〇」や「三〇」に修正されないために使われる。
ジュウ	重³	重³量⁴・重³大⁴・二¹重³・重³圧³・重³厚⁵・重³視⁶・重³傷⁶・重³職⁶・重³心⁶・重³鎮³・重³箱³・重³版⁵・重³役⁶・過³重・厳³重・体³重・比³重¹・重³金⁵属	
ジュウ	従⁶	従⁶事³・従⁶順⁶・服³従・従⁶業⁶・従⁶軍⁴・従⁶者⁶・従⁶前²・従⁶属⁶・従⁶来²・屈⁶従・侍⁶従・主³従・専⁶従³・追⁶従・忍³従・盲³従・面³従腹背⁶	「追従（ツイジュウ）」は、まね従うこと、「ツイショウ」と読むと、おべっかを使うこと。
ジュウ	縦⁶	縦⁶横³・縦⁶断³・操縦⁶・縦⁶貫⁶・縦⁶走⁶・縦⁶隊⁴・縦⁶覧⁶・放³縦・縦⁶横³無⁴尽⁴・機略⁵縦⁶横³	
ジュウ	汁	果⁴汁・墨⁴汁・胆⁴汁・肉¹汁・一¹汁⁴一¹菜・苦汁をなめる	
ジュウ	充	充²実・充²電⁶・補⁶充・充²血・充²足¹・充²当⁶・充²満・拡⁶充	
ジュウ	柔	柔²軟・柔²道・懐柔²・柔²順・優柔²不断・外柔²内剛・内柔²外剛・柔²よく剛⁵を制す	
ジュウ	渋	渋滞³・苦渋・渋³面・難⁶渋	苦渋の選択↔苦汁をなめる
ジュウ	銃	銃砲・銃弾³・小銃・銃¹火³・銃眼・銃撃・銃剣³・銃口³・銃殺³・銃身・銃声³・短銃・猟⁴銃・機⁴関銃・銃をかまえる	
ジュウ	獣	獣類²・猛獣²・鳥獣²・獣医²・獣疫・獣²心・獣²肉²・怪獣²・野獣²	
<u>ジュウ</u>	中¹	世³界¹中¹・一¹日²中¹・家¹中¹・学¹校¹中¹	
シュク	祝⁴	祝⁴賀⁴・祝⁴日¹・慶⁴祝・祝⁴宴⁴・祝⁴辞⁴・祝⁴典⁴・祝⁴電⁴・祝⁴杯²・祝⁴福⁴・奉⁴祝³・祝⁴祭⁴日¹	
シュク	宿³	宿³泊³・宿³題³・合²宿・宿³営³・宿³駅⁵・宿³縁・宿³怨・宿³願□・宿³舎³・宿³直²・宿³敵³・宿³坊⁶・宿³望³・宿³命³・寄¹宿²・下³宿・止³宿・投³宿	
シュク	縮⁶	縮⁶小⁶・縮⁶図⁶・短縮⁶・縮⁶減⁶・縮⁶刷⁶・縮⁶写⁶・縮⁶尺⁶・圧縮⁶・恐縮⁶・緊⁶縮⁶・伸⁶縮・濃⁶縮	縮小↔縮少(×)
シュク	叔	伯叔・叔²父・叔²母	
シュク	淑	淑女・貞淑⁶・私淑・淑徳⁴	
シュク	粛	粛⁴清⁴・静⁴粛・自⁴粛・粛⁴正⁴・粛⁴然⁶・厳⁴粛・粛⁴々と進む³・綱紀粛⁵正¹・粛⁴として声²なし	「粛清」は、反対する者を抹殺すること。↔「粛正」は、不正を取り締まり正すこと。

音訓	漢字	用例	備考
ジュク	熟⁶	熟⁶練・熟⁶慮・成⁴熟・熟⁶語・熟⁶考・熟視・熟⁶睡・熟⁶達・熟⁶知・熟⁶読・熟⁶年・円⁴熟・未⁴熟・熟読玩味・熟慮断行	
ジュク	塾	私⁶塾・塾¹生・塾長・学²習³塾	
シュツ	¹出	出¹入・出¹現・提⁵出・出演③・出¹荷・出⁶勤・出²家・出¹欠・出³血・出¹自・出¹所・出⁶処・出¹頭・出²馬・出¹版・出⁵藍・歳¹出・進³出・突¹出	出所不明↔出処進退
ジュツ	述⁵	叙⁵述・陳⁵述・著⁴述・述¹懐・述⁵語・記⁵述・供⁵述・口⁵述・後⁵述・詳⁵述・論⁶述	
ジュツ	術⁵	術⁵策・技⁵術・芸⁴術・術⁵語・医⁵術・学⁵術・奇⁵術・手¹術・忍⁵術・馬⁵術・秘⁶術・美³術・魔⁵術・話²術・処⁶世³術・忍⁵びの術・術⁵にはまる	
シュン	春²	春²季・立⁴春・青¹春・春²菊・春²秋・春²分・春²眠・新²春・早²春・晩²春・暮⑥春・陽³春・思²春²期・春²夏³秋³冬・春宵一刻値千金	
シュン	俊	俊²敏・俊⁴秀・俊⁴才・俊英・俊傑・俊¹足・英⁴俊	
シュン	瞬	瞬²間・瞬²時・一¹瞬	
<u>シュン</u>	旬	旬²の野⁴菜・今²が旬だ	
ジュン	純⁶	純⁶真・純⁶粋・不⁴純・純⁶愛・純⁶益・純⁶化・純⁶金・純⁶血・純⁶潔・純⁶情・純⁶然・純⁴白・純¹毛・清⁴純・単⁴純・純⁶文学・純な人	純真←純心(×)
ジュン	順⁴	順⁴序・順⁴調・従³順・順⁴位・順⁴延・順⁴次・順⁴守・順⁴当・順⁴応・順⁴番・順⁴法・順⁴列・順⁴路・温³順・恭順・手¹順・筆³順・順風満帆	「順守・順法」は,「遵守・遵法」とも。
ジュン	準⁵	準⁵備・基⁵準・標⁵準・準⁵急・準⁵拠・準⁵用・照⁵準・水¹準・準⁵決勝・準⁵優勝・準³じる	
ジュン	旬	旬⁵刊・上¹旬・旬¹日・旬報・下¹旬・中²旬・交²通²安³全²旬²間	
ジュン	巡	巡²回・巡³業・一¹巡・巡⁵演・巡³幸・巡³航・巡⁵査・巡察・巡⁶視・巡⁴礼・巡³歴・巡洋艦	
ジュン	盾	矛盾	
ジュン	准	准⁶将・批⁶准・准⁵尉・准⁶教⁵授・准⁵看⁵護師	批准←比(×)准
ジュン	殉	殉³死・殉³職・殉⁶難・殉教・殉²国	
ジュン	循	循環・因⁵循	循環←巡(×)環
ジュン	潤	潤²色・潤沢・湿⁵潤・豊⁵潤・浸⁴潤・利³潤・潤滑油	
ジュン	遵	遵³守・遵⁴法	「遵守・遵法」は,「順守・順法」とも。
ショ	処⁶	処⁶置・処⁴罰・処⁶刑・処⁶遇・処⁵断・処⁶分・処⁶方・処⁶理・善⁶処・処⁶世³術・出¹処⁶進³退・処するする	処方←処法(×) 処世術←処生(×)術 出処進退←出所(×)進退
ショ	初⁴	初⁴期・初⁴心者・最⁴初・初⁴演・初⁴夏・初⁴回・初⁴級・初⁴秋・初⁴代・初⁴段・初⁴等・初⁴冬・初⁴版・初⁴歩・当⁴初・初⁴対面・初⁴志貫徹	

音訓	漢字	用例	備考
ショ	所³	所得³⁵・住所³³・近所²³・所感³³・所管³⁴・所見³¹・所持³³・所属³⁵・所存³⁶・所望³④・所用³²・所要³²・支所⁵³・関所⁴³・長所⁶³・難所³³・役所¹³²³・大所高所	「所用」は，用事の改まった言い方，「所用で出かける」。↔「所要」は，それを行うために必要なこと，「所要時間」。
ショ	書²	書画²²・書籍²・読書²²・書院²³・書家²²・書架²・書簡²⁶・書庫²³・書斎²・書生²¹・書面²³・書物²⁶・遺書⁶²・証書⁶²・聖書⁶²・著書²⁶・投書²²・図書	
ショ	暑³	暑気³¹・残暑⁴³・避暑³・炎暑・酷暑³²・猛暑・暑熱³¹・暑中見舞い	
ショ	署⁶	署名⁶¹・署長⁶²・警察署⁶⁶・署員・連署³⁵・消防署	
ショ	諸⁶	諸君⁶³・諸国⁶²・諸般⁶⁶・諸兄⁶②・諸芸⁶²・諸賢⁶②・諸姉⁶⁴・諸種⁶⁴・諸説⁶⁴・諸悪の根源³⁶・○○諸島⁶³・諸行無常⁶²⁴⁵・諸説紛々⁶⁴	
ショ	庶	庶民⁴・庶務⁵	
ショ	緒	緒戦⁴・由緒③・端緒・緒言²・情緒⁵	「端緒・緒言・情緒」は，それぞれ「タンチョ・チョゲン・ジョウチョ」とも。
ジョ	女¹	女子¹¹・女流¹¹・少女²¹・女王¹²・女史¹・女婿¹□・女帝¹¹・王女¹¹・彼女¹・才女¹・妻女⁵¹・淑女・息女⁶¹・幼女¹・養女	
ジョ	助³	助力³¹・助監督⁵¹・救助³²・助演³⁶・助言³¹・助詞³⁴・助手³¹・助成³⁴・助長³³・助命・助役³²・援助⁵・互助¹⁵・賛助・扶助²⁵・補助³⁴⁵・助産師	
ジョ	序⁵	序幕⁵⁶・順序⁴⁵・秩序⁵³・序曲⁵³・序章⁵³・序説⁵⁴・序盤⁵・序文⁵¹・序列⁵³・序論⁵⁶・自序²⁵・長幼の序²⁶	
ジョ	除⁶	除外⁶²・除数⁶²・解除⁵⁶・除去⁶³・除籍⁶・除雪⁶²・除法⁶⁴・除名⁶¹・除夜⁶²・駆除⁶・□⁶控除・削除⁶⁶・排除⁶³・免除・除草剤⁶²・除幕式⁶⁴・除する	除外←徐(×)外
ジョ	如	欠如⁴・突如・躍如²・如才③・面目躍如①	欠如←欠除(×)
ジョ	叙	叙述⁵・叙景⁴・叙勲・叙位⁴・叙事³・自叙伝²⁴・叙する	
ジョ	徐	徐行²・徐々に²・徐行運転³³	徐行←除(×)行
ショウ	小¹	小心¹²・大小¹¹・縮小²¹・小計¹・小康¹⁴・小数¹²・小腸¹・小児¹⁶・小品¹④・極小¹³・弱小⁴¹・微小²¹・最小限²¹・小額紙幣²・過小評価¹⁶・大同小異	[対] 大 縮小←縮少(×)
ショウ	少²	少年²¹・多少²・減少²²・少女²¹・少数²¹・少壮²・希少²・軽少¹⁵・幼少¹²・少納言²⑥²・青少年¹²¹・少額出資²¹⁵・過小申告¹⁵・最少得点²²⁶²	[対] 多 軽少←軽小(×) 幼少←幼小(×)
ショウ	正¹	正直¹²・正面¹¹・正月¹⁴・正気¹²・正午¹・正体¹³・正札⁴¹・正味⁴¹・賀正¹³・正真正銘¹	
ショウ	生¹	生滅¹¹・一生⁶¹・誕生¹¹・生涯¹¹・生気²¹・往生²¹・後生⑥¹・今生¹・衆生¹⁵・出生率⁴¹・養生・畜生道¹²	「生気（ショウキ）」は，通常の精神状態のこと。「セイキ」は，活力や気力のこと。
ショウ	松⁴	松竹梅⁴¹⁴・白砂青松¹⑥¹⁴・老松⁴⁴	
ショウ	招⁵	招待⁵³・招致⁵・招請⁵・招集²¹⁵・招来	
ショウ	承⁶	承知⁶²・承諾⁶³・継承⁵⁶・承前⁶・承認⑥⁶・承服⁶³・伝承⁴⁶・了承⁶・起承転結³⁶³⁴・不承不承⁶⁴⁶・事後承諾³²⁶	

89

音訓	漢字	用例	備考
ショウ	性	性分・相性・根性・性根・気性・苦労性・凝り性・心配性・貧乏性・性に合う	
ショウ	昭	昭和	
ショウ	省	省略・各省・省議・省令・法務省・文部科学省	
ショウ	相	首相・宰相・外相・お相伴にあずかる	
ショウ	将	将来・将棋・大将・将軍・将校・将兵・主将・武将・名将・敗軍の将・将を射んと欲すればまず馬を射よ	
ショウ	消	消滅・消極的・費消・消火・消化・消却・消去・消失・消息・消長・消灯・消毒・消費・消防・消耗・解消・抹消・意気消沈	
ショウ	笑	笑覧・微笑・談笑・笑劇・笑殺・笑止・笑声・笑納・笑話・一笑・艶笑・苦笑・失笑・爆笑・冷笑・笑止千万	一笑→破顔一笑
ショウ	唱	唱歌・合唱・提唱・唱道・唱和・愛唱・暗唱・主唱・絶唱・独唱・復唱・輪唱	
ショウ	商	商売・商業・貿易商・商家・商社・商談・商人・商標・商品・商法・行商・豪商・隊商・通商・商店街・小売商・雑貨商	
ショウ	章	憲章・勲章・文章・章句・印章・楽章・記章・肩章・詞章・終章・序章・帽章・紋章・腕章・第三章	
ショウ	勝	勝敗・優勝・名勝・勝機・勝算・勝者・勝負・勝利・一勝・奇勝・殊勝・辛勝・探勝・連勝・景勝地・不戦勝	
ショウ	焼	焼却・燃焼・全焼・焼香・焼死・焼失・延焼・類焼	焼却↔償却↔消却
ショウ	証	証拠・証明・免許証・証券・証言・証書・証人・証文・確証・偽証・考証・実証・心証・認証・反証・物証・保証・借用証	身元保証↔社会保障↔損害補償
ショウ	象	象徴・対象・現象・印象・気象・事象・抽象・象形文字・森羅万象	
ショウ	装	装束・衣装	
ショウ	傷	傷害・負傷・感傷・傷心・傷病・傷兵・殺傷・死傷・愁傷・重傷・損傷・中傷・凍傷・擦過傷・打撲傷・致命傷	
ショウ	照	照明・照会・対照的・照応・照合・照準・参照・残照・日照・探照灯	
ショウ	障	障害・障子・故障・障壁・罪障・支障・保障	社会保障↔損害補償↔身元保証
ショウ	賞	賞罰・賞与・懸賞・賞金・賞状・賞美・賞品・賞味・恩賞・観賞・鑑賞・激賞・受賞・推賞・論功行賞・賞を与える	「観賞」は，自然を見て楽しむこと。↔「鑑賞」は，芸術作品を味わうこと。
ショウ	升	一升瓶	
ショウ	召	召喚・国会の召集・召還・召致・応召	「召喚」は，裁判所や役所が呼び出すこと。↔「召還」は，派遣した人を呼び戻すこと。

音訓	漢字	用例	備考
ショウ	匠	師匠⁵・巨匠³・意匠⑥・宗匠¹・名匠	
ショウ	床	起床³・病床³・温床³・河床・鉱床・銃床⁶・臨床²・同床異夢⁶⁵・50床のベッド数²	
ショウ	抄	抄録⁴・抄本¹・抄訳⁶・抄紙²・抄出¹・詩抄³・○○抄	
ショウ	肖	肖像⁵・不肖⁴	
ショウ	尚	尚早¹・高尚²・尚古⁵・尚武③・和尚④・好尚²³・時期尚早¹	
ショウ	昇	昇降⁶・昇進³・上昇²・昇華⁵・昇格④・昇給⁶・昇叙²・昇天¹・昇殿¹・昇任⁵	
ショウ	沼	沼沢□・湖沼³	
ショウ	姓	百姓一揆¹¹▼（キ）	
ショウ	宵	徹宵□・春宵一刻値千金²□¹⁶⑥¹¹	
ショウ	症	症状⁵・炎症³・重症³・症例⁵・軽症³・症候群⁴⁴・合併症²・既往症④・狭心症□²・後遺症²⁶・不眠症⁴	
ショウ	祥	発祥³・吉祥④・不祥事³・清祥	
ショウ	称	称賛・名称²・称する・称号³・称揚④・愛称⁵・仮称・偽称⁶・敬称⁶・呼称・自称²・総称⁵・俗称³・対称④・通称⁵・略称・三人称¹¹	
ショウ	渉	渉外¹・干渉⁶・交渉²・渉猟・徒渉④・渡渉	「徒渉」は，歩いて川を渡ること。↔「渡渉」は，川を渡ること。
ショウ	紹	紹介	
ショウ	訟	訴訟	
ショウ	掌	掌中¹・職掌⁵・車掌¹・掌握²・合掌④・管掌・分掌²	
ショウ	晶	結晶⁴・水晶¹・液晶⁵	
ショウ	焦	焦土¹・焦慮・焦心²・焦燥²・焦点□・焦眉の急³	
ショウ	硝	硝石¹・硝酸⁵・硝煙³・硝薬・煙硝	
ショウ	粧	化粧③	
ショウ	詔	詔勅・詔書²・恩詔⁶	
ショウ	奨	奨励¹・奨学金¹⁶・推奨・勧奨⁵・報奨	社内の報奨制度↔被害者に報償金を出す↔長年の研究に褒賞を与える
ショウ	詳	詳細²・詳報⁵・未詳・詳解④・詳記④・詳察⁵・詳述④・詳説⁶・詳密・詳論⁶・不詳⁴	
ショウ	彰	表彰³・顕彰・彰徳⁴	
ショウ	衝	衝突・衝動³・折衝④・衝撃³・緩衝¹・要衝¹・意気衝天・怒髪衝天¹・緩衝地帯²⁴	折衝←折渉（×）緩衝地帯←─間（×）衝地帯

音訓	漢字	用例	備考
ショウ	償	償金¹・弁償⁵・代償³・償還⁵・償却⁴・賠償⁵・報償⁶・補償⁵・減価償却⁵・損害賠償	被害者に報償金を出す↔長年の研究に褒賞を与える↔社内の報奨制度
ショウ	礁	岩礁²・暗礁³・さんご礁・環礁⁶・座礁	
ショウ	鐘	半鐘・警鐘⁶・鐘声²・鐘銘・鐘楼⁶・晩鐘	
ショウ	憧	憧憬	「憧憬」は、「ドウケイ」とも。
ショウ	①上	①上人¹・身上³を潰す①	「身上（シンショウ）」は、財産のこと。「シンジョウ」と読むと、身の上のこと。
ショウ	①声	大音声¹¹②・声明②²	「声明（ショウミョウ）」は、僧侶などが唱えるもの。「セイメイ」と読むと、公に発表する意見。
ショウ	①青	緑青③①・紺青¹・群青⁴①	
ショウ	⑤政	摂政⑤	
ショウ	②星	明星²②	
ショウ	⑥従	従容⑥⁵・追従³⑥・合従連衡²⑥⁴	「追従（ツイショウ）」は、おべっかを使うこと。「ツイジュウ」と読むと、まね従うこと。
ショウ	④清	六根清浄¹³④	
ショウ	⑤精	精進⑤³・不精④⑤・不精者³・筆不精³④⑤・不精ひげ⁴⑤・精進潔斎⑤³⁵	「不精」は、「無精」とも。
ショウ	④井	天井¹④	
ジョウ	¹上	上旬¹・上昇²・地上¹・上院¹・上演¹・上級⁵・上告¹・上司³・上申¹・上水¹・上達¹・上品⁴・上流¹・机上⑥・献上⁶・口上¹・至上⁶・頂上¹	
ジョウ	⁵条	条理⁵²・条約⁵⁴・箇条⁵・条件⁵⁵・条文⁵¹・条例⁵⁴・条令⁵⁴・信条⁴⁵・線条²⁵・条里制⁵²⁵・星条旗²⁵⁴・鉄条網⁵⁴¹²・金科玉条¹⁵	「条例」は、地方公共団体が定めた規則のこと。↔「条令」は、箇条書きになっている法令のこと。
ジョウ	⁵状	状態⁵⁵・白状⁵⁴・免状⁵・状況⁵⁵・窮状⁵⁵・行状⁵⁴・近状⁵・形状⁵・現状⁵⁵・罪状⁵・惨状⁵⁵・書状⁵⁵・賞状⁵・症状⁵⁵・波状⁵・礼状⁵・扇状地⁵・案内状	
ジョウ	³定	定石³¹・定紋⁴・必定³⁵・定規³・勘定³	
ジョウ	³乗	乗数³²・乗車³²・大乗的⁴¹¹・乗員³³・乗客³²・乗船³²・乗馬³²・乗法³⁴・騎乗³・二乗¹³・同乗²³・便乗²⁴・乗務員³・加減乗除¹²¹⁵	
ジョウ	⁴城	城内⁴²・城下町⁴²¹¹・落城⁴・城外⁴³・城郭⁴³・城主⁴・城壁⁴²・城門⁴²・城塁⁴・牙城□⁴・居城⁴⁵・築城⁴⁵⁴・登城³・籠城□⁴・金城鉄壁¹⁴³・○○城⁴	茨城（いばらき）県・宮城（みやぎ）県
ジョウ	⁵常	常備⁵⁵・日常¹⁵・非常⁵⁵・常温⁵⁵・常軌⁵⁵・常勤⁵³・常識⁵²・常習⁵⁵・常食⁵²・常設⁵・常置⁵⁴・常任⁵⁴・常連⁵・異常⁴・尋常⁵・正常⁵³・通常⁵・平常⁵⁵	
ジョウ	⁵情	情報⁵⁵・情熱⁵⁵・人情¹⁵・情愛⁵⁵・情感⁵⁵・情景⁵⁵・情実⁵⁵・情緒⁵²・情勢⁵⁵・情欲⁵⁶・愛情⁴⁵・苦情⁶⁵・私情⁶⁵・純情⁵⁵・旅情⁴²・情状酌量⁵⁵・親の情	

音訓	漢字	用例	備考
ジョウ	場	場内・会場・入場・場外・議場・休場・球場・漁場・劇場・工場・市場・戦場・登場・道場・農場・牧場・満場・停車場	「停車場・漁場・工場・市場・牧場」は,「テイシャば・ギョば・コウば・いちば・まきば」とも。
ジョウ	蒸	蒸気・蒸発・蒸留・水蒸気	
ジョウ	丈	丈六・丈余・頑丈・気丈・方丈・波乱万丈・市川団十郎丈・気丈夫・心丈夫	「じょうぶだ・だいじょうぶだ」は,仮名書きが一般的。
ジョウ	冗	冗談・冗長・冗費・冗漫・冗談半分	冗漫←冗慢(×)
ジョウ	浄	浄化・清浄・不浄・浄財・浄書・浄土・洗浄・浄水場	
ジョウ	剰	剰余・過剰・余剰・剰余金	
ジョウ	畳	畳語・重畳・六畳間・半畳を入れる	
ジョウ	縄	縄文・自縄自縛・捕縄	
ジョウ	壌	土壌・天壌・鼓腹撃壌	
ジョウ	嬢	令嬢・愛嬢・お嬢さん・案内嬢	
ジョウ	錠	錠前・錠剤・手錠・施錠・二錠ずつ服用する・錠を下ろす	
ジョウ	譲	譲渡・譲歩・謙譲・譲位・委譲・互譲・禅譲・分譲	
ジョウ	醸	醸造・醸成・吟醸	
ジョウ	成	成就・成仏・大願成就・即身成仏	
ジョウ	盛	繁盛・盛者必衰	
ジョウ	静	静脈	
ショク	色	原色・特色・物色・異色・気色・脚色・血色・好色・染色・着色・難色・配色・暮色・地方色・保護色	
ショク	食	食事・食料・会食・食塩・食客・食言・食指・食餌・食傷・食堂・食欲・食糧・飲食・給食・月食・副食・日食・食文化	「食料」は,食べ物一般のことで,「食料品・生鮮食料」など。⇔「食糧」は,特に主食のことで,「食糧難・食糧事情」など。
ショク	植	植樹・植物・誤植・植字・植毛・植林・移植・入植・植樹祭・植民地・動植物	↔殖
ショク	織	織機・染織・紡織・織女	
ショク	職	職業・職務・就職・職員・職権・職掌・職制・職責・職人・職場・職歴・汚職・官職・求職・教職・住職・退職・天職	
ショク	殖	生殖・利殖・学殖・殖産・増殖・繁殖・養殖	↔植
ショク	飾	装飾・修飾・服飾・虚飾・粉飾・落飾	粉飾←紛(×)飾
ショク	触	触媒・触発・接触・触角・触覚・触手・感触・抵触・一触即発	

音訓	漢字	用例	備考
ショク	嘱	嘱託・委嘱³・嘱望⁴・嘱目¹	
ショク	拭□□	払拭	
ジョク	辱	恥辱・雪辱²・屈辱・辱知・侮辱²・汚辱	
しら	白¹	白壁・白む・白ける・白魚¹・白州³・白波¹・白刃¹・白帆¹・白玉¹・白焼き・白河夜船¹⁵²²・白羽の矢¹²²	しらじらしい
しら-べる	調³べる	調べものをする・取り調べ・笛の調べ・事実を調べる・宿題を調べる・容疑者を調べる	
しり	尻	尻込み・目尻・尻餅・帳尻・尻押し・尻拭い・尻抜け・尻上がり・尻が重い³・尻が割れる・尻馬に乗る	～をしりめに
しりぞ-く	退⁶く	一歩退く¹²⁶・現役を退く⁵③⁶・第一線から退く³¹²⁶	
しりぞ-ける	退⁶ける	人を退ける⁶・敵を退ける⁶・訴えを退ける⁶・要求を退ける⁴⁴⁶	
しる	汁	汁粉⁵・みそ汁・うまい汁を吸う⁶	
し-る	知²る	もの知り²・知り合い²・苦労を知る³⁴・知らぬが仏²・知る由もない⁵²③・知る人ぞ知る¹²	
しるし	印⁴	目印¹⁴・矢印²⁴・旗印⁴⁴・印をつける⁴	お礼のしるし・挨拶のしるし・おめでたのしるし・しるしばかりの
しる-す	記²す	名前を記す¹²・メモを記す²・心に深く記す³	足跡をしるす
しろ	代	代物③³・苗代③・代かき③・飲み代③	
しろ	白¹	白黒¹²・真っ白³・白身¹³・白旗³・白あん¹・白バイ¹²・白星¹²・白地¹²・白目¹¹・白装束¹⑥・白が勝つ¹	
しろ	城⁴	城跡³⁴・根城³⁴・城を築く⁴⁵・自分の城²²⁴	
しろ-い	白¹い	白い歯¹・色が白い・白い目で見る	
シン	心²	心身²³・感心⁴・中心¹²・心境²⁶・心血²²・心痛²²・心理²²・心労²⁴・改心⁴²・会心²²・核心²・執心・童心・慢心・好奇心・心技体・以心伝心	
シン	申③	申告③⁵・申請③・内申書²③・具申³³・上申¹③・答申²③	
シン	臣⁴	臣下⁴¹・君臣³⁴・臣民⁴⁴・家臣・群臣⁴⁴・功臣⁴⁴・重臣³⁴・忠臣⁶⁴	
シン	身³	身体³²・単身³・等身大⁴・身上③・身代³³・身長・身命³³・化身③・献身・護身⁵³・自身・出身・心身・前身・痩身□・独身・分身・立身出世	「身上（シンショウ）」は、財産のこと。「シンジョウ」と読むと、身の上のこと。献身←献心（×）
シン	信⁴	信用⁴²・信頼⁴²・通信³⁴・信義⁴⁴・信教⁴²・信仰⁴⁴・信号⁴²・信者⁴²・信条⁴⁴・信心⁴²・信任⁴⁵・信念⁴⁴・信望⁴⁴・音信¹⁴・配信²⁴・背信³・返信⑤⁴・迷信⁴	
シン	神³	神聖³⁶・神経³²・精神⁴²・神意³・神前³⁴・神殿³⁵・神道②・神秘³⁵・神父³⁵・神仏³⁵・神妙³・神話⁴・鬼神⁴・敬神⁶³・失神²・七福神³・心神喪失³・神仏習合	

音訓	漢字	用例	備考
シン	真³	真偽³・写真³・純真⁶・真意³・真価³・真紅⑥・真空³・真実¹・真情³・真性⁵・真相³・真筆³・真理³・迫真³・真善美³・真の勇気³・真に迫る³	「真紅」は,「深紅」とも。純真←純心(×)真偽←真疑(×)
シン	針⁶	針路⁶・運針³・秒針⁶・検針³・指針³・磁針³・方針³・針葉樹⁵・避雷針⁵・針小棒大¹⁶¹	
シン	深³	深山³¹・深夜³²・水深¹³・深遠³²・深奥³□・深化³³・深海³²・深紅³⑥・深更³・深刻³⁶・深謝³⁵・深浅³④・深窓³⁶・深層³⁶・深呼吸³⁶⁶・深山幽谷³¹②・意味深長³³³²	「深紅」は,「真紅」とも。意味深長←意味慎(×)重(×)
シン	進³	進級³³・進言³²・前進³²・進化³²・進学³²・進境³³・進行³³・進退³³・進展³⁵・進歩³・進路³³・寄進³³・推進³³・促進³³・突進³³・発進³³・躍進³⁴・日進月歩¹³¹²	心境を語る↔進境著しい
シン	森¹	森林¹¹・森閑¹¹・森厳¹⁶・森羅万象¹②⁵	「森閑」は,「深閑」とも。
シン	新²	新旧²³・新聞²²・革新⁶²・新鋭²²・新顔²⁴・新規²⁶・新奇²²・新興²²・新参²²・新生²¹・新設²⁵・新鮮²⁵・新調²⁵・新品²⁵・新米²⁴・改新²²・更新⁴²・刷新²	
シン	親²	親族²³・親友²²・肉親²²・親愛²⁴・親権²⁶・親交²²・親書²²・親政²²・親切²²・親善²・親展²⁶・親密²²・親類²²・近親²⁴・懇親²²・両親²・親衛隊²²・親近感²⁶	
シン	伸	伸縮⁶・屈伸³・追伸⁵・伸張⁶・伸展	事業が伸展する↔事件が進展する
シン	辛	辛苦³・辛酸⁵・香辛料④・辛勝⁴・辛抱³・辛辣⁴・辛労辛苦³	辛抱←辛棒(×)
シン	侵	侵入¹・侵害⁵・不可侵・侵攻・侵食²・侵犯・侵略	侵入↔浸入 侵食↔浸食
シン	津	興味津々⁵³□	
シン	唇	口唇¹□・唇音²¹・唇歯□³・紅唇⁶・朱唇□	
シン	娠	妊娠	
シン	振	振動³・振興⁵・不振⁴・振幅・振鈴²・強振¹・三振	
シン	浸	浸水¹・浸透・浸食・浸潤・浸入¹・浸出液¹⁵	浸入↔侵入 浸食↔侵食
シン	紳	紳士・紳商³・貴紳⁶	
シン	診	診察・診療・往診⁴・診断²・回診³・誤診・触診⁴・初診³・打診・問診³・聴診器⁴	
シン	寝	寝室³・寝具⁶・就寝²・寝食²・寝台・不寝番	
シン	慎	慎重³・謹慎	
シン	審	審判⁵・審議⁴・不審⁴・審査・審理²・球審³・主審³・陪審・予審・塁審³・審美眼⁴・不審物⁴・挙動不審⁴³⁴	
シン	震	震動⁴・震災⁵・地震⁴・震源⁶・震度³・激震・耐震⁶・微震³・免震⁵・余震・地震予知²³²	
シン	薪	薪炭³・薪水¹・臥(ガ)▼薪嘗(ショウ)▼胆	
シン	芯	花芯・鉛筆の芯・バットの芯・ろうそくの芯・りんごの芯³・芯を摘む	

音訓	漢字	用例	備考
<u>シン</u>	請	普請・安普請	
ジン	人	人道・人員・成人・人為・人格・人権・人口・人災・人事・人種・人徳・人品・人望・偉人・巨人・聖人・美人・擬人法	人事→人事不省
ジン	仁	仁義・仁術・仁愛・仁慈・仁政・仁徳・一視同仁・仁の心	
ジン	臣	大臣	
ジン	神	神社・神宮・神通力・海神・鬼神・水神・天神・明神・三種の神器	
ジン	刃	白刃・凶刃・自刃	
ジン	尽	尽力・無尽蔵・理不尽・一網打尽	
ジン	迅	迅速・疾風迅雷・獅(シ)子奮迅	
ジン	甚	甚大・激甚・幸甚・甚句・深甚・総領の甚六	
ジン	陣	陣頭・陣痛・円陣・陣営・陣形・陣地・陣容・初陣・出陣・先陣・戦陣・退陣・敵陣・布陣・首脳陣・報道陣・背水の陣	
ジン	尋	尋問・尋常・千尋	
ジン	腎	腎臓・肝腎	
ス	子	金子・扇子・様子	
ス	素	素顔・素手・素足・素肌・素通し・素通り・素浪人・素泊まり	「素性」は,「素姓」とも。すばやい・すばしこい・すばらしい
ス	須	必須	
<u>ス</u>	主	法主・座主	「法主(ホッス)」は,「ホウシュ」,「ホッシュ」とも。
<u>ス</u>	守	留守	
<u>ス</u>	数	人数	「人数」は,「ニンズウ」とも。
す	州	中州・三角州・州浜・白州	
す	巣	巣箱・巣立つ・巣穴・愛の巣	
す	酢	酢の物・酢飯・甘酢・梅酢・食酢・酢だこ・酢漬け・三杯酢	
ズ	図	図画・図表・地図・図案・図解・図鑑・図形・図示・図式・図面・合図・絵図・系図・作図・製図・天気図・図にのる	
ズ	頭	頭脳・頭上・頭痛・頭蓋骨・頭が高い	
<u>ズ</u>	豆	大豆	
<u>ズ</u>	事	好事家	
スイ	水	水分・水陸・海水・水圧・水泳・水害・水銀・水産・水車・水晶・水田・水筒・水平・洪水・潜水・治水・水族館・水墨画	

音訓	漢字	用例	備考
スイ	垂⁶	垂⁶直・懸²垂⁶・胃⁶下¹垂⁶・垂⁶線²・率⁵先¹垂⁶範⁴・山¹上¹の垂⁶訓⁴	
スイ	推⁶	推⁶進³・推⁶薦⁶・推⁶移⁵・推⁶挙⁴・推⁶計²・推⁶敲(コウ)▼・推⁶察⁴・推⁶参⁴・推⁶賞⁵・推⁶奨⁶・推⁶測⁵・推⁶定⁴・推⁶理²・推⁶量⁴・推⁶力¹・推⁶論⁶・邪⁶推⁶・類⁴推⁶	「推賞」は,物や行為をほめたたえること。↔「推奨」は,よい物を人にすすめること。
スイ	吹	吹⁶奏・吹²鳴・鼓吹	
スイ	炊	炊³事²・自²炊⁵・雑²炊⁵・炊⁴煙・炊¹飯・一⁵炊の夢	
スイ	帥	統⁵帥・元²帥・総帥	
スイ	粋	粋¹人・純⁴粋・精⁵粋・粋狂・抜⁴粋・無⁵粋・技⁵術の粋	
スイ	衰	衰²弱・盛⁶衰・老⁴衰・衰⁴運・衰⁴退・衰⁶微・衰⁶亡	
スイ	酔	酔²漢・麻⁴酔・心⁴酔・酔⁴眼・酔狂・酔態・宿⁶酔・泥⁴酔・陶酔・酔¹生⁵夢³死	
スイ	遂	遂行・未⁴遂・完⁵遂・既遂	↔逐
スイ	睡	睡眠・熟⁶睡・午²睡・睡魔	
スイ	穂□	穂□状⁵・出¹穂□期³・花¹穂□	
スイ	出①	出①納⑥	
す-い	酸⑤い	酸⑤っぱい・酸⑤いも甘²いもかみ分ける	
ズイ	随	随²行・随³意・追¹随・随³一・随²員・随³時・随²所・随想・随³筆・付⁴随・半²身³不⁴随	半身不随←半身不髄(×)
ズイ	髄	骨⁶髄・脳⁶髄・真³髄・精²髄・脊⁵髄	「真髄」は,「神髄」とも。
スウ	数²	数²字¹・数²量⁴・年²数・数²学¹・数奇²・数²詞⁶・数²千²・数²値⁶・数²理²・因⁵数²・奇²数²・偶²数²・計²数²・件³数²・指²数²・部⁵数²・複⁴数²・無²数²	
スウ	枢	枢⁴軸・枢⁴要・中¹枢⁴・枢⁴機	
スウ	崇	崇⁶拝・崇⁶高・崇³敬・尊崇	
す-う	吸⁶う	吸⁶い込む・吸⁶い取る・息を吸⁶う・蜜を吸⁶う・水を吸⁶う	
すえ	末⁴	末⁴っ子・末⁴頼もしい・末⁴永く・末⁴広がり・末⁴恐ろしい・苦³心¹の末⁴・四¹月¹の末⁴	
す-える	据える	据⁴え置く・据⁴え付ける・機⁴械⁴を据²える・社²長²に据える	腰をすえる・度胸をすえる
す-かす	透かす	透かし・透かし彫り・透かし模様・見⁶透³かす・光に透かして見る¹・ガラスを透かして見る	
すがた	姿⁶	姿⁶見¹・姿⁶つき・後²ろ姿⁶・世³の姿⁶・姿⁶を消⁶す・ありのままの姿⁶	
すき	隙	隙²間・隙をつく	「隙間」は,「透き間」とも書く。
すぎ	杉	杉⁶並木・杉¹板・杉²戸・杉¹山・一¹本杉	

音訓	漢字	用例	備考
す-ぎる	過[5]ぎる	昼[2]過[5]ぎ・過[5]ぎ去る・過[2]ぎ行く・通り過[3]ぎる・五十[1]過[5]ぎ・春[2]が過[5]ぎる・期限が過ぎる・度が過ぎる	言いすぎる・食べすぎる・高すぎる・〜にすぎない
す-く	好[4]く	好[4]き嫌い・好[4]きな絵・好[2]き勝手・好[4][3]き好[1]む・好[4]き好[4]き・人に好[1]かれる	
す-く	透[4]く	透きとおる・ガラスごしに透[1]いて見える	腹がすく・すいている電車・手がすく
すく-う	救[5]う	救[5]い・救[5]い主・救[2]いの神・救[5]いの手・救[1]い出す・命を救[3]う[5]	
すく-ない	少[2]ない	少なからず・少[2]なくとも・数が少ない	
すぐ-れる	優⑥れる	運動神経[3]が優⑥れる・品質[3]が優⑤れる	気分がすぐれない
すけ	助③	助③太刀[2]・飲[2]み助③	「太刀」は，中学校で学習する付表の語。
す-ける	透ける	透[1]けて見える	
すこ-し	少[2]し	少[2]しずつ・いま少[2]し・ほんの少[2]し・少[1]しの水	
す-ごす	過[5]ごす	寝過[1]ごす・見過[5]ごす・夏[1]を過[5]ごす・酒[4]を過[5]ごす・無為に過ごす	
すこ-やか	健④やか	健④やかだ・健④やかな成長[4][2]・健④やかに育つ[3]	
すじ	筋⑥	筋[6]書・大[2]筋[1]・筋[6]金[1]・筋[6]道[2]・筋[6]目[1]・筋[6]合[2]い・筋[6]交②い・筋[6]立[1]て・足[6]の筋・政府[5]筋[4]・筋[6]がいい・筋[6]を通[2]す	
すず	鈴	鈴[1]虫・鈴なり・鈴[2]を振る・鈴[2]を鳴らす	
すず-しい	涼しい	涼[1]しさ・涼[2]しい顔・涼[1]しい風・目もとが涼しい	
すす-む	進[3]む	進[3]み・進[3]み出る・食[3]が進[3]む・前[3]へ進[1]む・工事[3]が進[2]む・時計[2]が進[3]む・病気[3]が進[1]む・気[1]が進[3]まない	「時計」は，小学校で学習する付表の語。すすんで申し出る
すず-む	涼む	夕[1]涼み・涼[2]み台・木陰で涼む	
すす-める	進[3]める	計画を進[2]める・交渉を進[2]める・話を進める	↔勧める・薦める
すす-める	勧める	読書[2]を勧める・入会[1]を勧める	↔進める・薦める
すす-める	薦める	良書[4]を薦[2]める・候補者[4][6]として薦[3]める	↔進める・勧める
すそ	裾	裾野・裾を上げる・山の裾[3][3]・着物の裾[6][3]・裾模様	
すた-る	廃る	はやり廃[2]り・道義が廃[5]る	
すた-れる	廃れる	商店街[3][2][4]が廃[3]れる・祭りが廃れる	
すで-に	既に	既に始[3]まっている	
す-てる	捨⑥てる	捨[6]て石[1]・捨[6]て猫・捨[6]て身[3]・世捨[6]て人[1]・紙くずを捨[5]てる・故郷を捨[6][6]てる・捨[6]てる神あれば拾う神あり	
すな	砂⑥	砂[6]場[2]・砂[6]煙[1]・砂[6]地[6]・砂[6]浜[2]・砂[6]原[6][1]・砂[6]山[6][3]・砂[6]遊[6][2][2]び・砂[6]時計・砂をかむような話	「時計」は，小学校で学習する付表の語。

音訓	漢字	用例	備考
すべ-て	全³て	全³ての食べ物・全²て読³んだ・金が全²て	
す-べる	統⑤べる	国²を統⑤べる	
すべ-る	滑る	滑り・滑り²台・地滑り・滑り²止め・滑り込む・滑り³落ちる・滑りが³悪い・スキーで滑る	口がすべる・筆がすべる
す-まう	住⁴まう	住⁴まい・借家²住³まい・郊外に住³まう	
す-ます	済⁶ます	金¹で済⁶ます・宿³題を済³ます	仮名書きが一般的。
す-ます	澄⁶ます	澄ま³し汁・心³を澄³ます・耳¹を澄ます	
すみ	炭³	炭³火・消³し炭・炭²窯・炭³俵・堅³炭・炭³手²前・炭³焼³き	
すみ	隅	片⁶隅・庭³の隅・隅から隅まで	
すみ	墨	墨絵・眉墨・墨糸・墨³色・墨³縄・墨³袋・墨³打³ち・墨²書き・墨継ぎ・墨³流し・墨⁶染④めの衣・墨をする	
すみ-やか	速③やか	速③やかだ・速③やかに⁶処²理する	
す-む	住³む	住³み²心²地・住²み込み・住³み⁵慣れる・住³めば²都・都会³に住む	鹿がすむ森「心地」は、中学校で学習する付表の語。
す-む	済⁶む	使³用²済⁶み・支⁶払い²済⁶み	複合語以外は仮名書きが一般的。
す-む	澄む	上⁴澄み・澄¹んだ空・澄¹んだ音²色・心²が澄む・水¹が澄む	
す-る	刷⁴る	刷⁴り物・ゲラ刷⁴り・刷⁴り上がる・名刺を刷⁴る	
す-る	擦る	擦⁶り傷・擦り切れる・擦り込む・擦りむく・マッチを擦る	すり寄る
するど-い	鋭い	鋭³さ・鋭³い歯・鋭³い⁴感³覚・鋭⁴い⁴観⁴察・鋭⁶い²視線・鋭い³刃物・鋭い¹目つき	
す-れる	擦れる	靴擦れ・擦²れ合う	すれちがい
す-わる	据わる	首²が据わる・肝¹の据³わった人物	⇔座る 目がすわる・すわりがよい
すわ-る	座⑥る	座⑥り込⁵み・居⑥座り・座⑥り机・椅¹子に⑥座る・座⁶布⁵団⑤に⑥座る	⇔据わる
スン	寸⁶	寸⁶法・寸⁴暇・一⁶寸⁶先・寸¹劇・寸⁶志・寸⁶時・寸⁶前・寸⁶断・寸⁶評・寸⁶分・方²寸・寸⁶借²詐⁴欺・寸⁶鉄³人¹を刺す	
セ	世³	世³界・世³間・出³世・世³襲・世³情・世³相・世³俗・世³代・世³評・世³論・世³話・現³世	「世論」は、「よロン」とも。「現世」は、「ゲンセイ」とも。
セ	施	施³主・施⁵療・布⁵施・施²工・施²行・施²肥	「施工・施行」は、「シコウ」とも。
せ	背⁶	背⁶丈・背⁶中・背¹筋・背⁶広・背⁶骨・背³格³好・背³が³伸びる・背³を向ける・背⁶に腹³は代えられぬ	
せ	瀬	浅⁴瀬・立¹つ瀬・瀬²戸・瀬²戸際・瀬⑤を渡る	
ゼ	是	是⁵非・是⑥認・国²是・是正・是⁵々非々	

音訓	漢字	用例	備考
セイ	世[3]	世紀[3,5]・時世[2,3]・処世[6,3]・永世[5,3]・隔世・救世[2,3]・近世[2,3]・後世[5,3]・在世[5,3]・絶世・中世[3]・二世[3,3]	処世←処生(×)
セイ	正[1]	正義[1,5]・正誤[1,6]・訂正[1,5]・正解[1,5]・正確[1,6]・正視[1,3]・正式[1,5]・正常[1,2]・正数[1,2]・正当[1,2]・正門[1,2]・改正[1,4]・厳正[1,5]・公正[1,4]・修正[1,5]・粛正・端正・是正	
セイ	生[1]	生活[1,2]・発生[2,1]・先生[1,1]・生花[1,5]・生家[1,2]・生気[1,1]・生業[1,3]・生計[1,2]・生産[1,2]・生殖[1]・生息[1,3]・生存[1,3]・生態[1,5]・生徒[1,2]・生命[1,2]・衛生[4,1]・更生[3]・再生[1]	「生気(セイキ)」は,活力や気力のこと。「ショウキ」と読むと,通常の精神状態のこと。
セイ	成[4]	成功[4,4]・完成[4,4]・賛成[5,4]・成案[4]・成育[4,4]・成果[4,4]・成績[4,5]・成長[4,2]・成年[4,1]・成分[4,2]・成立[4,1]・育成[3,4]・形成[4,4]・構成[5,4]・合成[2,4]・作成[2,4]・助成[3,4]・達成	未成年←未青(×)年
セイ	西[2]	西暦[2]・西部[2,3]・北西[2,2]・西欧[2,5]・西紀[2,3]・西洋[2]・東奔西走[2,2]	
セイ	声[2]	声楽[2]・声援[2,3]・名声[2,2]・声価[2,3]・声帯[2,3]・声望[2]・声明[2,3]・歓声[2]・喚声[2]・奇声[2]・銃声[2]・発声[3,2]	
セイ	制[5]	制度[5,3]・制限[5,5]・統制[5,5]・制圧[5,5]・制御[5,5]・制裁[5,6]・制止[5,2]・制服[5,5]・制帽[5,5]・制約[5,2]・学制[1,5]・強制[2,5]・禁制[5,5]・節制[4,5]・専制[5,5]・自制[2,5]・抑制[3,5]	専制←専政(×) 抑制←抑勢(×)
セイ	性[5]	性質[5,5]・理性[2,5]・男性[1,5]・女性[1,5]・性格[5,3]・性急[5,3]・性行[5,2]・性情[5,5]・性能[5,5]・悪性[3,5]・異性[6,5]・陰性[6,5]・急性[3,5]・個性[5,5]・習性[5,2]・知性[2,5]・適性[5,5]・品性[5,5]・野性	
セイ	青[1]	青天[1,1]・青銅[1,5]・青年[1,2]・青雲[1,2]・青果[1,4]・青春[1,2]・青天白日[1,1,1,1]	
セイ	政[5]	政治[5,4]・行政[5,5]・家政[5,5]・政界[5,5]・政局[3,5]・政見[5,5]・政権[5,6]・政策[5,2]・政党[5,5]・政府[5,5]・政変[5,4]・政令[5,4]・王政[2,5]・国政[2,5]・財政[5,5]・市政[2,5]・施政[5,6]・内政[5,4]	
セイ	星[2]	星座[2,6]・流星[3,2]・衛星[5,2]・星雲[2,2]・星霜[2,□]・惑星[2]	
セイ	省[4]	反省[3,4]・内省[2,4]・帰省[2,4]・人事不省[1,3,4,4]	
セイ	清[4]	清潔[4,5]・清算[4,2]・粛清[4]・清純[4,6]・清書[4,2]・清掃[4,□]・清澄[4,⑤]・清貧[4,3]・清流[4,3]・血清[3,4]・清廉潔白[4,5,5,1,4]・清濁併せのむ	
セイ	盛	盛大[⑥,1]・隆盛[6,⑥]・全盛[3,⑥]・盛夏[⑥,2]・盛会[⑥,2]・盛観[⑥,4]・盛況[⑥]・栄枯盛衰[4,⑥]	
セイ	晴[2]	晴天[2,1]・晴雨[2,1]・快晴[5,2]・晴朗[2]・晴耕雨読	
セイ	勢[5]	勢力[5,1]・優勢[6,5]・情勢[5,5]・威勢[5,5]・運勢[3,5]・気勢[1,5]・軍勢[4,5]・形勢[4,5]・攻勢[5,5]・姿勢[6,5]・守勢[3,5]・大勢[1,5]・態勢[5,5]・体勢[2,5]・劣勢[5,5]・国勢調査[2,5,3,5]・多勢に無勢[2,5,4,5]	大勢(タイセイ)を決する⇔大勢(おおゼイ)が集まる 大勢を決する⇔受け入れ態勢⇔有利な体勢
セイ	聖[6]	聖書[6,2]・聖人[6,1]・神聖[3,6]・聖火[6,1]・聖地[6,1]・聖典[6,2]・聖母[6,2]・楽聖[2,6]	
セイ	誠[6]	誠実[6,3]・誠意[6,3]・至誠[6,6]・誠心[6,2]・忠誠[6,6]・誠心誠意[6,2,6,3]	
セイ	精[5]	精米[5,5]・精密[5,5]・精力[5,1]・精鋭[5,5]・精気[5,1]・精巧[5,5]・精魂[5,5]・精根[5,3]・精細[5,2]・精算[5,2]・精神[5,3]・精髄[5,3]・精選[5,4]・精読[5,4]・精励[5,4]・丹精[1,5]・精を出す・森の精	精魂を傾ける⇔精根が尽き果てる
セイ	製[5]	製造[5,5]・製鉄[5,5]・鉄製[3,5]・製作[5,2]・製図[5,2]・製品[5,3]・製法[5,2]・作製[2,5]・手製[1,5]・複製[5,5]	
セイ	静[4]	静止[4,2]・静穏[4,5]・安静[3,4]・静観[4,4]・静粛[4,3]・静物[4,3]・静養[4,4]・閑静[5,4]・鎮静[5,4]・平静[5,2]・冷静[4,4]	静穏←静隠(×)

音訓	漢字	用　例	備　考
セイ	整	整³理・整²列・調³整・均³整・整⁵形・整³数・整²然・整³備・整³形⁵外③科・整²理²整³頓・理²路³整³然	「均整」は，「均斉」とも。
セイ	井	油³井・市²井	
セイ	姓	姓¹名・改⁴姓・同²姓・旧⁵姓・同²姓²同¹名	
セイ	征	征³服・遠²征・出¹征・征⁶討・征伐	征服←征伏(×)
セイ	斉	斉⁴唱・一¹斉・均⁵斉	「均斉」は，「均整」とも。
セイ	牲	犠牲	犠牲←犠性(×)
セイ	逝	逝³去・急³逝・長²逝・早¹逝	
セイ	婿	女¹婿	
セイ	誓	誓⁴約・誓⁶詞・宣⁴誓・誓²願・誓¹紙・誓文・祈誓	「祈誓」は，「祈請」とも。
セイ	請	請⁴求・請⁴願・申③請・懇⁴請・要請・請⁶暇・奏²請・強請・請託	「強請(キョウセイ)」は，「ゴウセイ」とも。意味は同じ。
セイ	凄	凄⁴惨・凄⁵絶・凄然	
セイ	醒	覚⁴醒	
セイ	情	風⑤情	
セイ	歳	歳⑥暮	
せい	背	上¹背・背⁶比べ	
ゼイ	税	税⁵金・免¹税・関⁵関・税⁵関・課⁴税・減⁵税・増⁵税・脱⁵税・納⁶税・消⁵費⁵税	
ゼイ	説	遊³説	
セキ	夕	一¹朝²一¹夕・今²夕・夕¹陽・朝²夕	
セキ	石	石¹材・岩²石・宝⁶石・石¹灰・石¹像・石¹炭・石¹油・化³石・投³石・布⁵石・玉³石⁴混⁴交・一¹石¹二¹鳥	
セキ	赤	赤¹道・赤⑤貧・発¹赤・赤¹心・赤¹飯・赤¹面・赤¹十¹字・赤¹裸¹々	
セキ	昔	昔³日・昔¹年・昔³時	
セキ	席	席⁴上・座⁶席・出⁴席・席³次・席⁴順・宴⁴席・議⁴席・空⁴席・欠⁴席・即⁴席・主³席・着⁴席・末³席・列⁴席・席に着く・祝いの席	
セキ	責	責⁵務・責⁵任・職⁵責・引²責・自²責・叱²責・重²責・問責	
セキ	積	積⁴雪・蓄²積・面⁴積・積⁴載・積⁴年・積⁴極⁴的・山³積・集⁴積・沖⁴積⁶層	↔績
セキ	績	紡⁵績・成⁴績・業³績・功⁴績・実³績	↔積
セキ	斥	斥⁴候・排斥	斥候←斥侯(×)
セキ	析	析¹出・分²析・解⁵析	

音訓	漢字	用例	備考
セキ	隻	隻手¹・数隻²・片言隻語⑥²・隻影²	
セキ	惜	惜敗⁴・痛惜⁶・愛惜²・惜春⁴・惜別	
セキ	跡	追跡³・旧跡⁵・遺跡⁶・軌跡・奇跡・形跡⁵・史跡³・事跡³・筆跡	
セキ	籍	書籍²・戸籍²・本籍¹・漢籍・国籍・典籍³・転籍¹・入籍⁶・除籍	
セキ	脊	脊髄・脊柱³・脊索・脊椎	
セキ	戚	親戚²・外戚²・姻戚¹・休戚	親戚←親籍(×)
<u>セキ</u>	寂	□寂然⁴・□寂として声なし²・□寂寥▼(リョウ)	「寂然」は、「ジャクネン」とも。
せき	関	関取⁴・関の山⁴³・関所¹・○○関⁴³	
<u>セチ</u>	節	④お節料理⁴²	
セツ	切	切断²・親切²・切に²・切開²³・切実²³・切除²⁶・切迫²・懇切²・痛切⁶²	
セツ	折	折衷⁴・折衝⁴²・屈折⁴・折半・曲折²・骨折⁴²・右折¹・左折¹⁴	折衝←折渉(×)
セツ	接	接触⁵・接待⁵³・直接⁵²・接客⁵・接近⁵²・接合⁵²・接骨⁵・接種⁵⁴・接続⁵⁴・間接²⁵・面接³⁵	接待←接対(×)
セツ	設	設立⁵¹・設備⁵・建設⁵⁵・設営⁵・設計⁵・設置⁵・設定⁵・設問⁵³・仮設・架設⁵・開設³⁵・既設⁵・施設⁵⁵・常設⁶⁵・新設⁵・創設□⁵・敷設	
セツ	雪	雪辱²・降雪⁶²・新雪²²・積雪²・雪害²³・残雪²³・除雪²⁶・降雪量²・雪上²・雪景⁶²・雪像²⁵	
セツ	節	節約⁴⁴・季節⁴⁴・関節⁴⁴・節減⁴⁵・節水⁴¹・節制⁴⁴・節操⁴⁵・節電⁴⁶・節度⁴²・礼節⁴³	
セツ	説	説明⁴²・小説¹⁴・演説⁵⁴・説教⁴²・説得⁴⁵・説法⁴⁴・説話⁴²・解説⁵⁴・学説¹⁴・逆説⁵⁴・自説²⁴・社説¹⁴・俗説²⁴・通説⁴²・伝説⁴・論説⁵⁴・説が分かれる	
セツ	拙	拙劣・拙速³・巧拙・拙稿²・拙作・拙論⁶・拙著⁶	
セツ	窃	窃盗・窃取³	
セツ	摂	摂取³・摂生¹・摂政⑤・摂理²	摂生に努める↔飲酒を節制する
セツ	刹	刹那	
<u>セツ</u>	殺	⑤殺生¹	
ゼツ	舌	舌端⑥・弁舌⁵⑥・筆舌³⑥・舌禍⑥・舌戦⑥⁴・毒舌⁵⑥	
ゼツ	絶	絶妙⁵・絶食⁵²・断絶⁵・絶縁⁵・絶景⁵・絶好⁵²・絶交⁵⁵・絶賛⁵・絶対⁵³・絶大⁵¹・絶望⁵⁴・絶筆⁵・絶滅⁵²・拒絶⁵・絶体絶命⁵²⁵³・空前絶後¹²⁵²・絶する	絶体絶命↔絶対安静・絶対音感・絶対評価
ぜに	銭	⑥銭入れ・小銭⁶¹・銭箱⑥³・銭もうけ	
せば-まる	狭まる	道幅が狭まる²・範囲が狭まる⁵	
せば-める	狭める	権限を狭める⁶⁵・川幅を狭める¹	

音訓	漢字	用例	備考
せま-い	狭い	狭苦しい・狭い家・心が狭い・度量が狭い	
せま-る	迫る	期限が迫る・夕闇が迫る・敵が迫る・真に迫る	
せ-める	責める	責め・責め苦・失敗を責める・過失を責める・自らを責める	
せ-める	攻める	攻め落とす・攻めたてる・城を攻める・敵を攻める・攻めに転じる	
せ-る	競る	競り合う・競り・競り売り・競り勝つ・値段を競る・勝ち負けを競る	
セン	千	千円・千人力・千差万別・千載一遇・千客万来・千変万化・千編一律・失敬千万・失礼千万・笑止千万・無礼千万	
セン	川	川柳・河川	
セン	先	先方・先生・率先・先客・先駆・先決・先見・先行・先進・先祖・先着・先手・先頭・先輩・機先・祖先・優先・先入観・先祖代々	
セン	宣	宣言・宣誓・宣伝・宣告・宣教師・宣戦布告	
セン	専	専門・専属・専用・専横・専念・専有・一意専心	「専有」は，独り占め。↔「占有」は，自分だけのもの。
セン	泉	泉水・源泉・温泉・鉱泉	
セン	浅	浅薄・浅学・深浅・浅慮・浅学非才	
セン	洗	洗面・洗練・洗剤・洗顔・洗脳・洗礼・水洗・洗濯・洗浄・洗髪	
セン	染	染色・染料・汚染・染織・染髪・感染・伝染	
セン	船	船舶・乗船・汽船・船員・船客・船室・船長・漁船・造船・風船	
セン	戦	戦争・苦戦・論戦・戦意・戦役・戦火・戦果・戦禍・戦後・戦災・戦術・戦法・戦略・合戦・決戦・作戦・対戦・敗戦	
セン	銭	銭湯・金銭・木戸銭・一銭二銭・古銭・銅銭	
セン	線	線路・点線・光線・線香・沿線・架線・曲線・混線・視線・斜線・脱線・直線・電線・伏線・複線・無線・紫外線・水平線	
セン	選	選択・選挙・当選・選考・選定・選抜・厳選・人選・精選・落選・決選投票・取捨選択・選に入る	決選投票←決戦(×)投票
セン	仙	仙骨・仙人・酒仙・仙術・歌仙	
セン	占	占拠・占星術・独占・占有・占用	「占有」は，自分だけのもの。↔「専有」は，独り占め。
セン	扇	扇子・扇風機・扇状地・扇動・教唆扇動	
セン	栓	給水栓・消火栓・耳栓・水道の栓を締める	
セン	旋	旋回・旋律・周旋・旋盤・旋風・斡(アッ)旋	
セン	践	実践	

音訓	漢字	用 例	備 考
セン	潜	潜水¹・潜在的⁵・沈潜⁴・潜航⁵・潜行²・潜入¹・潜伏	
セン	遷	遷延⁶・遷都³・変遷・左遷¹	
セン	薦	推薦⁶・自薦²・他薦³	
セン	繊	繊細²・繊維³・化繊²・繊弱・繊毛²	
セン	鮮	鮮魚・鮮明²・新鮮²・鮮血³・鮮度³・生鮮食品¹²³	
セン	煎	煎茶・煎餅²・煎じる	
セン	羨	羨望□⁴・羨慕□	
セン	腺	前立腺²¹・涙腺・汗腺・乳腺⁶・リンパ腺・腺病質³⁵	
セン	詮	詮索³・所詮・詮議⁴	
セン	箋	処方箋⁶²・便箋⁴・付箋⁴	
ゼン	全	全部³³・全国³²・完全⁴³・全員³³・全快³⁵・全壊³・全権³⁶・全集³³・全焼④・全身³³・全盛³・全然⁶・全体³⁴・全治³²・全滅²²・全力³¹・健全⁴・保全³³・全身全霊	
ゼン	前	前後²²・以前⁴²・空前¹²・前衛⁴・前科²²・前言²・前座²・前菜²・前述・前身²・前進²³・前兆³⁴・前提²⁴・前面²⁵・前例²²・事前³・戦前・直前²²	
ゼン	善	善悪⁶³・善処⁶⁶・慈善⁶・善意⁶・善行⁶²・善戦⁶³・善導・善用⁶⁴・善良⁶・改善⁴⁶・偽善⁶・最善⁴⁶・親善²⁶・独善⁵⁶・真善美³・善は急げ	
ゼン	然⁴	当然⁴・自然²・必然⁴・依然²・隠然²・偶然³・公然²・全然³⁴・断然⁵⁴・超然⁴・同然²⁴・憤然²・奮然⁶³・平然⁴・未然¹³・学者然⁴・泰然自若⁴²⑥	憤然として席を蹴る ←→奮然と立ち向かう 偶然←遇(×)然
ゼン	禅	禅宗²・禅寺⁶・座禅²⁶・参禅・禅問答³²	
ゼン	漸	漸次²・漸進的³⁴・東漸・漸減⁵・漸増⁵	
ゼン	繕	修繕⁵・営繕	
ゼン	膳	配膳³・一膳²・食膳²・祝い膳・会議のお膳立てをする¹	
ソ	祖⁵	祖父⁵²・祖述⁵⁵・元祖²⁵・祖国⁵²・祖先⁵¹・開祖³⁵	
ソ	素⁵	素材⁵⁴・元素²⁵・平素³⁵・素行⁵²・素質⁵⁵・素地⁵²・素朴⁵・素養⁵⁴・質素⁵⁵・要素⁴⁵	
ソ	組²	組織²⁵・組成²⁴・改組⁵²・組閣²・労組⁵	
ソ	阻	阻止²・阻害⁴・険阻	
ソ	租	租税²・公租公課²⁴・租界³・租借⁴	
ソ	措	措置⁴・措辞²・挙措⁴	
ソ	粗	粗密⁶・粗野²・精粗³・粗悪⁵・粗雑²・粗食⁴・粗末¹・粗大⁵・粗暴⁴・粗衣粗食²・粗製濫造	
ソ	疎	疎密⁶・疎外²・親疎²・疎遠²・疎開・疎通・疎水・空疎¹	

音訓	漢字	用例	備考
ソ	訴	訴訟・告訴・哀訴・訴状・控訴・直訴・提訴	
ソ	塑	塑像・彫塑・可塑性	
ソ	礎	礎石・基礎・定礎	
ソ	狙	狙撃・狙撃手	
ソ	遡	遡及・遡上・遡行・遡航	「遡行」は，川ぶちを歩いたり船に乗ったりして川をさかのぼること。↔「遡航」は，船に乗って川をさかのぼること。
ソ	想	愛想	「愛想」は，「アイソウ」とも。
ゾ	曽	未曽有・古今未曽有	
ソウ	早	早朝・早晩・早々に・早期・早急・早暁・早熟・早退	「早急」は，「サッキュウ」とも。
ソウ	争	争議・競争・紛争・争乱・抗争・政争・戦争・闘争・論争	
ソウ	走	走行・競走・滑走・走破・快走・疾走・縦走・助走・脱走・逃走・敗走・奔走・迷走・東奔西走	
ソウ	宗	宗家・宗匠・宗主国	
ソウ	奏	奏楽・演奏・合奏・奏功・奏上・奏者・上奏・吹奏楽・伴奏	「奏功」は，「奏効」とも。
ソウ	相	相当・相談・真相・相違・相応・相関・相互・相殺・相似・相続・相対・相聞・世相・手相・人相・皮相・貧相・相思相愛	
ソウ	草	草案・雑草・牧草・草原・草稿・草書・草食・海草・起草・除草	
ソウ	送	送別・放送・運送・送球・送金・送迎・送検・送信・送電・送付・回送・護送・後送・転送・発送・返送・輸送・郵送	
ソウ	倉	倉庫・穀倉・船倉	
ソウ	巣	営巣・卵巣・病巣・巣窟・帰巣本能	
ソウ	窓	車窓・同窓・深窓・窓外・学窓	
ソウ	創	創造・独創・刀創・創案・創意・創刊・創建・創作・創始・創設・創立・銃創・創意工夫	
ソウ	装	装置・服装・変装・装飾・装丁・偽装・軽装・新装・正装・盛装・男装・武装・舗装・包装・洋装・旅装・礼装・装身具	
ソウ	想	想像・感想・予想・想起・想定・回想・空想・懸想・幻想・構想・着想・追想・発想・夢想・理想・想を練る	
ソウ	層	層雲・高層・断層・階層・地層・層が厚い	
ソウ	総	総合・総意・総括・総会・総額・総計・総称・総勢・総説・総体・総理・総力・総論・総決算・総攻撃・総動員	

音訓	漢字	用例	備考
ソウ	操	操縦⁶・操作⁶・節操⁶²・操業⁴⁶・情操⁶³・体操⁵⁶・操車場⁶¹²	
ソウ	双	双肩□・双方²・無双³・双発⁵・双璧⁵⁴・双眼鏡¹¹⁴・天下無双	
ソウ	壮	壮大¹・壮健⁴・強壮²・壮快³・壮観⁵・壮挙⁴・壮絶⁵・壮年⁷・壮烈⁵・豪壮⁵・悲壮³・勇壮⁶・大言壮語	「勇壮」は，「雄壮」とも。
ソウ	荘	荘厳□⁶・荘重³・別荘²・山荘⁴・旅荘³	荘厳・荘重←壮(×)厳・壮(×)重
ソウ	捜	捜索⁵・捜査⁴・博捜	
ソウ	挿	挿入¹・挿話²・挿画	
ソウ	桑	桑園□²・桑田□¹	
ソウ	掃	掃除⑥・清掃⁴・一掃¹・掃射・掃討⁶	
ソウ	曹	法曹⁴・法曹界³・陸曹⁴・軍曹・重曹³	
ソウ	喪	喪失⁴・喪心²	「喪心」は，「喪神」とも。
ソウ	葬	葬儀・埋葬²・会葬³・葬式³・葬列¹・火葬¹・土葬²・国葬	
ソウ	僧	僧院³・高僧²・尼僧□・僧職⁵・僧侶・虚無僧□⁴	
ソウ	遭	遭遇・遭難⁶	
ソウ	槽	水槽¹・浴槽⁴・浄化槽³	
ソウ	燥	乾燥・焦燥²・高燥	
ソウ	霜	霜害□⁴・晩霜⁶□・星霜²□	
ソウ	騒	騒動³・騒音¹・物騒³・騒然⁴・騒乱⁶・風騒²	
ソウ	藻	藻類⁴・海藻²・詞藻⁶・文藻¹	
ソウ	曽	曽祖父⁵²・曽孫⁴	
ソウ	爽	爽快⁵・爽涼・爽秋の候²・颯(サッ)爽▼	
ソウ	痩	痩身□³	
ソウ	踪	失踪⁴	
<u>ソウ</u>	贈	寄贈⁵	「寄贈」は，「キゾウ」とも。
そ-う	沿う	川沿い¹⁶・川に沿う¹・道に沿う²⁶・線路に沿った道²³⁶²	↔添う／文脈にそって・目的にそって
そ-う	添う	付き添い¹⁴・連れ添う⁴・寄り添う²・影のように添う	↔沿う
ゾウ	造⁵	造船⁵²・造花⁵¹・構造⁵⁵・造作⁵²・造成⁵⁴・造幣⁵・造林⁵¹・改造⁴⁵・偽造⁵・建造⁴⁵・酒造³⁵・醸造・人造¹⁵・製造⁵²・創造⁵・密造⁴⁵・模造	「造作」は，「ゾウサ」と読むと手間がかかること，「ゾウサク」と読むとものので きぐあいのこと。偽造←欺(×)造

音訓	漢字	用例	備考
ゾウ	象⁵	象⁵眼・巨⁵象・象⁵牙・有③象⁵無⁴象⁵	
ゾウ	像⁵	肖⁵像・現⁵像・想⁵像・映⁶像・胸⁵像・偶⁴像・群⁴像・石⁵像・塑像・彫⁵像・銅⁵像・仏⁵像・木⁵像・像を結ぶ・偉人の像	
ゾウ	増⁵	増⁵減・増⁵加・激⁴増・増⁵員・増⁵援・増⁵刊・増⁵強・増⁵産・増⁵収・増⁵進・増⁵水・増⁵税・増⁵築・増⁵長・増⁵発・増⁵便・増⁵補・漸増	
ゾウ	雑⁵	雑⁵炊・雑⁵木林・雑⁵兵・雑⁵巾・雑⁵煮・悪③口雑①言・罵⑤倒(リ)雑②言	
ゾウ	蔵⁶	蔵⁶書・貯⁶蔵・土⁶蔵・死⁶蔵・酒⁶蔵・所⁶蔵・地②蔵・秘⁶蔵・埋⁶蔵・冷⁶蔵・無⁴尽⁶蔵	
ゾウ	臓⁶	臓⁶器・内②臓・心②臓・臓⁶物・肝⁶臓・腎⁶臓	
ゾウ	憎	憎③悪・愛④憎	
ゾウ	贈	贈与・贈²呈・贈答・贈賄・寄⁵贈	「寄贈」は、「キソウ」とも。
そうろう	候④	候④文・居①候⁵	
そーえる	添える	添²え手紙・添¹え木・添³え物・添²え書き・口¹添え・景品を添⁴える	
ソク	束⁴	束⁴縛・結⁴束・約⁴束・拘⁴束・二¹束⁴三¹文	二束三文←二足(×)三文
ソク	足¹	足¹跡・遠¹足・補⁶足・義¹足・自²給⁴自²足・長¹足・土¹足・不¹足・発①足・満¹足	
ソク	則⁵	法⁴則・鉄³則・変⁴則・会²則・規⁵則・原⁵則・校¹則・細²則・罰⁵則・反³則	
ソク	息³	休¹息・消³息・子³息・息³災・息³女・安³息・終³息・生³息・嘆³息・窒³息・利⁴息・令³息・息④災延④命・無⁴病息③災	
ソク	速³	速³度・敏²速・時³速・速²記・速³球・速³効・速³成・速³達・速³断・速³報・速³力・快³速・高²速・速³乾性・速²戦即決	速効性肥料↔即効薬 速断↔即断
ソク	側⁴	側⁴面・側³近・側⁴壁・側⁴室・側²闇・君²側	
ソク	測⁵	測⁵量・目⁴測・推⁵測・測⁶地・測⁵定・憶⁵測・観⁴測・実⁵測・予³測・測⁵候所	
ソク	即	即⁵応・即⁵席・即⁴興・即⁵位・即⁵座・即²時・即⁵製・即⁵答・即²売・即⁵効薬・即⁵断即決・即④身成仏・不①即不離	即製の料理↔促成栽培 即断↔速断
ソク	促	促³進・促成・催³促・促¹音・督促	
ソク	捉	捕捉・把捉	
ソク	塞	脳⁶梗塞・閉⁶塞・閉⁶塞³感・心²筋⁶梗塞	
ゾク	族³	一¹族・家³族・民³族・王³族・貴⁶族・血³族・皇⁶族・豪⁴族・種³族・親²族・水¹族館・一³族郎³党	
ゾク	属⁵	属⁶性・従⁵属・金⁵属・属⁵国・帰⁶属・所⁶属・専⁵属・尊⁵属・直²属・配⁵属・付⁴属・附⁵属	

音訓	漢字	用例	備考
ゾク	続	続出⁴・続行⁴²・連続⁴・続発⁴³・続編⁴・永続⁶・勤続⁶⁴・継続³・持続⁴・接続⁵⁴・存続⁶・断続⁵⁴	
ゾク	俗	俗事・風俗³・民俗²・俗悪³・俗語²・俗称⁴・俗説³・俗物¹・俗名³・習俗・通俗²・低俗²・公序良俗①・俗耳に入りやすい	
ゾク	賊	賊軍⁴・盗賊⁴・賊将⁴・海賊⁶・山賊⁴・賊が入る・賊を討つ⑥	
そこ	底	奥底⁴・底力⁴・川底⁴・底意地⁴・底抜け⁴・上げ底⁴・二重底⁶・底が浅い⁴・底をつく⁴	
そこ-なう	損なう⑤	器物を損なう⁴⑤・機嫌を損なう④⑤	
そこ-ねる	損ねる⑤	機嫌を損ねる⁴⑤	
そそ-ぐ	注ぐ³	降り注ぐ⁴・海に注ぐ⁴³・熱湯を注ぐ⁴・火に油を注ぐ¹・涙を注ぐ³・心血を注ぐ³	
そそのか-す	唆す□	ある行為を唆す²□・悪友に唆される³²	
そだ-つ	育つ³	育ち盛り³⑥・朝顔が育つ²²・育ちが早い³¹	
そだ-てる	育てる³	子を育てる¹³・花を育てる³・選手を育てる⁴¹・地域文化を育てる²⁶¹³	
ソツ	卒⁴	卒業⁴³・卒中⁴⁴・兵卒⁴・卒倒⁶⁴・従卒	
ソツ	率⑤	率先⑤¹・引率²⑤・軽率³⑤・率直⑤²・統率⁵⑤・率先垂範⑤¹⁶	引率←引卒(×)
そで	袖	半袖²・長袖・振り袖³・袖にする²・袖にすがる・袖振り合うも他生(多生)の縁³¹²¹	
そと	外²	外囲い²⁵・家の外²⁴・外側²⁴・外海²²・外面²③・外堀²・外孫²⁴・外見²¹・外に出る²・外に表す²²	
そな-える	供える	お供え⁶・供え物⁶³・花を供える¹⁶	↔備える
そな-える	備える⁵	備えつけ⁵・台風に備える²²・試合に備える⁴²・テレビを備える⁵	↔供える 徳をそなえる
そな-わる	備わる⁵	備品が備わる⁵³⁵	品性がそなわる
その	園②	学びの園¹②・花園¹②	
そ-まる	染まる⁶	赤く染まる¹⁶・悪に染まる³⁶	
そむ-く	背く⑥	約束に背く⁴⁴⑥・親に背く²⑥・期待に背く³³⑥	
そむ-ける	背ける⑥	顔を背ける²⑥・目を背ける¹⑥	
そ-める	初める④	書き初め²④・出初め式¹④・思い初める²④・咲き初める④	
そ-める	染める⑥	染め物⁶・染め糸⁶・染め物⁶・布を染める²⁶・髪を染める⁶・赤く染める¹⁶・筆を染める³⁶	
そら	空¹	空色¹²・青空¹・空もよう¹¹・秋の空²¹	そらで覚える・そらとぼける
そ-らす	反らす³	胸を反らす⁶³・身を反らす³	目をそらす・話をそらす

音訓	漢字	用例	備考
そ-る	反る	反り・反り身・反り返る・板が反る	
ソン	存	存在・存続・既存・存亡・存立・危急存亡	
ソン	村	村長・村落・農村・村営・村民・村立・寒村・漁村・山村・市町村	
ソン	孫	子孫・嫡孫	
ソン	尊	尊敬・尊大・本尊・尊厳・尊称・尊属・尊重・自尊心・官尊民卑	
ソン	損	損失・欠損・破損・損益・損害・損傷・損得・損耗・骨折り損・損な性分	
ソン	遜	謙遜・不遜・遜色ない	
ゾン	存	存分・保存・存じます・存外・存命・依存・異存・温存・共存・残存・所存・生存・共存共栄	「依存」は,「イソン」とも。
タ	太	丸太・太郎	
タ	他	他国・他人・自他・排他的・他意・他界・他言・他殺・他事・他者・他日・他聞・他方・他面・他力本願・他人行儀・他に例のない	
タ	多	多少・多数・雑多・多角・多額・多岐・多分・多忙・幾多・過多・多事多難・多種多様・多情多恨・高温多湿	多分のご寄付↔たぶん雨だろう
タ	汰	沙汰・淘(トウ)汰・音沙汰・ご無沙汰	警察ざた
た	田	田植え・田畑・青田・稲田・田に稲を植える	
た	手	手綱・手繰る・手折る	
ダ	打	打撃・打破・乱打・打開・打球・打算・打者・打診・安打・殴打・強打	
ダ	妥	妥当・妥結・妥協	
ダ	蛇	蛇行・蛇足・長蛇・竜頭蛇尾	
ダ	堕	堕落・堕胎	
ダ	惰	惰眠・惰気・怠惰・惰性	
ダ	駄	駄菓子・駄作・無駄・駄賃・荷駄	
ダ	唾	唾液・唾棄	
タイ	大	大衆・大した・大して・大意・大会・大気・大義・大国・大志・大切・大半・大病・大木・大洋・大陸・大器晩成・油断大敵	
タイ	太	太陽・太鼓・皇太子・太古・太平・太陽暦・太陰暦・太平洋・太公望・太守	「太平」は,「泰平」とも。
タイ	代	代謝・交代・新陳代謝	
タイ	台	台風・舞台・台頭・台湾・屋台	

音訓	漢字	用例	備考
タイ	対³	対立³・絶対⁵¹・反対⁵³・対応³・対岸³⁵・対極³・対抗³⁶・対策³⁶・対処³⁶・対象³⁵・対照³⁴・対称⁴⁴・対談³⁴・対比³²・対話³²・相対³⁶・応対³⁶・敵対³⁶	調査の対象↔明暗の対照↔左右対称 応対←応待(×)
タイ	体²	体格²⁵・人体¹²・主体³²・体育²⁵・体温³²・体系³⁴・体験³²・体質²³・体重²⁵・体制³⁴・体内²²・体力²²・液体²¹・重体³²・身体³²・団体³²・肉体³²・物体³²	「重体」は,「重態」とも。
タイ	待³	待機³・待遇³⁵・期待³³・待望³⁵・歓待³⁶・虐待³²・招待³⁶・接待³⁶・待避所⁶³・優待³⁵・待券⁶	接待←接対(×)
タイ	退⁶	退却⁶⁴・退屈⁶³・進退³⁶・退院⁶³・退化⁶³・退学⁶¹・退官⁶⁴・退去⁶³・退出⁶¹・退場⁶²・退職⁶⁵・退席⁶⁴・退避⁶³・退路⁶³・後退¹¹・辞退¹⁴¹・早退¹・脱退	
タイ	帯⁴	携帯⁴・地帯²・連帯³⁶・帯剣⁴³・帯刀⁴³・帯同⁴²・一帯²・温帯²⁴・眼帯³⁴・所帯・世帯・声帯・付帯・亜熱帯・火山帯・一衣帯水	
タイ	貸⑤	貸借⑤⁴・貸与⑤・賃貸⑥⑤	
タイ	隊⁴	隊列⁴³・軍隊⁴⁴・部隊³⁴・隊員⁴³・隊商⁴³・隊長⁴²・楽隊²⁴・艦隊⁴⁴・兵隊⁴⁴・隊を組む	
タイ	態⁵	態勢⁵⁵・形態²⁵・容態⁵⁵・態度⁵³・擬態⁵・奇態⁵⁵・旧態⁶⁵・姿態³⁵・事態・実態³⁵・醜態・状態¹⁵・生態¹⁵	「容態(ヨウダイ)」は,「容体」とも。 奇態←奇体(×) 姿態←姿体(×)
タイ	耐	耐久・耐火・忍耐³・耐寒・耐震・耐乏	
タイ	怠	怠惰・怠慢・倦(ケン)怠▼	
タイ	胎	胎児⁴・受胎³・母胎・胎教・胎動・胎盤	
タイ	泰	泰然⁴・泰斗・安泰³・泰山³・泰西・泰平³・泰然自若⁴²⑥・泰山北斗¹²・天下泰平¹¹³	「泰平」は,「太平」とも。 「泰斗」は,「泰山北斗」の略。
タイ	袋	風袋²□・郵袋⁶□・有袋類³□⁴	
タイ	逮	逮捕・逮夜²	
タイ	替	代替³・交替²	
タイ	滞	滞在³・滞貨⁴・沈滞・滞空¹・滞日¹・滞納⁶・延滞⁶・渋滞・遅滞・停滞⁵	
タイ	堆	堆積⁴・堆土¹・堆肥⁵	
タイ	戴	戴冠・頂戴⁶・推戴⁶・戴冠式³・不倶(グ)戴天⁴▼¹	
ダイ	大	大小¹¹・大胆¹¹・拡大¹・大学⁶¹・大工¹・大根¹¹・大事¹・大臣¹⁴・大地¹²・大仏¹⁵・大名¹¹・偉大¹・遠大⁵¹・過大⁴¹・巨大³¹・最大¹²¹・重大¹⁶¹・大同小異・大胆不敵	
ダイ	代³	代理³²・世代³³・現代³³・代案³⁴・代価³³・代官³⁴・代金³⁴・代行³・代償³⁵・代筆³⁴・代表³³・代弁³⁵・代用³³・古代⁵³・時代⁵³・年代・歴代³・代議士³⁴⁵	
ダイ	台²	台地²・灯台³・一台²・台形²⁴・台座²・台紙²・台帳²・台所²・台本²・縁台・鏡台⁴²・寝台⁴²・土台・荷台²・天文台¹¹²・時計台²²²・踏み台²	「時計」は,小学校で学習する付表の語。
ダイ	第³	第一³³・第三者³³・及第³³・落第³¹・第一線³③³・式次第³¹³・第一人者³¹³・第三次産業¹³⁴	

音訓	漢字	用例	備考
ダイ	題	題名・問題・出題・題材・題目・演題・課題・仮題・議題・主題・宿題・難題・表題・本題・例題・話題・題を出す	
<u>ダイ</u>	内	内裏・参内・境内	
<u>ダイ</u>	弟	兄弟・義兄弟	
たい-ら	平ら	平らな土地・平らにする・底が平らだ	
た-える	絶える	息が絶える・音信が絶える・絶え果てる	
た-える	耐える	重圧に耐える・寒さに耐える・耐え忍ぶ	↔堪える
た-える	堪える	任に堪える・鑑賞に堪える・遺憾に堪えない	↔耐える
たお-す	倒す	押し倒す・切り倒す・投げ倒す・踏み倒す・木を倒す・敵を倒す	
たお-れる	倒れる	共倒れ・木が倒れる・過労で倒れる・内閣が倒れる・凶弾に倒れる	
たか	高	売上高・石高・残高・生産高・出来高・水揚げ高	たかをくくる・たかが知れる
たか-い	高い	高台・高潮・高値・高島田・高鳴る・高波・高跳び・高飛び・高望み・高飛車	
たが-い	互い	互いに・互いちがい・お互い・お互いさま	
たか-まる	高まる	高まり・関心が高まる・意識が高まる	
たか-める	高める	圧力を高める・機能を高める	
たがや-す	耕す	田畑を耕す・耕した土地	
たから	宝	宝船・宝箱・宝物・宝くじ・国の宝	
たき	滝	滝つぼ・白糸の滝	
たきぎ	薪	薪能・薪を拾う	
タク	宅	宅地・自宅・帰宅・在宅・住宅・邸宅・宅配便	
タク	択	選択・採択・二者択一	
タク	沢	光沢・潤沢・沼沢	
タク	卓	卓越・卓球・食卓・卓見・卓上・卓説・卓絶・卓抜・一卓・円卓・卓を囲む	
タク	拓	拓本・開拓・拓殖・干拓・魚拓	
タク	託	託宣・委託・結託・託送・嘱託・信託・託児所・伝言を託す	
タク	濯	洗濯	
<u>タク</u>	度	支度	「支度」は,「仕度」とも。
た-く	炊く	水炊き・煮炊き・炊き出し・ご飯を炊く	落ち葉をたく・香をたく

音訓	漢字	用　例	備　考
ダク	諾	諾否⁶・承諾⁶・快諾⁴・許諾⁵・受諾³・唯々諾々□	
ダク	濁	濁流³・濁音¹・清濁⁴・濁水¹・濁点²・混濁¹・白濁¹・清濁併せのむ⁴	
だ-く	抱く	抱き合わせ²・抱き込む・抱き締める・赤ん坊を抱く¹・胸に抱く⁶	
たぐ-い	類い	とんぼの類い⁴・類いまれな才能⁴²⁵	
たく-み	巧み	巧みな術⁵・言葉巧みに²・巧みを凝らす³	
たくわ-える	蓄える	食糧を蓄える²・お金を蓄える¹	ひげをたくわえる
たけ	竹	竹やぶ¹・さお竹¹・竹馬¹²・竹筒¹・青竹¹・竹細工¹²・竹矢来¹²²・竹を割ったような性格⁵⁵	たけのこ
たけ	丈	背丈⁶・身の丈³・着物の丈³³・丈が高い²	思いのたけをうち明ける
たけ	岳	○○岳	
たし-か	確か	確かだ⁵・確かさ⁵・確かに⁵・確かな学力⁵・人間は確かだ¹²⁵	たしか千円だ・たしか彼のものだ
たし-かめる	確かめる	事実を確かめる³³⁵	
た-す	足す	用を足す²・生活の足しにする¹²	たし算・2たす3は5
だ-す	出す	生み出す¹・思い出す¹・投げ出す¹・逃げ出す¹・抜け出す¹・外に出す²・手紙を出す¹・力を出す²¹・答えを出す¹²	降りだす・泣きだす・笑いだす［～し始める，の意］・見いだす
たす-かる	助かる	大助かり³・命が助かる⁵²・費用が助かる³	
たす-ける	助ける	助け合い³・手助け¹・人を助ける¹³・暮らしを助ける⁶³	
たずさ-える	携える	荷物を携える³³・手を携える¹	
たずさ-わる	携わる	教育に携わる²³・農業に携わる³³	
たず-ねる	訪ねる	知人を訪ねる²¹⁶・史跡を訪ねる⁵¹⁶	↔尋ねる
たず-ねる	尋ねる	尋ね人¹・道を尋ねる¹³・専門家に尋ねる⁶²²	↔訪ねる
たたか-う	戦う	敵と戦う⁴・武器をとって戦う⁵⁴・グラウンドで戦う⁴	↔闘う
たたか-う	闘う	病気と闘う⁴・ストライキで闘う¹	↔戦う
ただ-し	但し	但し書き²	ただし，雨天の場合は中止する［接続詞は仮名書きが一般的。］
ただ-しい	正しい	正しさ・正しい行い・正しい姿勢⁶⁵	
ただ-す	正す	誤りを正す⁶¹・姿勢を正す⁶⁵・襟を正す¹	
ただ-ちに	直ちに	直ちに実行する²³²・直ちに出発した²¹³	
たたみ	畳	畳表³・青畳¹・畳替え	
たた-む	畳む	折り畳み⁴	傘をたたむ・店をたたむ・着物をたたむ・たたみかける

音訓	漢字	用例	備考
ただよ-う	漂う	波間に漂う・花の香りが漂う	
タツ	達	達人・調達・伝達・達観・達成・達筆・栄達・上達・先達・速達・通達・到達・配達・発達・練達・上意下達	
た-つ	立つ	立つ瀬・立て札・役立つ・立ち直る・立ち並ぶ・立ち向かう・立ち寄る・柱が立つ・演壇に立つ・腹が立つ	↔建つ 人目にたつ・月日がたつ・時間がたつ・朝早くたつ
た-つ	建つ	家が建つ・記念碑が建つ	↔立つ
た-つ	断つ	塩断ち・酒を断つ・退路を断つ	↔裁つ・絶つ
た-つ	裁つ	裁ち物・裁ちばさみ・布を裁つ	↔絶つ・断つ
た-つ	絶つ	命を絶つ・消息を絶つ・交信を絶つ	↔裁つ・断つ
たつ	竜	竜巻・竜の模様	
ダツ	脱	脱衣・脱出・虚脱・脱却・脱稿・脱獄・脱穀・脱水・脱税・脱線・脱走・脱退・脱皮・脱帽・脱毛・脱落・逸脱・脱脂綿	
ダツ	奪	奪回・奪取・争奪・奪還・強奪・略奪・生殺与奪	
たっと-い	尊い	尊い教え・人命は尊い	↔貴い
たっと-い	貴い	貴い身分	↔尊い
たっと-ぶ	尊ぶ	神仏を尊ぶ・平和を尊ぶ	↔貴ぶ
たっと-ぶ	貴ぶ	お言葉を貴ぶ	↔尊ぶ
たて	縦	縦書き・縦じま・縦割り・縦に裂く	
たて	盾	後ろ盾・盾と矛・法律を盾にして	
たてまつ-る	奉る	名馬を奉る・会長に奉られる	
た-てる	立てる	立て札・立て看板・柱を立てる・旗を立てる・顔を立てる・腹を立てる・代理を立てる	↔建てる 音をたてる・戸をたてる・手柄をたてる・お茶をたてる
た-てる	建てる	一戸建て・二階建て・ビルを建てる	↔立てる 本音とたてまえ
たと-える	例える	例えば	たとえどうなっても・たとえ雨が降ろうと
たな	棚	戸棚・大陸棚・書棚・本棚・棚上げ・棚卸し・棚ざらえ・棚をつる	
たに	谷	谷川・谷底・谷間・気圧の谷	
たね	種	菜種・一粒種・種油・種芋・種本・種をまく・種を明かす	
たの-しい	楽しい	楽しさ・楽しげだ・楽しがる・楽しいお話・ダンスは楽しい	
たの-しむ	楽しむ	楽しみ・音楽を楽しむ・人生を楽しむ	
たの-む	頼む	頼み・用を頼む・助力を頼む・頼みの綱	

音訓	漢字	用例	備考
たの-もしい	頼もしい	頼もしい若者・末頼もしい	
たば	束	花束・束ねる・古新聞を束にする	
たび	度	度重なる	「たびたび・ひとたび・いくたび・このたび」など、仮名書きが多い。
たび	旅	旅先・船旅・旅心・旅路・旅人・旅芸人・旅支度・旅立ち・旅の空・旅に出る・汽車の旅・旅は道連れ世は情け	「旅支度」は、「旅仕度」とも。
た-べる	食べる	食べ物・食べ盛り・食べず嫌い・ご飯を食べる・食べていくのは苦しい	
たま	玉	目玉・親玉・手玉・水玉・玉砂利・玉突き・玉手箱・玉虫色・うどんの玉・そろばんの玉・玉にきず・玉のこし	↔球・弾 「砂利」は、中学校で学習する付表の語。
たま	球	球足・球を投げる・ピンポン球	↔玉・弾
たま	弾	弾を撃つ・鉄砲の弾	↔玉・球
たま	霊	霊屋・御(み)霊	
たまご	卵	生卵・卵焼き・魚の卵・医者の卵	「卵焼き」は、「玉子焼き」とも。
たましい	魂	負けじ魂・面魂・魂をこめる・祖先の魂	
だま-る	黙る	黙りこむ・黙りこくる・黙って本を読む	
たまわ-る	賜る	お褒めの言葉を賜る	
たみ	民	民の声・遊牧の民	
ため-す	試す	試し・力を試す・試しにやってみる	時間を守ったためしがない
た-める	矯める	矯め直す・角を矯めて牛を殺す	
たも-つ	保つ	一定に保つ・秩序を保つ・面目を保つ	
た-やす	絶やす	火を絶やす・笑みを絶やさない	
たよ-り	便り	初便り・花便り・便りが届く・風の便り	
たよ-る	頼る	頼りない・頼りがい・人に頼る	
た-らす	垂らす	滴を垂らす・釣り糸を垂らす	
た-りる	足りる	お金が足りる・用が足りる	
た-る	足る	尊敬するに足る・足るを知る	
だれ	誰	誰一人・行くのは誰か・誰もいない	「一人」は、小学校で学習する付表の語。
た-れる	垂れる	雨垂れ・垂れ幕・垂れ流し・水が垂れる・範を垂れる	焼き肉のたれ
たわむ-れる	戯れる	戯れ・犬と戯れる・戯れに言う	

音訓	漢字	用例	備考
たわら	俵⁶	米²俵⁶・炭³俵⁶	
タン	担⁶	担⁶当²・担⁶架・負²担⁶・担⁶任⁶・担⁶保⁵・分²担⁶	担架←担荷(×)
タン	単⁴	単⁴独⁵・単⁴位²・簡⁶単⁴・単⁴一・単⁴価⁵・単⁴元²・単⁴語⁴・単⁴身³・単⁴数²・単⁴線²・単⁴調³・単⁴発³・単⁴品³・単⁴行本・単⁴細胞⁶・単⁴純明快	
タン	炭³	炭³鉱⁵・木¹炭³・石³炭³・炭³化³・炭³坑⁵・炭³酸²・炭³素・炭³田⁵・採⁵炭³・泥□炭³・豆³炭³・炭³酸²水¹・一⁵酸²化³炭³素³・塗炭³の苦³しみ	
タン	探⁶	探⁶求⁴・探⁶訪⁶・探⁶知²・探⁶究⁶・探⁶検⁵・探⁶査⁵・探⁶索・探⁶勝⁶・探⁶偵小¹説⁴	「探検」は,「探険」とも。平和の探求↔探究心・生命の探究
タン	短³	短³歌²・短³所⁴・長短³・短³気³・短³期⁵・短³剣・短³冊⑥・短³縮⁶・短³大・短³刀²・短³波³・短³文¹・短³編⁵・短³評⁵・短³命³・短³絡⁴・最⁴短³・短³距³離	
タン	誕⁶	誕⁶生¹・生¹誕⁶・降⁶誕⁶祭³	
タン	丹	丹⁴念・丹⁵精	
タン	胆	大¹胆³・落³胆・魂胆・胆汁・胆石・胆¹力・豪胆	
タン	淡	淡³水・濃淡・冷⁴淡・淡⁴彩・淡²色・淡泊・枯淡・平³淡・淡⁶紅²色	
タン	嘆	嘆³息・嘆³願・驚嘆・嘆賞・嘆声・詠嘆・慨嘆・感³嘆・賛嘆・愁嘆・悲³嘆	
タン	端	端¹正・末⁴端・極⁴端²・端⁴午・端緒⁶・端⁴座・端⁴然・端⁴的・端末⑥・舌端・突③端・発端④・最先端⁵⁶・容姿端麗⁵⁵・準備万端②・端を発する	「端緒」は,「タンショ・タンチョ」。
タン	鍛	鍛錬・鍛⁵造	「鍛錬」は,「鍛練」とも。
タン	旦	元²旦	
タン	綻	破⁵綻	
<u>タン</u>	反③	反③物³・一³反③の布⁵地²・一³反③の畑³	
<u>タン</u>	壇□	土¹壇□場²	
ダン	団	団⁵結⁴・団⁵地²・集³団⁵・団⁵員⁵・団⁵塊・団⁵交⁵・団⁵体²・団⁵長⁶・楽²団⁵・劇⁵団⁵・公²団⁵・財⁵団⁵・寒⁵気⁴団⁵・青年団⁵・団⁵の規約	
ダン	男¹	男¹子¹・男¹女¹・男¹性³・男¹児²・男¹爵・男¹装⁶・男¹優⁵・快男¹児⁴・好男¹子¹・男¹女¹同¹権²	
ダン	段⁶	段⁶落³・階³段⁶・手¹段⁶・段⁶位⁴・段⁶階³・段⁶差⁶・石³段⁶・格⁵段⁶・算²段⁶・上²段⁶・数²段⁶・中¹段⁶・値⁶段⁶・別⁴段⁶・一段⁶と・一段⁶二段⁶	ふだんの行い・ふだん着
ダン	断⁵	断⁵絶⁵・断⁵定⁵・判³断⁵・断⁵崖・断⁵言⁵・断⁵固・断⁵行⁵・断⁵食②・断⁵水¹・断⁵続⁴・断⁵念⁵・断⁵髪⑥・断⁵片⁵・断⁵面³・決²断⁵・診²断⁵・切²断⁵・断⁵を下す	断崖→断崖絶壁
ダン	暖⁶	暖⁶流³・暖⁶房³・温³暖⁶・暖⁶色⁶・暖⁶冬⁶・暖⁶炉⁶・寒⁵暖⁶・暖⁶をとる・飽食暖⁶衣	
ダン	談³	談³話³・談³判⁵・相³談³・談³合⁴・談³笑④・縁談³・会²談³・怪⁴談³・歓談³・懇談³・座⁶談³・雑³談³・冗⁶談³・対³談³・面³談³・体²験⁴談³・談³論⁴風³発	

音訓	漢字	用例	備考
ダン	弾	弾力・弾圧・爆弾・弾劾・弾丸・弾性・弾奏・弾頭・弾道・弾薬・糾弾・実弾・銃弾・砲弾・連弾	
ダン	壇	壇上・花壇・文壇・演壇・教壇・祭壇・登壇・俳壇・論壇・独壇場・壇に上がる	
ダン	旦	旦那	
チ	地	地下・天地・境地・地位・地域・地価・地殻・地球・地区・地形・地質・地上・地図・地勢・地帯・地熱・地方・地名・現地	「地熱」は,「ジネツ」とも。
チ	池	貯水池・電池・乾電池・浄水池・蓄電池・遊水池	
チ	知	知識・知人・通知・知恵・知覚・知己・知遇・知事・知性・知能・知力・機知・旧知・周知・衆知・熟知・未知・無知	「周知」は,広く知れわたること。↔「衆知」は,多くの人々の知恵のこと。
チ	治	治安・治水・自治・治山・治世・治癒・治療・全治・統治・自治体・法治国家	
チ	値	価値・数値・絶対値・測定値	
チ	置	位置・放置・処置・安置・拘置・常置・設置・措置・装置・配置・留置場	
チ	恥	恥辱・無恥・破廉恥・羞恥	
チ	致	誘致・合致・風致・致死・一致・極致・招致・筆致・致命傷・一致・団結・言文一致	
チ	遅	遅延・遅刻・遅速・遅参・遅滞・遅配・遅筆・遅々として	
チ	痴	痴情・愚痴・痴漢・痴態・痴話・音痴	
チ	稚	稚魚・稚拙・幼稚・稚気	
チ	緻	緻密・精緻・巧緻	
チ	質	言質	
ち	千	千草・千々に・千鳥・千代・千代紙	
ち	血	鼻血・血潮・血眼・血豆・血走る・血祭り・血まみれ・血迷う・血みどろ・血を流す	
ち	乳	乳房・乳飲み子・乳兄弟・乳離れ	
ちい-さい	小さい	小さな・小さい花・音が小さい・気が小さい	
ちか-い	近い	近づく・近道・近頃・近しい・近寄る・駅に近い・春が近い・近い親類	百人ちかくの参会者・ちかぢかお伺いします
ちか-う	誓う	誓い・神に誓う・心に誓う・誓いの言葉	
ちが-う	違う	入れ違い・違い棚・相手が違う・考えが違う・答えが違う	～にちがいない

音訓	漢字	用例	備考
ちが-える	違える	差し違え・聞き違え・順番を違える	
ちから	力	力仕事・底力・力水・力業・力添え・力試し・力負け	
ちぎ-る	契る	契り・来世を契る・契りを結ぶ	
チク	竹	竹林・竹馬の友・爆竹・竹簡・破竹の勢い	
チク	築	築港・建築・改築・築城・築造・築庭・構築・新築	
チク	畜	畜産・牧畜・家畜・畜舎・畜生・鬼畜	
チク	逐	逐次・逐一・駆逐・逐電・放逐・逐語訳	↔遂
チク	蓄	蓄積・蓄電池・貯蓄・蓄財・含蓄	
ちち	父	父親・父上・父方・私の父・義理の父・近代医学の父	
ちち	乳	乳臭い・牛の乳・乳搾り	
ちぢ-まる	縮まる	差が縮まる・命が縮まる	
ちぢ-む	縮む	伸び縮み・寿命が縮む・身の縮む思い	
ちぢ-める	縮める	差を縮める・命を縮める・首を縮める	
ちぢ-らす	縮らす	縮らせた麺・布を縮らす	
ちぢ-れる	縮れる	縮れ毛・髪が縮れる・布が縮れる	
チツ	秩	秩序	
チツ	窒	窒息・窒素	
チャ	茶	茶色・茶番劇・番茶・茶会・茶室・茶店・茶屋・新茶・粗茶・麦茶・茶菓子	
チャク	着	着用・着手・土着・着衣・着眼・着工・着実・着色・着席・着想・着服・着任・着目・着陸・決着・定着・愛着・執着・頓着	「愛着・執着・頓着」は,「アイジャク・シュウジャク・トンジャク」とも。
チャク	嫡	嫡子・嫡流・嫡嗣・嫡出・嫡男・廃嫡	
チュウ	中	中央・中毒・胸中・中華・中間・中継・中止・中秋・中傷・中心・中段・中途・中腹・中庸・中流・渦中・的中・命中	「中秋」は,「仲秋」とも。
チュウ	仲	仲介・仲裁・伯仲・仲秋	「仲秋」は,「中秋」とも。
チュウ	虫	虫類・幼虫・害虫・虫害・虫垂・益虫・回虫・昆虫・成虫・寄生虫	
チュウ	宙	宙返り・宇宙・宙ぶらりん・宙に浮く	「宙ぶらりん」は,「中ぶらりん」とも。
チュウ	忠	忠実・忠勤・誠忠・忠義・忠孝・忠告・忠臣・忠誠・不忠・忠を尽くす	
チュウ	注	注入・注意・発注・注解・注記・注視・注射・注釈・注進・注目・注文・脚注・受注・頭注・傍注・注をつける	

音訓	漢字	用 例	備 考
チュウ	昼²	昼夜²²・昼食²²・白昼¹²・昼間²²・昼夜兼行²²²²	「昼間」は、「ひるま」とも。
チュウ	柱³	支柱⁵³・円柱¹³・電柱³¹・柱石・鉄柱・門柱²³	
チュウ	沖④	沖積層④⁴⁶・沖天④¹・沖する④・沖積平野④⁴³²	
チュウ	抽	抽出¹・抽象・抽選⁴	
チュウ	衷	衷心²・折衷・苦衷⁵・衷情³³・和洋折衷³³⁴	
チュウ	鋳	鋳造・鋳鉄³・改鋳⁴・鋳金¹	
チュウ	駐	駐車・駐在³・進駐¹・駐日・駐留⁵・常駐	
チュウ	酎	焼酎④	
チョ	著⁶	著名⁶¹・著作⁶²・顕著⁶・著者⁶³・著述⁶⁵・著書⁶²・著大⁶¹・共著⁴⁶	
チョ	貯⁵	貯蓄⁵・貯金⁵¹・貯水池⁵¹²・貯蔵⁵⁶・貯炭⁵⁵	
チョ	緒	情緒⁵・端緒	「情緒」は、「ジョウショ」とも。「端緒」は、「タンショ」とも。
チョウ	丁³	丁数³²・落丁³³・二丁目¹³¹・丁半³²・符丁³・乱丁⁶³・豆腐一丁³¹³・丁か半か³²	ちょうどよい
チョウ	庁⁶	庁舎⁶⁶・官庁・県庁・省庁・都庁・気象庁	
チョウ	兆⁴	兆候⁴・前兆⁴・億兆⁴・吉兆・一兆円¹⁴¹	
チョウ	町¹	町会¹²・市町村²¹¹・町政¹²・町税・町長¹²・町内¹¹・町人¹¹・一町歩¹¹②・一里は三十六町¹²¹・¹¹¹	
チョウ	長²	長女²¹・長所²³・成長⁴²・長音²¹・長官²⁴・長期²³・長兄²②・長寿²・長足²¹・長身²³・長短²³・長命・駅長・課長¹²・局長¹²・生長¹²・年長・一家の長¹²²	「成長」は、人や動物の場合。また「経済成長・成長産業」など。↔「生長」は、植物の場合。長短→一長一短
チョウ	重³	重畳³・慎重⁶³・貴重³⁵・重複³⁶・重宝³³・軽重²³・自重²³・荘重・尊重³・珍重③³・丁重・偏重	「重複」は、「ジュウフク」とも。
チョウ	帳³	帳面³³・帳簿・通帳²³・帳場³³・開帳²³・記帳²³・台帳¹³・手帳・日記帳¹²³	
チョウ	張⁵	張力⁵・拡張⁶⁵・主張³⁵・開帳・緊張⁵・誇張⁵・出張¹⁵・伸張・膨張⁵	
チョウ	頂⁶	頂上⁶¹・頂点⁶²・絶頂⁵⁶・山頂³⁶・登頂⁵⁶・仏頂面③	
チョウ	鳥²	鳥類²⁴・野鳥²²・一石二鳥¹¹¹²・鳥獣²・愛鳥⁴⁵²・益鳥⁴²・害鳥・白鳥¹²・花鳥風月¹²²¹	
チョウ	朝²	朝食²²・早朝¹²・朝会²²・朝刊²⁵・朝夕①・朝廷²・朝敵・朝野²・朝礼³¹²・王朝・帰朝²²・明朝・翌朝⁶²・平安朝⁶²⑥・朝三暮四¹²④⑥・朝令暮改	朝夕→一朝一夕
チョウ	腸⁶	腸炎⁶¹・大腸¹⁶・胃腸²⁶・腸壁⁶・小腸³⁶・直腸⁶・腸詰め⁶⁶③・十二指腸¹¹³⁶・断腸の思い⁵⁶²・腸が痛い	
チョウ	潮⁶	潮流⁶³・満潮⁴⁶・風潮²⁶・干潮⁶⁶・思潮²⁶・紅潮⁶⁶・最高潮⁴²⁶	

音訓	漢字	用例	備考
チョウ	調[3]	調[3]和・調[3]査・好[5]調・調[4]合・調[3]剤・調[2]子・調[3]整・調[3]節・調[3]達・調[3]停・調[3]度・哀[5]調・音[1]調・快[5]調・基[3]調・協[2]調・語[3]調・順[3]調	
チョウ	弔	弔[3]問・弔[3]辞・慶[3]弔・弔[3]意・弔[3]旗・弔[3]事・弔[3]電・弔[3]文・弔[1]慰金	
チョウ	挑	挑[3]戦・挑[3]発	
チョウ	彫	彫[6]刻・彫[4]塑・木[1]彫・彫[5]金・彫[5]像	
チョウ	眺	眺[4]望	
チョウ	釣	釣[4]果・釣[2]魚・釣艇	
チョウ	超	超[3]越・超[5]過・入[1]超・超[5]人・超[4]絶・超[1]然・出[5]超・超[4]音波・超[4,3]特急・超[4,3]満員・超[5,5]絶技巧	
チョウ	跳	跳[2]躍・跳馬・跳梁▼（リョウ）	
チョウ	徴	徴[6]収・特[4]徴・象[5]徴・徴[4]候・徴[3]集・徴[3]税・徴[3]発・徴[4]兵・徴[2]用・追[3]徴	「徴候」は，「兆候」とも。 会費の徴収↔兵の徴集
チョウ	澄	清[4]澄・澄[2]明・明[2]澄	
チョウ	聴	聴[4]覚・聴[6]衆・傍[5]聴・聴[4]講・聴[3]取・聴[2]聞・聴[1]力・謹[4]聴・傾[2]聴・聴[4]診器・視[6,3]聴者	
チョウ	懲	懲[4]罰・懲[3]戒・懲[③]役・勧[6,3]善懲悪	
チョウ	貼	貼[4]付	「貼付」は，「テンプ」とも。
チョウ	嘲	嘲[④]笑・自[2]嘲・嘲弄	
チョク	直[2]	直[2,1]立・直[2,5]接・実[2,2]直・直[2,5]営・直[2,2]角・直[2,3]感・直[2,4]観・直[2,3]球・直[2,4]径・直[2,4]結・直[2,2]後・直[2,3]進・直[2,2]線・宿[5]直・垂[6,2]直・率[⑤]直・当[2]直・日[2,1]直・直[2,1,4,3]立不動	直感がはたらく↔直観による理解
チョク	勅	勅[2]語・勅[2]使・詔[2]勅・勅[3]命	
チョク	捗	進[3]捗・進[3,5]捗状況	
ち-らかす	散[4]らかす	室[2,2]内を散[4]らかす	
ち-らかる	散[4]らかる	衣[4,3]服が散[4]らかる	
ち-らす	散[4]らす	花[1]を散[4]らす・紙[2]が散[4]らばる	ちらしを配る・ちらしずし
ち-る	散[4]る	桜[5]が散[4]る・気[1]が散[4]る	雪がちらつく
チン	賃[6]	賃[6,1]金・賃[6,1]上げ・運[3]賃・賃[6,⑤]貸・工[2]賃・船[2]賃・無[4]賃・家[2]賃・木[1,6,3]賃宿・手[2,6]間賃	
チン	沈	沈[2]滞・沈[4]黙・浮[3]沈・沈[6]思・沈[2]静・沈[4]着・沈[3]痛・沈[1]殿・沈[3]没・撃[1]沈・沈[2]思黙[2]考・沈[3,4,4]着冷静・意[3,1,3]気消沈	
チン	珍	珍[2]客・珍[3]重・珍[4]妙・珍[3]奇・珍[3]事・珍[3]談・珍[3]品・珍[3]味・袖珍本	
チン	朕	朕	［天皇の自称］

音訓	漢字	用例	備考
チン	陳	陳列³・陳謝⁵・開陳³・陳述⁵・陳情⁵・陳腐²・新陳代謝³⁵	
チン	鎮	鎮座⁶・鎮静⁴・重鎮³・鎮圧⁵・鎮火¹・鎮守³・文鎮¹・鎮魂歌²・鎮痛剤⁶	
ツ	都³	都合³²	そのつど考える
ツ	通②	通夜②²	
つ	津	津波³・津々浦々	
ツイ	対³	対句③⁵・一対¹③・対をなす③	
ツイ	追³	追跡³・追放³・訴追³・追憶³・追加³⁴・追及³・追求³⁴・追究³・追撃³³・追試³・追従³⁶・追伸³・追随³・追想³・追悼³・追突³・追体験³²⁴	「追従（ツイジュウ）」は，まね従うこと。「ツイショウ」と読むと，おべっかを使うこと。責任の追及↔幸福の追求↔真理の追究
ツイ	墜	墜落³・墜死³・撃墜³・失墜⁴	
ツイ	椎	椎間板²³・脊椎	
つい-える	費える⑤	財産が費える⁵⁴・費えがかさむ⑤	
つい-やす	費やす⑤	大金を費やす¹¹⑤・時間を費やす²²⑤	
ツウ	通²	通行²²・通読³・普通³・通貨²・通過²⁴・通学²・通暁²¹・通勤²□・通告²⁶・通算²⁵・通称²²・通商²・通常²・通信²・通説²・通年²・開通²・共通	
ツウ	痛⁶	痛快⁶⁵・苦痛³・心痛²⁶・痛飲²・痛覚⁶⁴・痛切⁶²・痛風⁶²・痛烈⁶・痛論⁶⁶・激痛⁶⁶・頭痛²・沈痛⁶・鈍痛⁶・悲痛²・腹痛³・鎮痛剤	
つか	塚	貝塚¹・一里塚¹²・塚を築く⁵	
つか-う	使う³	使い³・使い道³・使い走り³・使い勝手³¹・魔法使い⁴³・車を使う¹・ペンを使う³・英語を使う³	↔遣う
つか-う	遣う	仮名遣い⁵¹	↔使う 息づかい・言葉づかい・気をつかう 「仮名」は，中学校で学習する付表の語。
つか-える	仕える³	宮仕え³³・神に仕える³・宮中に仕える³¹³	
つ-かす	尽かす	愛想を尽かす⁴③	
つか-まえる	捕まえる	犯人を捕まえる⁵¹・虫を捕まえる¹	
つか-まる	捕まる	犯人が捕まる⁵¹	手すりにつかまる・友人につかまる
つ-かる	漬かる	大根が漬かる¹³	水につかる
つか-れる	疲れる	疲れ¹・疲れ目¹・気疲れ¹	
つか-わす	遣わす	使者を遣わす³³	
つき	月¹	月見¹¹・三日月¹¹・月日¹²・月夜²¹・毎月¹¹・夕月¹・月ぎめ¹・月が出る¹・月を越す	

音訓	漢字	用 例	備 考
つぎ	次	次に・次々と・次の人・次から次	
つ-きる	尽きる	尽き果てる・燃え尽きる・蓄えが尽きる・力が尽きる・花は桜に尽きる	
つ-く	付く	付き添い	↔着く・就く 複合語以外は仮名書きが一般的。
つ-く	就く	職に就く・床に就く	↔着く・付く 先生について習う
つ-く	着く	船着き場・駅に着く・手紙が着く・席に着く	↔付く・就く 位置につく・足がつかない
つ-く	突く	ひと突き・突き上げる・突き当たる・突き落とす・突き刺す・突き通す・突き飛ばす・突き放す・針で突く	つきつめる・つきとめる
つ-ぐ	次ぐ	昨年に次ぐ豊作・事件があい次ぐ	↔継ぐ 次いで立ち上がったAさん↔事のついでに
つ-ぐ	接ぐ	接ぎ木・骨接ぎ・木を接ぐ・骨を接ぐ	↔継ぐ
つ-ぐ	継ぐ	継ぎ目・受け継ぐ・引き継ぐ・語り継ぐ・跡を継ぐ・家業を継ぐ・遺志を継ぐ	↔接ぐ・次ぐ
つくえ	机	事務机・勉強机・机に向かう	
つ-くす	尽くす	力を尽くす・手を尽くす・議論を尽くす	食べつくす・言いつくす・知りつくす［接尾語的に使う場合］
つぐな-う	償う	償い・罪を償う	
つく-る	作る	作り・作り方・作り事・作り話・作り物・料理を作る・野菜を作る・規則を作る・列を作る・話を作る	
つく-る	造る	家を造る・酒を造る・船を造る	↔作る・創る
つく-る	創る	学校を創る・新しい文化を創る・画期的な商品を創り出す	↔作る・造る
つくろ-う	繕う	繕い・繕い物・取り繕う・破れを繕う	
つ-ける	付ける	取り付ける・受け付ける・付け焼き刃	↔着ける・就ける つけ入る・つけたす・つけ加える・気をつける・身につける
つ-ける	就ける	役職に就ける	↔着ける・付ける
つ-ける	着ける	服を身に着ける・船を岸に着ける	↔付ける・就ける
つ-ける	漬ける	漬け物・大根を漬ける	水につける
つ-げる	告げる	告げ口・お告げ・全員に告げる・時刻を告げる	
つた-う	伝う	雨どいを伝って落ちる	
つた-える	伝える	言い伝え・伝え聞く・熱を伝える・ニュースを伝える・よろしくお伝えください	

音訓	漢字	用　例	備　考
つたな-い	拙い	拙い文・拙い芸	
つた-わる	伝わる	熱が伝わる・ニュースが伝わる・村に伝わる・外国から伝わる	
つち	土	赤土・土いじり・土気色・黒土・異国の土	
つちか-う	培う	健全な精神を培う	
つつ	筒	筒抜け・筒先・茶筒・竹の筒	
つづ-く	続く	続き・続き柄・続き物・道が続く・体力が続く・事故が続く・あとに続く	
つづ-ける	続ける	続けざまに・～し続ける・練習を続ける・続けて話す	
つつし-む	慎む	慎み・慎み深い・行いを慎む・酒を慎む	↔謹む
つつし-む	謹む	謹んで聞く・謹んでお受けします	↔慎む
つつみ	堤	堤を造る	
つづみ	鼓	小鼓・舌鼓・腹鼓・鼓を打つ	
つつ-む	包む	包み・包み紙・包み隠す・本を包む・お祝いを包む	胸につつむ・霧につつまれる
つど-う	集う	集い・広場に集う	
つと-まる	勤まる	仕事が勤まるか不安だ	↔務まる
つと-まる	務まる	主役は務まらないだろう・会長が務まる	↔勤まる
つと-める	努める	解決に努める・泣くまいと努める	↔勤める・務める　つとめて平静を装う　[一般的には仮名書きが多い。]
つと-める	務める	議長を務める・人間としての務め	↔勤める・努める
つと-める	勤める	勤め口・勤め先・勤め人・会社に勤める	↔努める・務める
つな	綱	横綱・綱引き・綱渡り・命の綱・頼みの綱・綱をはる	
つね	常	常に・常々・～を常とする・常のごとく	
つの	角	角笛・牛の角・角を生やす・角を折る・角を隠す	
つの-る	募る	人を募る・思いが募る	
つば	唾	眉唾・生唾・唾を吐く・唾をつける・唾する	「唾」は、「つばき」とも。
つばさ	翼	翼を広げる・飛行機の翼	
つぶ	粒	豆粒・雨粒・小粒・米粒・粒より・粒ぞろい・粒が小さい・一粒二粒	
つぶ-す	潰す	踏み潰す・じゃがいもを潰す・身上を潰す	時間をつぶす
つぶ-れる	潰れる	箱が潰れる・足のまめが潰れる	半日つぶれる・胸がつぶれそうな

音訓	漢字	用　例	備　考
つぼ	坪	坪数・建て坪・坪庭・一坪二坪	
つま	妻	人妻・新妻・切り妻・妻と子	
つま	爪	爪先・爪弾く・爪先上がり・爪先立つ	
つ-まる	詰まる	パイプが詰まる	仮名書きが多い。
つみ	罪	罪深い・罪作り・罪滅ぼし・罪を犯す・罪に服す・罪を問う	
つ-む	積む	下積み・積み木・積み荷・積み替え・積み出し・積み立て・積み残し・上に積む・金を積む・荷物を積む	
つ-む	詰む	詰み・目の詰んだ生地・一手で王を詰む	
つ-む	摘む	摘み草・花を摘む・茶を摘む	
つむ-ぐ	紡ぐ	糸を紡ぐ	
つめ	爪	生爪・爪痕・爪を切る・爪に火をともす・爪の垢（あか）を煎じて飲む	
つめ-たい	冷たい	冷たさ・水が冷たい・冷たく扱う	
つ-める	詰める	詰め物・缶詰め・瓶詰め・詰め襟・詰め腹・詰め合わせ	問いつめる・思いつめる・一日中つめて働く［複合語の名詞以外は仮名書きが多い。］
つ-もる	積もる	見積もり・雪が積もる・積もる話	〜するつもり・そんなつもりではない
つや	艶	色艶・艶消し・艶やか・艶っぽい・艶のある髪の毛・あの人は艶がある	
つゆ	露	夜露・朝露・露払い・露にぬれる・露と消える	そんなこととはつゆ知らず・つゆほどもない
つよ-い	強い	強がる・強気・強火・強み・強がり・力が強い・気が強い・僕は国語が強い	
つよ-まる	強まる	風雨が強まる・反感が強まる	
つよ-める	強める	自信を強める・語気を強める	
つら	面	面魂・鼻面・面あて・面の皮・面汚し・紳士面・仏頂面	
つら-なる	連なる	山が連なる・末席に連なる	
つらぬ-く	貫く	矢が貫く・主張を貫く	
つら-ねる	連ねる	名前を連ねる・車を連ねる	
つる	弦	弦音・弓の弦	
つる	鶴	千羽鶴・鶴の一声・鶴は千年亀は万年	
つ-る	釣る	釣り・釣り鐘・釣り糸・釣り具・釣り銭・釣り針・釣り舟・釣り堀・魚を釣る	つり革・つり輪・つり橋

音訓	漢字	用例	備考
つるぎ	剣	もろ刃の剣	
つーれる	連れる (4)	連れ(4)・親子連れ(2 1 4)・子どもを連れている(1)・犬を連れる(4)	～につれて
て	手 (1)	手柄(1)・素手(⑤1)・手足(1 1)・手形(1 2)・手紙(1 2)・手首(1 2)・手品(1 2)・手製(1 3)・手相(1 5)・手帳(1 3)・手配(1 3)・手袋(1 3)・手前(6 1)・相手(2 1)・裏手(3 1)・片手(1)・切手(2)・両手(3)	一歩手前↔てまえどもの店 ※「てのひら」は、本来「掌」の字が使われていて、仮名書きが望ましい。
デ	弟 (②)	弟子(② 1)	
テイ	丁	丁字路(③)・甲乙丙丁(1 3)・丁重(③)・丁寧(③)・装丁(6 ③)	
テイ	低 (4)	低級(4)・低気圧(4 1 5)・高低(3)・低温(4)・低音(4)・低下(4 1)・低空(4)・低俗(4 3)・低調(4 3)・低能(4 5)・低迷(4 ⑤)・最低(4 4)・平身低頭(3 3 4 2)	
テイ	体 (②)	体裁(② 6)・風体(2 ②)・世間体(3 2 ②)	ほうほうのてい・ていよく断る
テイ	弟 (②)	弟妹(② ②)・義弟(5 ②)・子弟(1 ②)・高弟(2 ②)・師弟(5 ②)・姉弟(② ②)・実弟(3 ②)・徒弟(4 ②)・末弟(4 ②)・門弟(2 ②)	
テイ	定 (3)	定価(3 5)・安定(3 5)・決定(3 3)・定員(3 5)・定期(3 5)・定義(3 5)・定時(3)・定住(3 5)・定着(3)・定評(3 5)・定年(3 1)・定例(3 4)・改定(3 3)・検定(3 3)・限定(3 3)・固定(3)・公定(⑥ 3)・認定(3)	「定年」は、「停年」とも。
テイ	底 (4)	底流(4 3)・海底(4 3)・到底(4)・底辺(4 3)・底本(4 3)・底面(3)・基底(4 1)・根底(4)・水底(1 4)・地底(2 4)・徹底(4)・払底(□ 4)	
テイ	庭 (3)	庭園(3 2)・校庭(1 3)・家庭(2 3)・庭球(3 3)・庭前(3 2)・石庭(1 3)	
テイ	停 (5)	停止(5 2)・停車(3 5)・調停(3 5)・停学(5 5)・停職(5 4)・停戦(5 2)・停船(5 5)・停滞(5 5)・停電(5)・停泊(5 5)・停留所(5 5 5)	
テイ	提 (5)	提供(5 6)・提案(5 4)・前提(2 5)・提起(5 3)・提議(5 4)・提携(5 5)・提言(5 2)・提示(5 5)・提出(5 1)・提唱(5 4)・提訴(5)・提督(5)	
テイ	程 (5)	程度(5 3)・日程(1 5)・過程(5 5)・課程(4 5)・規程(5 5)・行程(2 5)・工程(2 5)・道程(2 5)・里程(2 5)・方程式(2 5 3)	
テイ	呈	呈上(1 3)・進呈・贈呈・謹呈・献呈・露呈(3 2)・苦言を呈する(5 ⑤)・混迷の様相を呈する(3 3)	
テイ	廷	宮廷(3)・法廷(4)・出廷(1)・廷臣(4)・退廷(6)・朝廷(4)	
テイ	抵	抵抗・抵触・大抵(1)・抵当(2)	たいていうまくいく[仮名書きが一般的。]
テイ	邸	邸宅(6)・邸内(2)・私邸(6)・官邸(2)・公邸・豪邸(4)・別邸・○○邸	
テイ	亭	亭主(3)・料亭(4)・席亭(2)・茶亭・○○亭・亭主関白(3 4 1)	
テイ	貞	貞節(4)・不貞(4)	
テイ	帝	帝王(1)・帝国(4)・皇帝(6)・帝位(4)・帝室(2)・帝都(4)・天帝(1)	
テイ	訂	訂正(1)・改訂(4)・校訂(5)・増訂(6)・補訂	
テイ	逓	逓信(4)・逓送(4)・逓減(5)・逓増(4)	
テイ	偵	偵察(4)・探偵(6)・内偵(2)・密偵(6)	

音訓	漢字	用例	備考
テイ	堤	堤防⁵・防波堤⁵・突堤³	
テイ	艇	艦艇・舟艇⁴・競艇³・艇庫³・艇身・艇長²	
テイ	締	締結⁴・締約⁴・締盟⁶	
テイ	諦	諦観⁴・諦念⁴・要諦⁴	
デイ	泥	泥土□¹・雲泥²□・拘泥□²・泥岩□・泥酔□¹・泥水□³・泥炭□・汚泥	
テキ	的	的中⁴¹・射的⁶⁴・目的・的確²¹・科学的⁴・公的²・私的²・端的⁴・知的²⁴・動的³⁴・美的³⁴・標的⁴⁴・病的⁴⁴・画期的³²⁴・具体的²²⁴・合理的¹⁵⁴・本格的	
テキ	笛	汽笛²³・警笛²³・牧笛・鼓笛隊³⁴	
テキ	適	適切⁵²・適度⁵³・快適⁵・適応⁵・適格⁵・適確⁵・適宜⁵・適合⁵²・適性⁵・適正⁵¹・適当⁵²・適任⁵・適否⁵⁶・適用⁵・適量⁵⁴・好適⁴・最適⁵・適材適所²²⁴	医者の適性↔適正な処置
テキ	敵	敵意⁶³・匹敵⁶・敵軍⁶⁶・敵視⁶・敵襲⁶⁶・敵将⁶⁶・敵陣⁶・敵対⁶³・敵弾⁶・敵地⁶²・敵兵⁶⁴・外敵⁴²・強敵⁶・大敵²・不敵¹⁶・無敵⁴・敵をつくる	
テキ	摘	摘要⁴・摘発³・指摘³⁴・摘出	
テキ	滴	水滴¹・点滴¹・一滴¹・数滴²	
デキ	溺	溺愛⁴・溺死³	
テツ	鉄	鉄道³²・鉄筋・鋼鉄⁶³・鉄管³⁴・鉄器³³・鉄橋³・鉄鋼³⁶・鉄骨³⁶・鉄線³²・鉄則³⁵・鉄板³³・鉄筆⁶・鉄砲³・製鉄⁵²・鉄鉱石³³³・鉄面皮²¹³・地下鉄	
テツ	迭	更迭	
テツ	哲	哲学・哲人¹・先哲¹・哲理²・明哲²	
テツ	徹	徹底⁴・徹夜²・貫徹・徹宵□・一徹¹・徹頭徹尾²	↔撤
テツ	撤	撤去³・撤回²・撤兵⁴・撤収³・撤退・撤廃⁶	↔徹
てら	寺	尼寺²・寺男²¹・寺侍¹・寺銭²⁶・山寺¹²・寺子屋²¹³	
て-らす	照らす	照らし合わせる⁴・夜道を照らす²²・規則に照らす⁵⁵・肝胆相照らす³⁴	
て-る	照る	日照り¹⁴・照り焼き⁴・照り返し⁴・日が照る¹⁴	
で-る	出る	出窓¹⁶・遠出²¹・出足¹・総出²・人出³・船出¹・申し出¹④・出初め式³・外へ出る²¹・大学を出る¹¹・会議に出る	できる・できごと・できばえ・できがい
て-れる	照れる	照れ笑い⁴・人前で照れる¹²⁴	
テン	天	天地¹・天然・雨天¹²・天下¹・天気・天空⁴・天国¹⁵・天才¹⁵・天災¹・天使¹³・天井¹④・天上¹¹・天成¹・天性⁶¹・天敵¹・天罰¹³・天命¹・晴天¹²³²・天地神明¹・天地無用²⁴²・天下一品²¹¹³	天性の美貌↔天成の音楽家
テン	典	典拠⁴・古典²・式典⁴・典籍⁴・典雅・典型⁴⁵・典範⁴・典礼⁴³・楽典²⁴・教典²⁴・経典⑤・祭典⁴・事典¹¹・辞典³・出典・聖典⁴・仏典・法典	

音訓	漢字	用例	備考
テン	店(2)	店舗(2)・開店(3 2)・本店(1 2)・店員(2 3)・店主(2)・店頭(5 2)・支店(2 2)・書店(3 2)・商店(2 2)・売店(2)・閉店(6 2)・来店(2 2)・露店(1 2)・小売店(2 2 2)・雑貨店(5 4 2)・百貨店(1 4 2)	
テン	点(2)	点線(2 2)・点火(2 1)・採点(5 2)・点画(2 2)・点眼(2 3)・点検(2 2)・点字(2 2)・点滴(2)・汚点(4 2)・観点(2 2)・欠点(4 2)・終点(6 2)・得点(5 2)・難点(6 2)・評点(5 2)・満点(1 2)・要点(3 2)・問題点(3 3 2)	点画 ↔ 一点一画
テン	展(6)	展示(6 3)・展開(6 3)・発展(3)・展観(3 □)・展望(3 5)・展覧(3 3)・個展(3 1)・進展(3 2)・親展(3)・作品展(2 3 6)・○○展(6)	
テン	転(3)	転出(3 1)・回転(3 3)・運転(3 3)・転嫁(3 □)・転換(3 5)・転居(3 3)・転向(3 1)・転校(3 2)・転地(3)・転倒(3)・転入(3 1)・転任(3 3)・転売(3 1)・転落(3)・移転(3 5)・栄転(6 3)・好転(2 3)・転じる(1 4 3)・本末転倒	責任を転嫁する ↔ 糖分がブドウ糖に転化する
テン	添	添加・添付(4)・添削・別添(4)・添乗員(3 3)	
テン	殿	御殿・殿上人(1 1)	
テン	塡	装塡(6)・補塡(6)・充塡	
デン	田(1)	田地(1 2)・水田(1 2)・油田(1 2)・田園(1 3)・田楽(1 2)・田畑(1 2)・田野(4 1)・塩田(3 1)・炭田(3 1)・美田・我田引水(⑥ 1 2 1)	「田畑（デンばた)」は，「たはた」とも。
デン	伝(4)	伝言(4 2)・伝統(6 4)・宣伝(4 2)・伝記(4 2)・伝授(4 4)・伝説(4 ⑥)・伝染(4 4)・伝達(4 5)・伝導(4 2)・伝道(4 2)・伝票・伝聞・伝来・伝令・遺伝・駅伝・家伝・秘伝	
デン	電(2)	電気(2 1)・電報(2 5)・発電(3 2)・電圧(2 5)・電化(2 3)・電球(2 3)・電源(2 6)・電子(2 1)・電車(2 2)・電線(2 2)・電池(2)・電柱・電流(2 3)・充電・祝電(4 2)・停電(2 2 1)・電光石火	
デン	殿	殿堂(5)・宮殿(3)・貴殿(6)・殿下(1)・神殿(6)・拝殿(5)・仏殿・本殿	
ト	土(1)	土地(1 2)	
ト	図(2)	図書(2 2)・意図(3 2)・壮図(2)・企図(2 5)・版図(2)・図画(2 2)	「図画」は，法律用語としては「トガ」と読む。
ト	徒(4)	徒歩(4 2)・徒労(3 2)・信徒(6 4)・徒食(4 2)・徒弟(4 ②)・徒党(1 4)・学徒(1 4)・生徒(4 1 1)・徒手空拳(4)・徒手体操(1 2 6)・無頼の徒(4)	
ト	都(3)	都会(3 2)・都心(3 2)・首都(3 1)・都下(3 4)・都議(3 3)・都市(3 6)・都庁(3 2)・都内(3 2)・都民(5 3)・旧都・古都・遷都・都の考えとしては	
ト	登(3)	登山(3 1)・登城(3 4)・登坂車線(3 ③ 2)	
ト	斗	斗酒(3)・北斗七星(2 1)・一斗二斗(1)	
ト	吐	吐露・吐血(3)・音吐朗々(1 6)・吐息(3)	
ト	途	途上(1 2)・帰途(3)・前途(1 3)・途絶(1)・途中(2)・途方(3)・使途(1)・中途(4)・別途(2)・方途・用途(2)・前途有望・前途洋々(4)・帰国の途につく	とだえる
ト	渡	渡航(5)・渡河(5)・譲渡(6)・渡海(5)・渡世(1)・渡船(6)・渡米(5)・渡来(5)・過渡期(5 3)	
ト	塗	塗布・塗装・塗料	
ト	妬	嫉妬・嫉妬心(2)	
ト	賭	賭場(□ 2)・賭博(□ ④)	

音訓	漢字	用例	備考
ト	度[3]	法度[4][3]	
ト	頭[2]	音頭[1][2]・音頭[1][2]を取る[3]・○○音頭[1][2]	
と	十[1]	十色[1][2]・十重[1][3]・十人十色[1][1][2]	
と	戸[2]	雨戸[1][2]・戸板[2][3]・戸口[1][2]・戸袋[2][3]・網戸[4][2]・井戸[1][2]・木戸[6][2]・納戸[2][3]・瀬戸物[2]・戸をたてる	
ド	土[1]	土木[1][1]・国土[2][1]・粘土[1][4]・土器[1][5]・土質[1]⑥・土砂[1][1]・土石[1][6]・土蔵[1][1]・土足[1]・土俗[1]・土着[1][3]・土俵[1][6]・郷土[4][1]・風土[3][1]・本土[5][1]・領土[1]□[2]・土壇場[1][2][1]・土曜日	
ド	努[4]	努力[4][1]	
ド	度[3]	度胸[3][6]・制度[5][3]・限度[3][3]・度量[3][4]・緯度[3][3]・温度[3][3]・角度[3][3]・経度[3][3]・高度[3][3]・尺度[6][3]・速度[3][3]・度合い・度が過ぎる・度が重なる・度を失う	
ド	奴	奴隷[3][6]・守銭奴[3]・農奴[2][2]・売国奴	
ド	怒	怒号[3]・怒気[6]・激怒・怒声[5]・喜怒哀楽[2]	
と-い	問い[3]	問い[3]を発する・問い[3]に答える[2]	「問1」のように，記号的に扱う場合は「い」を送らない。
トウ	刀[2]	刀剣[2]・短刀[3][2]・名刀[1][2]・刀工[2][3]・刀身[2]・軍刀[4][2]・執刀[2]・木刀[1][2]・両刀[3][2]・日本刀[1][1][2]・一刀両断[1][2][3][5]・単刀直入[4][2][2][1]	
トウ	冬[2]	冬季[2][4]・冬至[3][2]・越冬[1][2]・冬期[2]・冬眠[2][3]・厳冬[4][2]・初冬[2]・暖冬[6][2]・晩冬[4][2]・立冬[6][2]	
トウ	灯[4]	灯火[4][1]・電灯[2][4]・点灯[3][4]・灯心[4]・灯台[4][2]・灯明[4]□・灯油[4][2]・灯籠・街灯[3][4]・幻灯・消灯[3][4]・走馬灯[2][2][4]	
トウ	当[2]	当惑[2][4]・当然[2]・妥当[2]・当該[2][3]・当局[2][6]・当座[2][2]・当時[2][4]・当初[2][2]・当世[2][4]・当選[2]・当直[2][2]・当番[2][2]・当方[2]・当面[4][2]・芸当[1][2]・見当[3][2]・充当・適当	
トウ	投[3]	投資[3][5]・投下[3][1]・暴投[5][3]・投影[3]・投棄[3][2]・投機[3]・投球[3][2]・投稿[3]・投獄[3]・投射[3][6]・投手[3][1]・投身[3][1]・投石[3][1]・投入[3][2]・完投[4][2]・好投[1][2]・意気投合[1][1][2]	
トウ	豆[3]	豆腐[3]・納豆⑥[3]・湯豆腐[3][3]・甘納豆⑥[3]	
トウ	東[2]	東西[2][2]・東国[2][2]・以東[2]・東宮[2]③・東経[2][5]・東南[2][2]・東北[2][2]・東洋[2][3]・関東[4][2]・極東[4][2]・東海道[2][2][2]・中近東[1][2]①②・東奔西走[1][2][2][1]・馬耳東風	
トウ	島[3]	島民[3][4]・半島[3][1]・列島[2][3]・群島[5][3]・孤島[3][3]・諸島[3][3]・離島[3]・無人島[4][1][3]	
トウ	討[6]	討伐[6]・討論[6][6]・検討[5][6]・討議[6][3]・討幕[6]・掃討[6][3]・追討[3][6]	
トウ	党[6]	党派[6][6]・政党[6][6]・徒党[5][6]・党員[6][3]・党首[6][3]・悪党[4][6]・甘党[3][6]・脱党[4][6]・入党[1][6]・野党[2][6]・与党[6]・党利党略[6][4][6][5]・不偏不党[4][6][4][6]・党を組む	
トウ	湯[3]	湯治[3][4]・熱湯[3][1]・微温湯[2][5]・銭湯[3][3]・入湯[1][3]・薬湯	
トウ	登[3]	登壇[3][1]・登校[3][3]・登記[3][2]・登院[3][3]・登載[3][2]・登場[3][2]・登庁[3][3]・登頂[3][6]・登用[3][2]・登録[3][4]	
トウ	答[2]	答弁[2][5]・応答[5][2]・問答[3][2]・答案[2][4]・答辞[2][3]・答申[2][2]・答礼[2]・回答[5][2]・解答[5][2]・確答・贈答[2][2]・即答[3][2]・返答[3][2]	「回答」は，質問や要求に対する返事。↔「解答」は，問題の答え。

音訓	漢字	用例	備考
トウ	等³	等³分²・等³級³・平³等³・等³号³・等³質³・等³身³・一¹等³・下³等³・均⁵等³・高²等³・ 初⁴等³・上³等³・対¹等³・中¹等³・同³等³・品⁶等³・優³等³・劣³等³	
トウ	統⁵	統⁵一¹・統⁵計²・伝⁴統⁵・統⁵括⁵・統⁵轄⁵・統⁵御²・統⁵合⁵・統⁵制⁵・統⁵率⑤・統⁵治⁴・ 系⁶統⁵・血⁵統⁵・正¹統⁵・総⁵統⁵・大¹統⁵領⁵	
トウ	糖⁶	糖⁶分²・砂⁶糖⁶・製⁵糖⁶・糖⁶質⁵・糖⁶尿⁴・果⁴糖⁶	
トウ	頭²	頭²部³・年¹頭²・船²頭²・頭²注⁴・頭²取⁵・頭²髪²・頭²目¹・頭²領⁵・駅³頭²・街⁴頭²・ 巻⁶頭²・先¹頭²・店²頭²・冒³頭²・没³頭²・路³頭²・平⁴身³低⁴頭²	
トウ	到	到³着⁴・周⁴到・到²達⁵・到²来・殺⁵到²・時²機¹到²来・前¹人¹未⁴到	前人未到←全(×)人未倒(×) とうていできない・とうとう始まった
トウ	逃	逃²走・逃⁶亡・逃避	
トウ	倒	倒³産・圧⁵倒・傾⁴倒・倒²壊・倒⁶閣・倒⁴錯・倒⁴置・卒⁴倒・打³倒・転³倒・ 七¹転³八¹倒	
トウ	凍	凍⁴結・凍³死・冷⁴凍・凍⁴害・凍⁶傷・凍⁵土・解⁴凍・不³凍港	
トウ	唐	唐¹本・唐突・唐³詩・唐¹人・唐²風・遣³唐使	
トウ	桃	桃⁶源⁶郷・黄²桃・白¹桃・桜⑤桃・桃¹花	
トウ	透	透³写・透²明・浸透・透⁶視	
トウ	悼	悼⁴辞・哀悼・追³悼	
トウ	盗	盗難・盗²用・強②盗・盗掘・盗作・盗賊・盗聴・盗伐・盗³品・盗癖・ 盗塁・怪盗・窃盗	
トウ	陶	陶⁴器・陶酔・薫陶・陶⁴芸・陶²工・陶⁴然・陶¹土・製陶・陶⁶磁⁴器	
トウ	塔	五¹重³の塔・石¹塔・鉄³塔・仏¹塔・金¹字¹塔	
トウ	搭	搭載・搭³乗・搭³乗⁶券	
トウ	棟	上¹棟・病³棟・一¹棟二¹棟・棟梁（リョウ）▼	
トウ	痘	種⁴痘・水¹痘・天¹然⁴痘	
トウ	筒	封筒・水¹筒・円²筒形・発³煙筒	
トウ	稲	水¹稲・陸⁴稲	
トウ	踏	踏⁵破・踏²襲・高⁴踏⁵的・踏⁵査・雑⁵踏・舞¹踏・人¹跡⁴未踏	人跡未踏←人跡未到(×)
トウ	謄	謄³写・謄¹本	↔騰
トウ	闘	闘⁴争・闘⁴志・戦⁴闘・闘²牛・闘⁴鶏・闘⁵魂・闘⁶士・闘³将・闘⁵病・格⁵闘・ 敢闘・苦³闘・決⁴闘・健⁵闘・死⁵闘・奮⁶闘・乱³闘・力⁴闘・孤¹軍⁴奮⁶闘	
トウ	騰	騰³貴・暴⁵騰・沸⁴騰・高²騰・急³騰	↔謄
トウ	藤	葛藤	

音訓	漢字	用 例	備 考
トウ	納⑥	出納①⑥・出納簿①⑥	
トウ	道②	神道³²	
トウ	読²	読点²²・句読点⁵²²	
と-う	問う³	問いただす³・問い合わせる³²・問いつめる³・真意を問う³³・責任を問う⁵⁵³	
ドウ	同²	同情²⁵・異同⁶²・混同⁵²・同意²³・同格²⁵・同額²⁵・同感²³・同期²³・同居²⁵・同郷²⁶・同業²³・同好²³・同志²⁴・同時²²・同席²⁴・共同⁴²・協同²³¹・同級生	共同経営↔協同組合 「同志」は，志を同じくする者の意で，「同志を募る」。「友達どうし」などは仮名書きが一般的。
ドウ	動³	動物³³・活動³³・騒動³³・動員³³・動機³²・動議³³・動向³³・動作³³・動静³⁴・動転³³・動脈³³・動揺³³・動乱³³・移動³³・運動³³・挙動³³・激動³⁴・言動	
ドウ	堂⁵	堂々と⁵・殿堂⁵⁵・母堂⁵⁵・堂宇⁵⁵・堂塔⁵⁵・講堂⁴⁵・食堂⁴³⁵・聖堂⁵²・議事堂・公会堂²⁵・礼拝堂²⁵・○○堂・正々堂々⁵・堂に入る⁵¹	
ドウ	童³	童話³²・童心²³・児童⁴³・童顔²³・童子³¹・童謡³³・悪童³³・神童³³・牧童⁴³・学童保育¹³⁵³	
ドウ	道²	道路²³・道徳²⁴・報道⁵²・道義⁴²・道程²⁵・道標²⁴・道理²²・王道¹²・軌道²・弓道²・芸道⁴²・国道⁴²・私道²²・食道⁴²・水道²²・鉄道²²・言語道断	言語道断←言語同(×)断
ドウ	働⁴	労働⁴⁴・実働³⁴・稼働□⁴・協働⁴⁴	「稼働」は，「稼動」とも。
ドウ	銅⁵	銅器⁵⁵・銅像⁵⁴・青銅⁵⁴・銅貨⁵⁴・銅鏡⁵⁴・銅剣⁵⁵・銅鉱⁵⁵・銅山⁵¹・銅線⁵²・銅版⁵⁵・白銅¹⁵・分銅²⁵・赤銅色□¹⁵²	
ドウ	導⁵	導入⁵¹・指導²⁵・半導体²⁵²・導師⁵⁵・先導¹⁵・伝導⁴⁵・補導⁶⁵・誘導⁵²・導火線⁵¹²	
ドウ	洞	洞穴⑥・洞察⁴・空洞▼・鍾（ショウ）乳洞⁶	「洞穴（ドウケツ）」は，「ほらあな」とも。
ドウ	胴	胴体²・双胴船²・胴着²・胴上げ²・胴回り²・太鼓の胴²・面か胴か³	
ドウ	瞳	瞳孔	
とうげ	峠	峠道³・峠を越える³³・仕事も今が峠だ²	
とうと-い	尊⑥	尊い仏⁶⁵・平和は尊い³³⁶	↔貴い
とうと-い	貴⑥	貴い身分⑥³²	↔尊い
とうと-ぶ	尊ぶ⑥	恩師を尊ぶ⁶⁵⁶・自由を尊ぶ²³⁶	↔貴ぶ
とうと-ぶ	貴ぶ⑥	お言葉を貴ぶ²²⑥	↔尊ぶ
とお	十¹	十日¹¹・二百十日¹¹¹¹	
とお-い	遠い²	遠出²¹・遠ざかる²⁴・遠浅²⁴・遠縁²¹・遠山²³・遠乗り²⁶・遠巻き²²・遠回り²・遠眼鏡⁵⁴・遠い道²²・遠い昔²⁴・遠い関係²・電話が遠い	「眼鏡」は，小学校で学習する付表の語。
とお-す	通す²	通し²・通し番号²³²・読み通す³²・話を通す²・糸を通す²・客間へ通す³・意地を通す²・書類に目を通す²²⁴	やりとおす・立ちどおし・（表現を）とおして

音訓	漢字	用例	備考
とお-る	通る	通り・通り雨・通り道・大通り・通り抜け・バスが通る・試験に通る・法案が通る・よく通る声・二通りの方法	〜のとおり・〜したとおり・ひととおり読む・意味がとおるように
と-かす	解かす	雪を解かす・氷を解かす	↔溶かす　髪をとかす
と-かす	溶かす	水に溶かす・鉄を溶かす	↔解かす
とき	時	時めく・時がたつ・時は春・若い時・食事時・時を待つ・時の人・時の鐘	雨のときは中止です［「場合」と言いかえられるとき］・ときに・ときたま
トク	特	特殊・特産・独特・特異・特技・特集・特色・特設・特段・特徴・特長・特定・特典・特記・特売・特筆・奇特・特派員	「特徴」は, 特に目だつ点。「特長」は, 特に優れている点。
トク	得	得意・会得・損得・得策・得失・得心・得点・得票・獲得・取得・習得・修得・拾得・所得・体得・一挙両得・自業自得	習得↔修得
トク	徳	徳義・徳用・道徳・徳育・徳行・徳性・徳望・悪徳・功徳・人徳・知徳・背徳・美徳・不徳・報徳・公徳心・徳がそなわる	
トク	読	読本・文章読本	
トク	匿	匿名・隠匿・秘匿	
トク	督	督促・督励・監督・総督・提督	
トク	篤	篤農・危篤・懇篤・篤学・篤行・篤志・温厚篤実	
と-く	解く	解き放つ・結びを解く・囲みを解く・問題を解く・誤解を解く・職を解く	↔溶く
と-く	説く	説き伏せる・道理を説く・真理を説く	
と-く	溶く	絵の具を溶く・小麦粉を溶く	↔解く
と-ぐ	研ぐ	包丁を研ぐ・研ぎ澄ます	米をとぐ
ドク	毒	毒薬・毒舌・中毒・毒牙・毒殺・毒素・毒草・毒筆・毒物・毒味・毒虫・害毒・鉱毒・消毒・服毒・猛毒・有毒・毒ガス	
ドク	独	独立・独断・単独・独演・独学・独裁・独自・独習・独唱・独身・独占・独善・独走・独創・独奏・独特・独力・孤独・独立独歩・独断専行	「独特」は,「独得」とも。
ドク	読	読書・音読・購読・読者・読破・愛読・一読・再読・熟読・精読・素読・代読・通読・拝読・必読・黙読・乱読・朗読	熟読→熟読玩味
と-ける	解ける	雪解け・誤解が解ける・任が解ける・問題が解ける・氷が解ける・謎が解ける	↔溶ける
と-ける	溶ける	砂糖が水に溶ける・鉄が溶ける・ソフトクリームが溶ける	↔解ける
と-げる	遂げる	目的を遂げる・最期を遂げる	
とこ	常	常夏・常世	

音訓	漢字	用例	備考
とこ	床	床の間・寝床・床柱・床山・川床・苗床・床に就く・床にふせる・床を延べる	
ところ	所	台所・居所・所番地・高い所・住んでいる所	「所」は，ある広さをもった場所・位置を示すときのみに使う。初めのところ・見たところ・ちょうどよいところ・今始まったところ・このところ・〜したところ
と-ざす	閉ざす	門を閉ざす・口を閉ざす・心を閉ざす・雪に閉ざされた	
とし	年	年寄り・年上・年男・年女・年下・年月・翌年・年の市・年の功・年の瀬・年を越す・年が変わる・年を重ねる	
と-じる	閉じる	閉じ込める・門を閉じる・口を閉じる・心を閉じる・会を閉じる・店を閉じる	
とち	栃	栃の実・栃木県	
トツ	凸	凸版・凸レンズ・凹凸・凸面鏡	
トツ	突	突然・突端・衝突・突貫・突起・突撃・突出・突如・突進・突堤・突入・突破・突発・突風・煙突・激突・唐突	
とつ-ぐ	嫁ぐ	嫁ぎ先・嫁ぐ日が近い・娘を嫁がせる	
とど-く	届く	行き届く・手が届く・荷物が届く	
とど-ける	届ける	届け・届け先・届け出・欠勤届け・手紙を届ける	
とどこお-る	滞る	家賃が滞る・仕事が滞る・式が滞りなく終了する	
ととの-う	調う	嫁入り道具が調う・味が調う	↔整う
ととの-う	整う	調子が整う・整った文章	↔調う
ととの-える	調える	材料を調える・食糧を調える・費用を調える	↔整える 「調える」は，うまくいくように用意すること。
ととの-える	整える	体調を整える・列を整える・髪を整える・服装を整える・文章を整える	↔調える 「整える」は，乱れがないようにきちんとすること。
とな-える	唱える	呪文を唱える・異議を唱える	
となり	隣	両隣・隣村・隣近所・隣の家・隣の席	
とな-る	隣る	隣り合う辺の長さ・隣り合わせに座る・相隣る	
との	殿	殿様・湯殿	
どの	殿	部長殿	
と-ばす	飛ばす	風船を飛ばす・車を飛ばす・飛ばして読む	
とびら	扉	扉を開ける・本の扉	

音訓	漢字	用 例	備 考
と-ぶ	飛ぶ	飛び火・飛び石・飛び板・飛び魚・飛び地・飛び道具・空を飛ぶ・首が飛ぶ・うわさが飛ぶ・飛んで火に入る夏の虫	↔跳ぶ とびきり上等の
と-ぶ	跳ぶ	縄跳び・跳び箱・幅跳び・三段跳び・溝を跳び越える	↔飛ぶ
とぼ-しい	乏しい	乏しさ・乏しい資金・知識に乏しい	
と-まる	止まる	行き止まり・止まり木・息が止まる・時計が止まる・笑いが止まらない・鳥が枝に止まる・次の駅止まりだ	↔留まる・泊まる 「時計」は、小学校で学習する付表の語。
と-まる	留まる	歩留まり	↔止まる・泊まる
と-まる	泊まる	泊まり・泊まり客・泊まり船・宿に泊まる・船が泊まる・○○泊まりだ	↔止まる・留まる
とみ	富	富をなす・富を得る・巨万の富	富山（とやま）県
と-む	富む	富み栄える・資源に富む・変化に富む	
とむら-う	弔う	弔い・霊を弔う・弔いを出す・弔い合戦	
と-める	止める	歯止め・通行止め・せき止め・車を止める・血を止める・けんかを止める	↔留める・泊める
と-める	留める	帯留め・書留・留め金・留め針・留め置く・針で留める・画びょうで留める	↔止める・泊める 目にとめる・心にとめる
と-める	泊める	客を泊める・船を泊める	↔止める・留める
とも	友	竹馬の友・一生の友を得る・かけがえのない友	
とも	共	共食い・共稼ぎ・共倒れ・共働き	慣用が固定した語以外は、仮名書きが一般的。〜とともに・ともに〜する・二人とも来ない・今後とも・私ども
とも	供	供に加える・供を連れる	
ともな-う	伴う	妻子を伴う・苦痛が伴う	
とら	虎	虎の尾を踏む・虎の威を借る狐（きつね）	
と-らえる	捕らえる	犯人を捕らえる・腕を捕らえる	↔捉える
とら-える	捉える	要点を捉える・問題の捉え方	↔捕らえる 心をとらえる
と-らわれる	捕らわれる	敵に捕らわれる・捕らわれの身	外見にとらわれる
とり	鳥	鳥居・小鳥・鳥肌・鳥目・海鳥・千鳥・水鳥・山鳥・鳥の巣・鳥小屋・焼き鳥	鳥取（とっとり）県
と-る	取る	取り返す・取り組む・取り戻す・手に取る・汚れを取る・資格を取る・メモを取る・雑誌を取る	↔採る・執る・捕る とりあえず・とりなす・とりわけ・とりもなおさず・方針をとる・態度をとる・食事をとる・連絡をとる

音訓	漢字	用 例	備 考
と-る	採る	新人を採る・血を採る・会議で決を採る	↔取る・執る・捕る
と-る	捕る	捕り物・生け捕り・ねずみを捕る	↔取る・採る
と-る	執る	筆を執る・事務を執る・式を執り行う	↔取る・採る
と-る	撮る	写真を撮る・映画を撮る	
どろ	泥	泥沼・泥棒・泥縄・泥水・泥試合・泥を塗る・泥をかぶる・泥を吐く	
トン	屯	駐屯・駐屯地・屯所・屯田兵	
トン	豚	養豚・豚骨・豚舎・豚足・豚汁	
トン	頓	頓着・整頓・頓狂・頓挫・頓死・頓知・整理整頓	「頓着」は,「トンチャク・トンジャク」。
トン	団	布団	
とん	問	問屋	「問屋」は,「といや」とも。
ドン	鈍	鈍感・鈍角・鈍化・鈍器・鈍才・鈍重・鈍痛・鈍行列車	
ドン	曇	曇天	
ドン	貪	貪欲	
どん	丼	牛丼・天丼・親子丼	
どんぶり	丼	丼飯・丼鉢・丼勘定	
ナ	那	刹那・旦那・真意は那辺にあるか	「那辺」は,「奈辺」とも。
ナ	奈	奈落・奈辺・奈良県	
ナ	南	南無	
ナ	納	納屋	
な	名	名前・名代・名主・宛名・名折れ・名指し・名高い・名づけ・名取り・名をなす	名のる 「名代（なダイ）」は,名が知られていること。「ミョウダイ」と読むと，かわりの人のこと。
な	菜	青菜・菜種・菜の花・菜っ葉	
ナイ	内	内外・内容・内科・内閣・内在・内職・内心・内省・内臓・内定・内紛・内密・内野・内乱・案内・室内・内憂外患	
な-い	亡い	亡き人・亡くす・亡くなる	
な-い	無い	無い物ねだり	↔亡い 「〜がない・〜ない」など，仮名書きが一般的。
なえ	苗	苗木・苗床・苗を植える	

音訓	漢字	用例	備考
な-える	萎える	植物が萎える・気持ちが萎える	
なお-す	治す	病気を治す・けがを治す	↔直す
なお-す	直す	手直し・書き直す・読み直す・故障を直す・間違いを直す・姿勢を直す	↔治す
なお-る	治る	病気が治る・けがが治る	↔直る
なお-る	直る	故障が直る・機嫌が直る	↔治る
なか	中	中庭・まん中・中州・中身・中指・背中・夜中・中入り・中継ぎ・山の中	↔仲
なか	仲	仲間・仲買・仲仕・恋仲・仲がよい	↔中
なが-い	永い	日永・末永く・永の別れ・永い眠りに就く	↔長い
なが-い	長い	長さ・長靴・長年・長屋・面長・気長・夜長・長談義・長丁場・長もち・髪が長い・気が長い・枝が長い・長い道のり	↔永い 「長年」は,「永年」とも。
なが-す	流す	島流し・涙を流す・血を流す・水に流す・背中を流す・うわさを流す・会を流す	
なか-ば	半ば	月半ば・仕事半ば・半ば諦めている	
なが-める	眺める	写真を眺める・海を眺める・眺めがいい	
なが-れる	流れる	流れ星・流れ者・質流れ・流れ作業・時代の流れ・平家の流れ・川が流れる・雲が流れる・うわさが流れる	
な-く	泣く	泣き沈む・泣き顔・泣き言・泣きっ面・泣きどころ・泣き虫・泣き笑い・泣き明かす・泣き崩れる・泣き叫ぶ・泣き立てる	
な-く	鳴く	鳴き声・鳥が鳴く・虫が鳴く	
なぐさ-む	慰む	慰みごと・手慰み・心を慰む・慰みに映画を見る	
なぐさ-める	慰める	慰めの言葉・一時の慰め・心を慰める・友を慰める	
なぐ-る	殴る	殴り書き・殴り込み・げんこつで殴る	
なげ-かわしい	嘆かわしい	嘆かわしい世の中だ	
なげ-く	嘆く	親の嘆き・嘆き悲しむ・不運を嘆く・親の死を嘆く	
な-げる	投げる	投げ縄・輪投げ・投げ売り・投げ出す・投げ捨てる・投げ飛ばす・石を投げる・相手を投げる	一身をなげうつ・私財をなげうつ
なご-む	和む	気持ちが和む	
なご-やか	和やか	和やかだ・和やかな笑顔	「笑顔」は,中学校で学習する付表の語。
なさ-け	情け	情けない・情け知らず・情け深い・情けをかける・情けを知る・情けは人のためならず	

音訓	漢字	用例	備考
なし	梨⁴	梨⁴の¹花	
な-す	成⁴す	成⁴し遂げる	形をなす・群れをなす・色をなす・善をなす・意味をなす〔複合語以外は仮名書きが一般的。〕
なぞ	謎	謎⁵を解く・謎めく・大¹きな謎だ	なぞなぞ遊び
ナッ	納⑥	納⑥得⁵・納⑥豆³	
なつ	夏²	夏²服³・真²夏・夏²着³・夏²場²・夏²物³・夏²山²・常⁵夏²・夏²がれ・夏²休²み¹	
なつ-かしい	懐かしい	故⁵郷⁶が懐かしい・若い頃⁶が懐かしい	
なつ-かしむ	懐かしむ	子どもの頃を懐かしむ	
なつ-く	懐く	子どもが懐く・よく懐いている犬	
なつ-ける	懐ける	犬を懐ける	
なな	七¹	七¹色²・七¹草¹・七¹光¹り・七¹不⁴思²議⁴・七¹転¹び八³起³き	
なな-つ	七¹つ	七¹つ²道³具・七¹つの²海	
なな-め	斜め	斜め読み・斜め後ろ・斜²めに線²を引く・斜めに見¹る	
なに	何²	何²者³・何²様³・何²から何²まで	なにかしら・なにかと・なにしろ・なにせ・なにとぞ・なにやら・なにゆえ
なの	七¹	七¹日¹	「七日」は、「なぬか」とも。
なべ	鍋	鍋⁴料²理・鍋⁴底・鍋の³蓋²・鍋物¹・牛鍋・土⁵鍋・寄せ鍋	
なま	生¹	生¹野²菜⁴・生¹水¹・生¹木¹・生¹傷¹²・生¹首¹³・生¹身¹・生¹揚¹げ・生¹意³気¹・生¹演⁵奏⁶・生¹菓子・生¹ビール・生¹で食べる	なまもの・なまあくび・なまかじり・なまぬるい・なまやさしい
なま-ける	怠ける³	怠³け³者・仕事を怠²ける・稽古を怠ける	
なまり	鉛	鉛²色	
なみ	波³	波³立³つ・荒³波・波³頭②・波³風²・波³間²・大¹波・津³波・波³乗³り・波³の¹花・土¹用²波³	
なみ	並⁶	並⁶の³品・並⁶木¹・並⁶製¹・並⁶たいて⁵い・並⁶盛⁶り	なみなみならぬ・なみなみと酒をつぐ
なみだ	涙	涙ぐむ・涙ぐま¹しい・涙¹雨・涙¹金・涙声・涙もろい・涙を流³す・うれし涙・血も³涙もない	
なめ-らか	滑らか	滑らかだ・滑¹らかな肌・滑³らかな口調	
なや-ます	悩ます	頭を悩ます・騒音に悩まされる	
なや-む	悩む	悩²み・思い悩²む・頭²痛⁶に悩む・悩³み苦しむ・悩²みが多い・悩²ましい問³題³だ	
なら-う	習う³	手¹習³い・習³いごと・ピアノを習³う・習⁵い性⁵となる・習³うより慣れろ⁵	↔倣う

音訓	漢字	用例	備考
なら-う	倣う	例に倣う・先頭の人に倣う	↔習う
な-らす	鳴らす	ブザーを鳴らす・鈴を鳴らす	
な-らす	慣らす	目に慣らす・体を慣らす・足を慣らす	小鳥を飼いならす・馬を乗りならす
なら-びに	並びに	日本並びに中国の	仮名書きが多い。
なら-ぶ	並ぶ	並び・歯並び・並び立つ・並び称する・一列に並ぶ・並ぶ者がいない・並びにある家	
なら-べる	並べる	五目並べ・机を並べる・肩を並べる・不満を並べる	
な-る	成る	成り立つ・功成り名遂ぐ・なせば成る	実がなる・春になる・病気になる・金になる・先生になる・お帰りになる〔複合語や慣用的な使い方を除くと、仮名書きが一般的〕
な-る	鳴る	耳鳴り・鳴り物・海鳴り・鳴り響く・ベルが鳴る・雷が鳴る・腕が鳴る・鳴りを潜める	
な-れる	慣れる	慣れ親しむ・使い慣れる・仕事に慣れる・慣れた道具	なれた猫・なれあい・なれなれしい
なわ	縄	縄目・縄跳び・縄で縛る	
<u>なわ</u>	苗	苗代	
ナン	男	長男・美男・善男善女・次男・二(ジ)男・三男・老若男女	戸籍や出生届では「二男」と書く。
ナン	南	南北・南端・指南・南緯・南下・南画・南海・南極・南国・南部・南米・南方・南洋・以南・東南・西南・南氷洋・南船北馬	
ナン	難	難易・困難・非難・難解・難関・難詰・難局・難航・難産・難渋・難所・難題・難物・難民・難問・苦難・難を避ける・難行苦行	
ナン	軟	軟化・軟弱・硬軟・軟球・軟禁・軟骨・軟式・軟水・軟投・軟派・柔軟・軟着陸・軟体動物	
<u>ナン</u>	納	納戸	
<u>なん</u>	何	何本・何十・何点	なんですか・なんだか・なんでも・なんと・なんどき・なんとも
ニ	二	二番め・二分・十二月・二回・二階・二級・二重・無二・二毛作・十二支・青二才・二の次・二束三文・二人三脚	
ニ	尼	尼僧・修道尼	
ニ	弐	弐万円	契約書などで、修正されないために使われる。
<u>ニ</u>	仁	仁王	
<u>ニ</u>	児	小児科	

音訓	漢字	用例	備考
に	荷³	荷物³·初荷⁴³·荷車³·荷主³¹·荷札³³·荷役³·重荷³³·荷が重い³·肩の荷を下ろす³	
にい	新²	新妻²⁵·新盆²	
に-える	煮える	なま煮え·煮えたつ·煮えたぎる·豆が煮える·煮えきらない態度⁵³·煮え湯を飲まされる·はらわたが煮えくり返る³	
にお-う	匂う	匂い·匂い袋⁴¹·梅の花が匂う·香水が匂う④¹·甘い匂い	↔臭う
にお-う	臭う	臭い·腐った臭い·臭いを放つ³	↔匂う
にが-い	苦い³	苦虫³·苦々しい⁴·苦手³·苦み³·苦笑い³·苦い薬³·苦い顔²·苦い経験³·ほろ苦い³·苦みばしった³	
に-がす	逃がす	小鳥を逃がす¹²·犯人を取り逃がす⁵¹	
にが-る	苦る³	苦りきる³·苦りきった顔²	
にぎ-る	握る³	握り¹·一握り·握り拳·握り飯⁴·握り潰す·手を握る·金を握る·秘密を握る⁶⁶·すしを握る	
ニク	肉²	肉類²⁴·肉薄²·筋肉⁶²·肉眼²·肉牛²⁵·肉汁²²·肉食²²·肉親²²·肉声²²·肉体²²·肉筆²³·果肉²³·血肉²·牛肉²·魚肉²·鶏肉⁶²·骨肉²	「肉薄」は、「肉迫」とも。
にく-い	憎い²	憎さ·心憎い²·憎々しい·憎い人	〜にくい
にく-しみ	憎しみ	憎しみを抱く·憎しみを買う²	
にく-む	憎む	憎まれ口¹·憎まれ役³·悪を憎む	
にく-らしい	憎らしい	憎らしい人¹·憎らしいほどの腕前²	
に-げる	逃げる	夜逃げ²·逃げ足·逃げ腰·逃げ水·逃げ道²·逃げ口上¹¹·急いで逃げる³·責任から逃げる⁵⁵·逃げを打つ³·逃げの一手¹¹	
にご-す	濁す	水を濁す¹·言葉を濁す²³	
にご-る	濁る	濁り·濁り酒·濁り水·濁り声·川の水が濁る³·色が濁る²·目が濁る¹	
にし	西²	西日²¹·西風²²·西日本²¹¹·西半球²²³·西陣織²·西も東もわからない²	
にじ	虹	虹の橋³·七色の虹¹²·虹が出る¹	
にしき	錦	錦絵²·錦の御（み）旗⁴·故郷に錦を飾る⁵⁶	
にせ	偽	偽物³·偽札⁴·偽者³	
ニチ	日¹	日時¹²·日光¹²·毎日¹⁴·日課¹⁵·日刊¹²·日記¹⁴·日給¹⁴·日参¹⁶·日誌¹⁵·日常¹²·日食¹²·日程¹⁵·日当¹²·日没¹⁴·日夜¹⁴·日輪¹⁶·縁日³¹·命日	
にな-う	担う	荷物を担う³³·次代を担う³³	
にぶ-い	鈍い	鈍さ·鈍い音²·頭が鈍い·動きが鈍い³	

音訓	漢字	用 例	備 考
にぶ-る	鈍る	頭が鈍る・動きが鈍る・切れが鈍る・腕が鈍る・決心が鈍る	
<u>ニャク</u>	若⑥	老若・老若男女	「老若」は,「ロウジャク」とも。
に-やす	煮やす	業を煮やす	
ニュウ	入①	入学・侵入・収入・入院・入会・入金・入国・入試・入手・入場・入選・入念・入門・移入・加入・投入・導入・輸入	
ニュウ	乳⑥	乳児・乳液・牛乳・乳剤・乳歯・乳酸・乳糖・搾乳・授乳・粉乳・母乳・離乳・乳脂肪・乳製品	
ニュウ	柔	柔和・柔弱	
ニョ	女①	女人・天女・善男善女・女人禁制・老若男女	
ニョ	如	如実・如来・不如意	
ニョウ	尿	尿意・尿素・夜尿症・尿道・排尿・泌尿器	
<u>ニョウ</u>	女①	女房	
に-る	似る⑤	似顔絵・親に似る・性格が似る・似ても似つかない・似て非なる	
に-る	煮る	雑煮・煮魚・煮物・煮炊き・煮干し・煮たてる・煮つめる・芋を煮る・議論を煮つめる・煮ても焼いても食えない	
にわ	庭③	庭先・庭石・庭木・庭師・裏庭・中庭・箱庭・学びの庭・裁きの庭	
にわとり	鶏	鶏の卵	
ニン	人①	人間・人情・人形・人気・人魚・人数・人相・悪人・芸人・死人・住人・商人・証人・職人・善人・他人・当人・犯人	
ニン	任⑤	任意・任務・責任・任期・任地・任命・委任・一任・兼任・辞任・就任・常任・新任・専任・赴任・留任・任を解く	
ニン	認⑥	認識・承認・否認・認可・認証・認知・認定・認否・確認・誤認・公認・自認・是認・黙認・容認・認知症	
ニン	妊	妊娠・懐妊・不妊・妊婦・妊産婦	
ニン	忍	忍者・忍耐・残忍・忍苦・忍従・忍術・堪忍・忍の一字・隠忍自重	
ぬ-う	縫う	縫い目・縫い糸・縫い物・縫い針・着物を縫う・傷を縫う・裏地を縫いつける	
ぬ-かす	抜かす	順番を抜かす・腰を抜かす	
ぬ-かる	抜かる	手抜かり・決して抜かるな	
ぬ-く	抜く	くぎ抜き・抜き手・抜き身・抜き書き・抜き差し・抜き取り・刀を抜く・草を抜く・手を抜く・ラストで抜く	やりぬく・考えぬく・走りぬく
ぬ-ぐ	脱ぐ	服を脱ぐ・靴を脱ぐ	

音訓	漢字	用例	備考
ぬぐ-う	拭う	汗を拭う・口を拭う・不安を拭い去る	
ぬ-ける	抜ける	気抜け・抜け穴・抜け殻・抜け毛・抜け道・気が抜ける・腰が抜ける・力が抜ける	
ぬ-げる	脱げる	靴が脱げる・着物が脱げる	
ぬし	主	地主・株主・神主・名主・荷主・船主・家主・依頼主・飼い主・持ち主・森の主	
ぬす-む	盗む	盗み・盗み足・盗み聞き・盗み食い・盗み読み・金を盗む・デザインを盗む	暇をぬすむ・人目をぬすむ
ぬの	布	布地・布目・布きれ・布を織る	
ぬま	沼	沼地・泥沼	
ぬ-る	塗る	塗り・塗り絵・塗り薬・塗り物・絵の具を塗る・顔に泥を塗る・○○塗り	
ね	音	音色・声音・初音・本音・弱音・笛の音・虫の音	ねをあげる
ね	根	根強い・屋根・根城・性根・木の根・悪の根・根は正直だ・根にもつ・根を下ろす・根も葉もない	
ね	値	値段・高値・安値・値うち・値が張る・値が高い・値が上がる・値をつける	
ネイ	寧	安寧・丁寧・寧日	
ねが-う	願う	願い・願わしい・願いごと・願い下げ・願い出る・幸せを願う・援助を願う・神に願う・よろしくお願いします	
ね-かす	寝かす	子どもを寝かす	ワインをねかす・資金をねかす
ねこ	猫	猫舌・猫背・招き猫・野良猫・猫にかつおぶし・猫に小判・猫をかぶる・猫の手も借りたい・猫の額のような庭	「野良」は、高校で学習する付表の語。
ねた-む	妬む	妬み・妬ましい・他人の成功を妬む	
ネツ	熱	熱病・熱湯・情熱・熱意・熱演・熱狂・熱血・熱心・熱中・熱弁・熱烈・加熱・過熱・発熱・熱が冷める・熱が入らない	
ねば-る	粘る	粘り・粘り強い・粘り気・餅が粘る・最後まで粘る	
ねむ-い	眠い	眠たい・眠け・眠け覚まし・朝は眠い	
ねむ-る	眠る	眠り・眠たがる・眠らせる・眠り薬・朝まで眠る・安らかに眠る・海底に眠る宝	
ねら-う	狙う	獲物を狙う・狙いが外れる	学習のねらい・教材のねらい
ね-る	練る	練り直す・練り糸・練り製品・練り合わせる・粉を練る・糸を練る・計画を練る	ねり歩く
ね-る	寝る	寝入る・昼寝・寝巻き	「寝巻き」は、「寝間着」とも。

音訓	漢字	用例	備考
ネン	年¹	年代¹ ³・少年² ¹・豊年⁵ ¹・年刊¹ ⁵・年鑑¹ ⁵・年季¹ ¹・年金¹ ¹・年貢¹ □・年功¹ ⁴・年号¹ ³・年始¹ ³・年長¹ ²・年度¹ ¹・年輪¹ ⁴・年齢¹ ¹・越年⁵ ⁵・晩年¹ ¹・○○年	
ネン	念⁴	念願⁴ ⁴・信念⁴ ⁴・断念⁵ ⁴・念書⁴ ²・念頭⁴ ²・念仏⁴ ²・念力⁴ ¹・一念¹ ¹・概念⁴ □・懸念⁴ ⁴・観念⁴ ⁴・記念⁴ ⁴・祈念⁴ ⁴・雑念⁴ ⁴・残念⁴ ¹・念入り⁴ ⁴・尊敬の念¹ ⁴・一念発起③ ³	残念→残念無念
ネン	然	天然¹ ⁴	
ネン	燃⁵	燃焼⁵ ④・燃料⁵ ⁴・可燃性⁵ ⁵ ⁵・燃費⁵ ⁵・再燃⁵ ⁵・内燃機関² ⁵ ⁴ ⁴・燃料電池⁵ ⁴ ² ²	
ネン	粘	粘土¹ ¹・粘液¹ ²・粘着¹ ³・粘性¹ ¹・粘膜¹ ¹・粘液質⁵ ⁵	
ネン	捻	捻挫¹ ¹・捻出¹ ¹・腸捻転⁶ ³	
ねんご-ろ	懇ろ	懇ろだ□・懇ろになる・懇ろな間柄²	
の	野²	野原² ²・野放し² ³・野宿² ³・野辺² ⁴・野道² ²・野山² ¹・荒れ野² ²・野に遊ぶ	
ノウ	納⁶	納入⁶ ¹・納涼⁶ ⁶・収納⁶ ⁶・納会⁶ ²・納期⁶ ³・納骨⁶ ⁶・納税⁶ ⁵・納品⁶ ⁴・納付⁶ ⁴・格納⁵ ⁶・完納⁴ ⁶・受納³ ⁶・全納⁵ ⁶・滞納⁵ ⁶・返納⁵ ⁶・奉納² ⁶・未納⁵ ⁶・帰納法¹ ⁴ ⁴	
ノウ	能⁵	能力⁵ ¹・芸能⁴ ⁵・効能⁵ ⁵・能動⁵ ⁵・能筆⁵ ⁵・能弁⁵ ⁵・能吏⁵ ²・能率⁵ ⁴・可能⁴ ⁵・機能⁴ ⁵・才才² ⁵・性能⁵ ⁵・全能⁵ ⁵・知能³ ⁵・万能² ⁵・本能² ⁵・有能³ ⁵・能がない	
ノウ	脳⁶	脳髄⁶ ²・首脳⁶ ⁶・頭脳² ⁶・脳天⁶ ¹・脳裏⁶ ⑥・小脳¹ ⁶・洗脳⁶ ⁶・大脳¹ ⁶・脳外科⁶ ② ²・脳血栓⁶ ⁶ ³・脳出血⁶ ¹ ³・脳神経⁶ ¹ ³・脳卒中⁶ ⁵ ³・脳の仕組み	
ノウ	農³	農業³ ³・農具³ ²・酪農² ⁶・農園³ ²・農家³ ¹・農協³ ⁶・農耕³ ⁵・農場³ ²・農村³ ¹・農地³ ²・農民³ ⁴・豪農⁴ ³・農閑期³ ³ ⁴・農機具³ ³ ⁴・農作物³ ² ³・農繁期³ ³ ³	
ノウ	悩	悩殺⁵ ³・苦悩³ ³・煩悩□	
ノウ	濃	濃厚⑤・濃紺・濃淡・濃縮⁶・濃度³・濃霧	
のが-す	逃す	見逃す¹・機会を逃す⁴ ²・犯人を逃す	
のが-れる	逃れる	一時逃れ¹ ²・難を逃れる⁶・包囲を逃れる⁴ ⁵・責任を逃れる⁵ ⁵	
のき	軒	軒先¹・軒下¹・軒端□・軒並み¹・軒を連ねる	
のこ-す	残す⁴	食べ残し² ⁴・仕事を残す⁴ ⁴・名を残す⁴・悔いを残す³ ⁴・残すところあと四日¹ ¹	
のこ-る	残る⁴	残り⁴・残り香⁴ ⁴・残り火⁴ ⁴・残り物⁴ ⁴・食事が残る³ ²・仕事が残る³ ³・名が残る⁴・悔いが残る¹ ⁴・お金が残る・耳に残る	
の-せる	乗せる³	車に乗せる¹ ³・飛行機に乗せる⁴ ² ⁴	↔載せる 口車にのせる
の-せる	載せる	棚に載せる¹ ³・記事を載せる² ³	↔乗せる
のぞ-く	除く	障害物を除く⁶ ⁴ ³ ⁶・雑草を除く¹ ⁶	
のぞ-む	望む	望み⁴・望ましい³・望み薄⁴ ³ ³・平和を望む² ¹・はるかな山々を望む⁴	
のぞ-む	臨む	海に臨む² ⑥・式に臨む³ ⑥・危機に臨む⁶ ⁴ ⑥	

音訓	漢字	用例	備考
のち	後	後の世・後ほど	～ののち・～したのち・雨のち晴れ
のど	喉	喉もと・喉笛・喉仏・喉ごし・喉が渇く・喉から手が出るほど・喉もと過ぎれば熱さを忘れる	
ののし-る	罵る	罵り合う・相手を罵る・罵りを浴びせる	
の-ばす	延ばす	出発を延ばす・開会を延ばす・返事を延ばす	↔伸ばす
の-ばす	伸ばす	手足を伸ばす・勢力を伸ばす・才能を伸ばす	↔延ばす
の-びる	延びる	寿命が延びる・支払いが延びる・路線が延びる・雨で運動会が延びる	↔伸びる
の-びる	伸びる	背伸び・草が伸びる・身長が伸びる・学力が伸びる	↔延びる のびのび育つ
の-べる	延べる	延べ・日延べ・延べ人員・延べ日数・延べ払い・繰り延べ・床を延べる	↔伸べる
の-べる	述べる	意見を述べる・事実を述べる	
の-べる	伸べる	手を伸べて助け起こす・救いの手を伸べる	↔延べる
のぼ-す	上す	議案を委員会に上す	
のぼ-せる	上せる	意識に上せる	風呂でのぼせる・褒められてのぼせている
のぼ-る	上る	上り・上り坂・上り下り・上り調子・上りホーム・都に上る・丘に上る・台に上る・水銀柱が上る・被害が一億円に上る	↔昇る・登る 話題にのぼる・日程にのぼる・うわさにのぼる
のぼ-る	登る	山登り・登り口・山に登る・木に登る	↔上る・昇る
のぼ-る	昇る	日が昇る・天に昇る	↔上る・登る
の-む	飲む	飲み水・飲み代・飲み物・飲み食い・乳飲み子・水を飲む・酒を飲む	声をのむ・涙をのむ・要求をのむ・たばこをのむ・のんでかかる
の-る	乗る	乗り物・乗り手・乗り合い・乗り換え・乗り組む・馬に乗る・車に乗る・時流に乗る	↔載る 誘いにのる・相談にのる・気がのらない・のるかそるか
の-る	載る	新聞に載る・棚に載っているバッグ	↔乗る
のろ-う	呪う	呪い・人を呪う・世を呪う・呪いをかける	
ハ	波	波浪・波及・電波・波線・波長・波動・音波・短波・中波・長波・風波・余波・防波堤・波乱万丈	
ハ	派	派遣・派生・流派・派出所・派閥・派兵・一派・右派・学派・急派・左派・宗派・新派・党派・特派員・軟派・○○派	はでな服装
ハ	破	破壊・破産・撃破・破棄・破格・破局・破損・破談・破片・破滅・破約・破裂・走破・打破・読破・突破・爆破・破天荒	
ハ	把	把握・把持・一把（ワ）・三把（バ）・十把（パ）	「把（ハ）」は、前に来る音によって「ワ」、「バ」、「パ」になる。

音訓	漢字	用例	備考
ハ	覇	覇権(6)・覇者(3)・制覇(5)・覇気(1)・連覇(4)・覇を唱える(4)・覇を競う④	
は	羽(2)	白羽の矢(1 2)・羽織(2)・羽衣(2)・赤い羽根④・羽子板(1 2)・羽目板(1 2)・一羽(わ)(1)・三羽(ば)(2)・六羽(ぱ)(1 2)	「羽(は)」は，前に来る音によって「わ」，「ば」，「ぱ」になる。
は	葉(3)	枯れ葉(3)・落ち葉(3 6)・葉桜(3 1)・青葉(3)・枝葉(1 3)・草葉(5 3)・双葉(1 3)・松葉(3)・若葉(4 3)・葉が茂る(6 3)	「双葉」は，「二葉」とも。
は	歯(3)	入れ歯(3)・歯痛(3 6)・歯車(3 1)・奥歯(3)・虫歯(1 3)・歯が悪い(3)・のこぎりの歯(3)・歯が浮く(3)・歯をむく(3 1)・歯が立たない(1)	
は	刃(3)	刃物(3)・両刃(3)・刃先(1)・替え刃(3)・刃がこぼれる(3)・刃を研ぐ③	
は	端	端数(2)・半端(2)・軒端(□)・端役(□)・山の端(1)	「半端・軒端」は，「ハンぱ・のきば」。
バ	馬(2)	馬車(2 1)・競馬(3 2)・乗馬(3 2)・馬脚(2 5)・馬術(2 2)・馬場(2 2)・馬肉(2 2)・馬力(2 1)・牛馬(2 2)・出馬(1 2)・人馬(1 2)・名馬(1 2)・木馬(2 2)・落馬(2)①・馬耳東風(2 2)	
バ	婆	老婆(4)・塔婆	
バ	罵	罵声(2)・罵倒(6)・痛罵(3)・面罵▼・罵詈(リ)雑言(5 2)	
ば	場(2)	場所(2 2)・広場(2 1)・場合(3 2)・場数(2 2)・場面(2 5)・足場(2 2)・市場(2 2)・急場(2 2)・現場(5 2)・工場(2 2)・砂場(6 2)・職場(3 2)・立場(1 2)・本場④・牧場(2)(3 2)・役場(6 2)・場をもたせる(2 2)	
ハイ	拝(6)	拝見(6 1)・拝礼(6 2)・崇拝(6 4)・拝謁(6 4)・拝観(6 2)・拝顔(6 2)・拝啓(6 2)・拝察(6 4)・拝辞(6 4)・拝借(6 4)・拝聴(6)・拝殿(6)・拝復(6 4)・拝命(1 1)・参拝(1)・礼拝(6)・木村一郎拝	「礼拝(レイハイ)」は，「ライハイ」とも。
ハイ	背(6)	背後(6 1)・背景(6 2)・腹背(6 4)・背泳(6 2)・背信(6 2)・背徳(6 4)・背任(6 2)・背反(6 4)・背面(6 4)・背理(6 4)・光背(2 6)・紙背(2 6)・後背地(2 6 2)・背水の陣(1 6 6 3)・二律背反(3 6 6 6)・面従腹背	後背地←向(×)背地
ハイ	肺(6)	肺臓(6 6)・肺炎(6 2)・肺活量(6 2 4)・肺病(6 2)・肺結核(6 2)・人工心肺(1 2 2 6)	
ハイ	俳(6)	俳優(6 6)・俳句(6 5)・俳味(6 3)・俳号(6 3)・俳人(6 1)・俳壇(6)	
ハイ	配(3)	配分(3 2)・交配(3 2)・心配(3 2)・配下(3 4)・配給(3 2)・配色(3 4)・配線(3 2)・配達(3 4)・配置(3 2)・配電(3 2)・配当(3 2)・配布(3)・配慮(3 2)・差配(3 2)・支配(3 2)・手配(3 2)・分配(3 2)・配偶者	
ハイ	敗(4)	敗北(4 2)・腐敗(4 4)・失敗(4 4)・敗因(4 4)・敗軍(4 4)・敗残(4 3)・敗者(4 4)・敗戦(4 4)・敗走(4 4)・敗退(4 6)・完敗(4 4)・惨敗(□ 4)・惜敗(3 4)・勝敗(4 4)・成敗(4 4)・全敗(4 4)・不敗(4 4)・連敗(4 6)	
ハイ	杯	祝杯(4)・銀杯(3)・一杯(4)・乾杯(3)・金杯(5)・献杯(4)・賞杯(3)・杯を重ねる	
ハイ	排	排斥(1)・排気(6)・排除(3)・排外(6)・排撃(1)・排出(1)・排水(1)・排他(1)・排日	
ハイ	廃	廃止(2)・廃物(3)・荒廃(4)・廃案(5)・廃液(6)・廃刊(6)・廃棄(3)・廃墟(1)・廃業(3)・廃校(1)・廃水(1)・廃品(1)・全廃(4)・存廃(3)・退廃(6)・撤廃(3)・産業廃棄物	
ハイ	輩	輩出(1)・同輩(2)・先輩(1)・後輩(6)・若輩⑥・年輩(1)・わが輩	「年輩」は，「年配」とも。「若輩」は，「弱輩」とも。
はい	灰(6)	灰色(6 2)・火山灰(1 1 6)・灰になる	
バイ	売(2)	売買(2 2)・売品(2 3)・商売(2 2)・売却(2 1)・売店(2 4)・売名(2 3)・売約(4 2)・売薬(4 3)・競売(6 2)・専売(4 2)・即売(4 2)・特売(4 2)・発売(2 3)・販売(5 2)・密売(2 3)・廉売(6 2 4 5)・非売品・専売特許	

音訓	漢字	用例	備考
バイ	倍	倍率・倍加・二倍・倍額・倍数・倍増・人一倍・最小公倍数	
バイ	梅	梅園・梅雨・紅梅・梅花・梅毒・梅林・白梅・入梅	
バイ	買	買収・売買・購買・買価	
バイ	培	培養・栽培	
バイ	陪	陪席・陪食・陪審	
バイ	媒	媒介・媒体・触媒・溶媒・媒酌人	
バイ	賠	賠償	
はい-る	入る	風が入る・穴に入る・泥棒が入る・風呂に入る・大学に入る・五月に入る・目に入る・熱が入る	
は-え	栄え	栄えある・見栄え	↔映え
は-える	生える	芽生える・生え抜き・草が生える・根が生える・歯が生える	
は-える	映える	夕映え・夕日に映える・着物が映える	↔栄える
は-える	栄える	優勝に栄える戦い	↔映える
はか	墓	墓参り・墓石・墓場・墓守	
は-がす	剝がす	ビラを剝がす・壁を剝がす	
ば-かす	化かす	キツネに化かされる	
はがね	鋼	鋼のようにたくましい男	
はか-らう	計らう	予定どおり進行するよう計らう	よきにはからえ
はか-る	図る	合理化を図る・解決を図る・便宜を図る・再起を図る	↔計る・測る・量る・謀る はからずも
はか-る	計る	時間を計る・まんまと計られた	↔測る・量る・図る・謀る
はか-る	測る	距離を測る・深さを測る・高度を測る	↔計る・量る・図る
はか-る	量る	ますで量る・重量を量る・容積を量る	↔計る・測る・図る
はか-る	諮る	会議に諮る・会員に諮る	
はか-る	謀る	暗殺を謀る・悪事を謀る	↔計る・量る・図る
は-がれる	剝がれる	ビラが剝がれる・壁が剝がれる・身ぐるみ剝がれる	
ハク	白	白髪・紅白・明白・白衣・白骨・白紙・白日・白書・白状・白刃・白昼・白票・白熱・告白・自白・純白・独白・漂白	
ハク	博	博識・博覧・博士号・博愛・博学・該博・医学博士・文学博士・博覧強記・博学多才	「博士（ハカセ）」は，小学校で学習する付表の語。学位の正式称号は「ハクシ」。

音訓	漢字	用例	備考
ハク	伯	伯仲④・画伯②・伯爵	
ハク	拍	拍手¹・拍車¹・一拍¹・拍手喝采¹	
ハク	泊	宿泊³・停泊⁵・外泊²・漂泊¹・三泊四日¹ ¹	
ハク	迫	迫害④・脅迫²・切迫²・迫撃³・迫真¹・迫力⁵・圧迫¹・気迫³・急迫・窮迫²・強迫²・緊迫	脅迫状↔強迫観念 「急迫」は，事態が進んで危なくなっていること。↔「窮迫」は，経済的にひどく困っていること。
ハク	舶	舶来²・船舶²・舶来品² ³	
ハク	薄	薄情・薄謝²・軽薄³・薄幸²・薄弱³・薄氷²・薄暮⑥・薄命³・希薄④・浅薄・肉薄²・薄志弱行⁵ ² ² ²・薄利多売⁴ ²・意志薄弱	「肉薄」は，「肉迫」とも。
ハク	剝	剝製⁵・剝奪²・剝落³・剝離	
は-く	吐く	吐き気¹・吐き出す・唾を吐く³・血を吐く・煙を吐く・本音を吐く¹ ¹・泥を吐く	
は-く	掃く	掃き出す¹・庭を掃く³・ゴミを掃く	
は-く	履く	履き物・靴を履く³	ズボンをはく・足袋をはく 靴を履き違える↔自由をはきちがえる
は-ぐ	剝ぐ	木の皮を剝ぐ¹ ³	
バク	麦	麦芽② ④・麦秋② ②・精麦⁵ ②	
バク	幕	幕府⁶ ⁴・幕末⁶ ⁴・幕僚⁶ ³・討幕⁶ ⁶	
バク	漠	漠然⁴・広漠²・砂漠⁶	
バク	縛	束縛⁴・捕縛³・自縛² ④・自縄自縛²	
バク	爆	爆発・爆弾²・原爆²・爆音³・爆撃②・爆笑④・爆心²・爆破³・爆風²・爆薬³・自爆²・水爆	
<u>バク</u>	博	博徒④ ④・賭博□④	
<u>バク</u>	暴	暴露⑤	
はぐく-む	育む	心を育む教育² ³・親の愛に育まれる² ² ³	
はげ-しい	激しい	激しさ⁶・激しい雨⁶ ¹・気性が激しい¹ ⁵ ⁴ ⁴・競争が激しい⁶・激しさを増す⁵	
はげ-ます	励ます	励まし⁴・選手を励ます¹・励ましの声²	
はげ-む	励む	励み³・練習に励む³・励みになる	
は-げる	剝げる	剝げ落ちる³・塗りが剝げる・メッキが剝げる	
ば-ける	化ける	お化け³・化け物³・化けの皮³・キツネが化ける⁶ ⁴・警官に化ける³	

音訓	漢字	用例	備考
はこ	箱	箱庭³・小箱¹・箱船³・重箱³²・巣箱³・箱書き⁴³・箱詰め³・玉手箱¹¹³・道具箱²³³・宝石箱⁶¹³・箱入り娘・一箱二箱	
はこ-ぶ	運ぶ	荷物を運ぶ³・足を運ぶ³・話が運ぶ³	
はさ-まる	挟まる	指が挟まる³・歯に挟まる³・二つの間に挟まる²	
はさ-む	挟む	板挟み・挟み撃ち・しおりを挟む・箸で挟む・道を挟む	口をはさむ・小耳にはさむ・はさみで切る
はし	橋	丸木橋²¹³・石橋¹³・土橋¹³・橋げた・橋渡し・架け橋・つり橋・アーチ橋³・橋を渡る	「架け橋」は、「懸け橋」とも。谷間の架け橋⇔友好の懸け橋
はし	端	片端⁶・両端³・ひもの端	
はし	箸	菜箸⁴・火箸¹・箸をつける・箸の上げ下ろし¹¹・箸にも棒にもかからない⁶	
はじ	恥	生き恥¹・赤恥²・恥知らず・恥をかく・恥をさらす・恥の上塗り¹・恥も外聞もない	
はじ-まる	始まる	始まり³・会議が始まる²¹³・新学期が始まる³	
はじ-め	初め	月初め¹⁴・年の初め⁴⁶³・段落の初め・初めに思ったことは	⇔始め
はじ-めて	初めて	初めて見た⁴・初めての経験⁵⁴	
はじ-める	始める	始め³・手始め・書き始め・読み始め・事の始め・会を始める・仕事を始める³	⇔初め・初めて〜をはじめ
はしら	柱	帆柱³・大黒柱³・貝柱¹³・霜柱³・茶柱³・柱時計³²²・電信柱²⁴³・鼻っ柱³・一家の柱¹²・柱を立てる	「時計」は、小学校で学習する付表の語。
は-じらう	恥じらう	恥じらい・花も恥じらう・恥じらいを見せる¹	
はし-る	走る	先走る¹²・走り²・走らせる²・走り書き²・走り使い²・走り読み²・馬が走る²³・電車が走る²・ペンを走らせる²・走りのいい車²	さんまのはしり・梅雨のはしり
は-じる	恥じる	恥じ入る¹・罪を恥じる⁵・落第を恥じる³³・失言を恥じる⁴²・深く恥じ入る³¹	
は-ずかしい	恥ずかしい	恥ずかしい身なり³・恥ずかしい思い²・恥ずかしい話²	
はずかし-める	辱める	□辱め・公衆の面前で辱められる²⁶・家名を辱める²¹・辱めを受ける³	
はず-す	外す	踏み外す・ボタンを外す・タイミングを外す・的を外す⁴・席を外す	
はず-む	弾む	弾み・ボールが弾む・弾みがいい	話がはずむ・声がはずむ・息がはずむ・倒れたはずみに
はず-れる	外れる	的外れ⁴²・戸が外れる²	仲間はずれ
はた	畑	畑作³²・畑地³²・田畑¹³	「田畑」は、「たはた・デンばた」。
はた	旗	旗色⁴²・手旗・旗頭④・旗印⁴⁴・旗日⁴¹・旗揚げ⁴・旗を揚げる⁴・旗を振る⁴・旗を巻く⁶	

音訓	漢字	用 例	備 考
はた	機④	機織り④⑤・機屋④③・手機①④・機を織る④⑤	
はた	端②	川端①・道端②・池の端②	はた迷惑・はたから口を出す
はだ	肌	肌色②・地肌②・肌着③・肌身②・岩肌⑤・素肌①・山肌②・肌合い③・肌荒れ・肌寒い③・勇み肌④・学者肌①③・肌が合わない・ひと肌脱ぐ	
はだか	裸	丸裸①・裸馬①・裸麦③・赤裸①・裸一貫①・裸電球④・裸になる②・裸のつき合い	
はたけ	畑③	畑違い③・麦畑②③・芋畑③・大根畑①③・段々畑⑥・理科畑②②③・数学畑②①③・畑を耕す⑤	
は-たす	果たす④	果たし合い④・果たし状⑤⑤・義務を果たす①④・目的を果たす①④	はたしてどうなるか〔副詞のときは，公用文以外は仮名書きが多い。〕
はたら-く	働く④	働き④・働かす④・働かせる④・働き口④・働き手④・働き者④・働き盛り⑥・畑で働く①④・働きに出る①③	頭がはたらく・不正をはたらく・言葉のはたらき
ハチ	八①	八月①・八方①②・八個①・八本①・尺八⑥・十八番①・四十八手①・八十八夜①・八方美人②③・四方八方①②①②	
ハチ	鉢	植木鉢①・鉢物②・鉢植え⑥・鉢巻き①・金魚鉢①②・鉢合わせ②	
はち	蜂	蜜蜂①・蜂蜜②・蜂の巣④・蜂の巣をつついたよう	
バチ	罰	罰あたり・罰があたる	
ハツ	発③	発明①・発射②⑥・突発②・発火②③・発覚③④・発刊②③・発禁③⑤・発掘②⑤・発見③⑤・発行③①・発散③・発祥④③・発生③①・発想①③・発動③②・開発①・告発③・○○発③	
ハツ	髪	頭髪②・白髪③⑤・整髪①・金髪④・散髪③・断髪⑤・長髪②・毛髪②・理髪店②②	
<u>ハツ</u>	鉢□	衣鉢④□	
<u>ハツ</u>	法□	法度④③	
はつ	初④	初の受賞④③⑤・初雪②・初耳④②・初恋④①・初荷④・初音④③・初春④①・初日④②・初孫④①・初物④③・初夢④①・初参り④・初出場①②③	「初孫」は，「ういまご」とも。
バツ	末④	末子④①・末弟④②	「末子」，「末弟」は，「マッシ」，「マッテイ」とも。
バツ	伐	伐採①・征伐③⑤・殺伐⑤・伐木①・盗伐⑥・討伐①・濫伐	「濫伐」は，「乱伐」とも。
バツ	抜	抜群①・選抜①・抜糸①・抜歯①・抜粋①・抜刀①・海抜①・奇抜①・卓抜①・抜本的①④	
バツ	罰	罰金①・処罰⑥・天罰①・一罰百戒	
バツ	閥	門閥②・財閥⑤・派閥⑥・学閥①・○○閥・閥を作る②	
は-て	果て④	北の果て②④・旅路の果て③③④・この世の果て①④・なれの果て④・果てはどうなることか④	あげくのはて
は-てる	果てる④	宴が果てる③④・命が果てる④	あきれはてる・疲れはてる

音訓	漢字	用例	備考
はな	花	花火・草花・花形・花園・花束・花見・花道・花婿・花嫁・花輪・雄花・雌花・花祭り・お花畑・生け花・花も実もある	↔華
はな	鼻	鼻血・小鼻・鼻息・鼻緒・鼻紙・鼻毛・鼻声・鼻筋・鼻面・鼻水・目鼻・鼻っ柱・鼻がつまる・鼻が利く・鼻が高い	
はな	華	華やかだ・華やぐ・華々しい・江戸の華・華やいだ声・華々しい活躍・華やかな雰囲気	↔花
はなし	話	昔話・立ち話・因縁話・世間話・先生の話・話がうまい・話がわかる・話がつく・話にならない・話に花が咲く	
はな-す	放す	手放す・見放す・放し飼い・鳥を放す・手綱を放す・川に魚を放す	↔離す
はな-す	話す	話し合い・話し方・話し手・話し相手・話し好き	
はな-す	離す	机を離す・仲を離す・目を離す	↔放す
はな-つ	放つ	矢を放つ・光を放つ・虎を野に放つ	
はなは-だ	甚だ	甚だ困る・甚だ愉快だ	
はなは-だしい	甚だしい	誤解も甚だしい	
はな-れる	放れる	放れ馬・矢が弦を放れる・鎖を放れる	↔離れる
はな-れる	離れる	離れ・乳離れ・離れ島・離れ業・親離れ・離れ離れ・席を離れる・心が離れる・故郷を離れる・離れを建てる	↔放れる
はね	羽	羽布団・鳥の羽・飛行機の羽・羽を伸ばす	飛行機の羽↔扇風機の羽根
は-ねる	跳ねる	跳ね返す・跳ね回る・跳ね上がる・跳ね起きる・馬が跳ねる・魚が跳ねる	油がはねる・泥がはねる・芝居がはねる
はは	母	母親・母上・母方・母なる大地・まぶたの母・必要は発明の母	
はば	幅	横幅・肩幅・川幅・値幅・歩幅・道幅・幅跳び・道路の幅・人間の幅・幅が広い・幅をきかせる・大幅な値上げ	
はば-む	阻む	行く手を阻む・計画を阻む・反対派に阻まれる	
はぶ-く	省く	手間を省く・無駄を省く	
はま	浜	浜辺・砂浜・浜風・州浜・浜焼き	
はや-い	早い	早口・早寝・早出・早道・早耳・早業・足早・早起き・早送り・手早い・早合点・早い者勝ち・朝が早い	↔速い すばやい［仮名書きが多い。］
はや-い	速い	速さ・流れが速い・球が速い・テンポが速い・脈が速い・速く走る・車の速さ	↔早い
はやし	林	松林・梅林・杉林・竹林・雑木林	
は-やす	生やす	ひげを生やす・根を生やす	
はや-まる	早まる	開会が早まる・順番が早まる	↔速まる はやまった行動

音訓	漢字	用 例	備 考
はや-まる	速まる	スピードが速まる・脈拍が速まる	↔早まる
はや-める	早める	開会を早める・出発を早める	↔速める
はや-める	速める	足を速める・ペースを速める	↔早める
はら	原	野原・松原・草原・砂原・焼け野原	
はら	腹	腹芸・太っ腹・腹痛・腹帯・下腹・横腹・腹がけ・腹時計・腹八分・腹巻き・腹にすえかねる・腹鼓を打つ	「時計」は、小学校で学習する付表の語。
はら-う	払う	払い・月払い・支払う・売り払う・払い込み・払い下げ・払い戻し・払い渡し・金を払う・注意を払う	はらい清める・おはらいをする
は-らす	晴らす	気晴らし・恨みを晴らす	
は-らす	腫らす	泣き腫らす・目を腫らす	
はり	針	針金・針箱・釣り針・注射針・針仕事・時計の針・針のむしろ・針の穴から天をのぞく	「時計」は、小学校で学習する付表の語。
はる	春	春めく・春風・春先・春雨・初春・春一番・春休み・春が浅い・わが世の春	
は-る	張る	張り子・張り手・張り番・テントを張る・網を張る・意地を張る・気が張る・体を張る・宴を張る	↔貼る
は-る	貼る	ポスターを貼る・切手を貼る・付箋を貼る	↔張る
は-れる	晴れる	晴れ・晴れやかだ・晴れ着・晴れ間・晴れ渡る・晴れ晴れする・空が晴れる	
は-れる	腫れる	腫れ・腫れ物・足が腫れる・顔が腫れる・腫れが引く	
ハン	反	反映・反対・違反・反感・反旗・反逆・反響・反射・反証・反省・反則・反動・反応・反発・反復・反面・反論・背反	反面↔半面
ハン	半	半分・半面・大半・半円・半額・半球・半減・半身・半周・半熟・半焼・半島・半端・後半・夜半・半信半疑	半面↔反面
ハン	犯	犯罪・共犯・侵犯・犯意・犯行・犯人・主犯・防犯	
ハン	判	判定・判明・裁判・判型・判決・判然・判断・判読・判別・判例・公判・審判・批判・三文判・判を押す	
ハン	坂	急坂・登坂車線	
ハン	板	乾板・鉄板・甲板	「甲板」は、「カンパン・コウハン」。
ハン	版	版画・写真版・出版・版木・版権・版元・活版・再版・初版・絶版・銅版・凸版・木版・関西版・縮刷版・版を重ねる	
ハン	班	班長・救護班・首班・○○班・班を組む	
ハン	飯	炊飯・赤飯・一宿一飯	ご飯［接頭語は仮名書きが多い。］

音訓	漢字	用例	備考
ハン	帆	帆船²・帆走²・出帆¹・順風満帆⁴²⁴	
ハン	伴	同伴・随伴²・伴侶	
ハン	畔	湖畔³・河畔⁵・橋畔・池畔	
ハン	般	諸般⁶・一般¹・先般・過般⁵・今般・全般³	
ハン	販	販売²・販路³・市販²・再販制度⁵⁵³	
ハン	搬	搬入¹・搬出¹・運搬³・搬送³	
ハン	煩	煩雑⁵・煩瑣(サ)▼・煩悶(モン)▼・煩をいとわない	
ハン	頒	頒布・頒価⁵	
ハン	範	範囲⁵・師範⁵・模範⁶・範例⁴・垂範⁶・範疇(チュウ)▼・範を示す⁵	
ハン	繁	繁栄⁴・繁茂・繁華街⁴・繁雑・繁殖・繁盛⁶・繁忙・頻繁³・農繁期³	
ハン	藩	藩主³・廃藩・藩学・藩校¹・藩士⁵・藩邸・藩閥¹・小藩²・親藩・○○藩	
ハン	氾	氾濫	川が氾濫する↔反乱を企てる
ハン	汎	汎用²・汎神論³⁶	
ハン	阪④	阪神④³・京阪②④	大阪(おおさか)府
ハン	斑	斑点²・斑紋	
<u>ハン</u>	凡□	凡例⁴	
バン	万②	万国②・万端②・万全②³・万感②³・万歳②・万策②・万事②⁶・万人²¹・万能②⁵・万物②³・万民②⁴・森羅万象¹・千差万別²⁵⁴・万やむをえない²⁴	
バン	判⁵	A判⁵・大判¹⁵・菊判・小判¹⁵	
バン	板³	黒板²³・掲示板⁵³・板金³¹・看板⁶³	
バン	晩⁶	晩夏⁶²・今晩²⁶・早晩²⁶・晩学⁶²・晩秋⁶²・晩春⁶²・晩鐘⁶・晩霜⁶□・晩年⁶¹・晩飯⁶⁴・朝晩²⁶・昨晩²⁶・毎晩⁴⁶・大器晩成¹²⁴・朝から晩まで²⁶	
バン	番	番人²¹・番組²・順番²・番外²・番号²・番地²・番茶²・番付²⁴・交番²²・当番²²・非番⁵²・輪番⁴²・十八番¹¹²・留守番²⁵²・番を待つ²・番をする²	
バン	伴	伴奏⁶・伴食²・伴走②・お相伴にあずかる	
バン	蛮	蛮行²・野蛮²・蛮声²・蛮勇	
バン	盤	基盤¹・円盤²・碁盤¹・盤石³・盤面⁶・吸盤³・銀盤⁶・骨盤・地盤²・旋盤・落盤³・配電盤³²	
ヒ	比⁵	比較⁵・比例⁵⁴・無比⁴⁵・比肩⁵□・比重⁵³・比率⁵⁵・比類⁵⁴・対比³⁵・正比例¹⁵⁴・反比例⁴・AとBの比⁵・〜の比ではない	

音訓	漢字	用例	備考
ヒ	皮³	皮³膚・皮³相・樹皮⁶・皮³下・皮³革製品・外皮¹・皮²肉・脱皮³・表皮³・鉄面皮³	
ヒ	否⁶	否⁶定・適否³・安否⁶・否³決・否認⁶・可否⑥・拒否⁵・合否⁶・採否²・賛否⁶・成否⁴・存否⁶・諾否⁶・当否⁶・認否⑥・良否⁴・賛否両論⁵⁶³⁶	
ヒ	批⁶	批⁶判・批⁶評・批⁶准・批正⁶¹	批准←比(×)准
ヒ	肥⁵	肥⁵大・肥⁵料・施肥□⁵・肥育⁵³・肥⁵満・追肥³⁵	
ヒ	非⁵	非⁵難・非⁵常・是非⁵・非⁵運・非⁵行・非⁵情・非⁵戦・非⁵道・非⁵法・非凡⁵・非礼⁵³・前非²⁵・非常識⁵⁵⁵・非金属⁵¹⁵・非を認める⁵・非を暴く⑤	
ヒ	飛⁴	飛⁴行・飛⁴躍・雄飛²⁴・飛脚⁴・飛⁴車・飛揚⁴・飛来⁴²	
ヒ	秘⁶	秘⁶密・秘⁶書・神秘³⁶・秘奥□・秘⁶境・秘⁶策・秘⁶術・秘⁶蔵・秘⁶伝・秘⁶仏・秘⁶法・極秘⁴⑥・守秘³⁶・便秘⁴・黙秘³²⁶・部外秘⁶・秘中の秘⁶⁵	
ヒ	悲³	悲³喜・悲³劇・慈悲³⁶・悲³哀・悲³運・悲³観・悲³願・悲³惨・悲³壮・悲³嘆・悲憤・悲鳴▼・悲憤慷(コウ)概	
ヒ	費⁵	費⁵用・消費⁵²・旅費⁵・費消¹⁵・会費⁴⁵・学費⁴⁵・官費⁵²・給費⁵・巨費⁵・経費⁵⁵・公費²⁵・国費²⁵・歳費⁵⁵・雑費⁵⁵・私費³⁵・実費¹⁵・出費²²⁵・交通費²⁵	
ヒ	妃	妃殿下¹・王妃⁶²・皇太子妃¹	
ヒ	彼	彼我⑥・彼岸³	
ヒ	披	披見¹・披露²・直披	
ヒ	泌□	泌尿器⁴	
ヒ	卑	卑近²・卑屈・卑下¹・卑語・卑俗・卑劣・野卑・官尊民卑⁴⁶⁴	
ヒ	疲	疲労⁴・疲弊	
ヒ	被	被³服・被害・被告⁵・被災・被爆・被覆・被膜・被疑者⁶³・被災地⁵²・被写体³²・被害妄想	
ヒ	扉□	開扉³□・門扉²□	
ヒ	碑	碑銘¹・石碑²⁴・記念碑・碑石¹・碑文²・歌碑⁵・句碑³・詩碑⁵・墓碑銘・碑を建てる⁴	
ヒ	罷	罷業³・罷免	
ヒ	避	避難⁶・逃避⁴⁵・不可避³・避暑²・避雷・回避⁶・忌避・退避	
ひ	火¹	火¹花・炭火¹・火¹種・火¹蓋・火¹元・口火¹・下火¹・花火¹・火の海²・火の車¹・火の粉¹・火の手¹・飛び火¹・不審火²・火に油を注ぐ	↔灯
ひ	日¹	日¹帰り・月曜日²・日¹陰・日²傘・日¹付・朝日²・月日¹・天日²・西日¹・初日⁴・夕日¹・○○の日¹・日が浅い¹・日が当たらない	
ひ	氷³	氷³雨・氷室③②	

音訓	漢字	用例	備考
ひ	灯[4]	街の灯[4]・灯[4]がともる	↔火
ビ	美[3]	美醜[3]・美術[3]・賛美[5]・美観[3]・美技[3]・美挙[3]・美形[3]・美酒[3]・美食[3]・美人[3]・美声[3]・美田[3]・美容[3]・華美[5]・優美[5]・美男美女[3][1][3][1]・美の世界[3][3]・八方美人[1][2][3][1]	
ビ	備[5]	備考[5]・守備[3]・準備[5]・備品[5]・完備[5]・具備[5]・軍備[5]・警備[6]・常備[5]・設備[5]・装備[6]・不備[5]・防備[5]・予備[5]・備忘録[6][6][4]・才色兼備[2][2][5]	
ビ	鼻[③]	鼻音[③][1]・鼻孔[③]・耳鼻科[①][③][2]・鼻炎[③]	
ビ	尾	尾行[2]・首尾[2]・末尾[5]・尾骨[2]・尾灯[6]・尾翼[2]・語尾[2]・交尾[2]・船尾[2]・徹頭徹尾[2]・一尾二尾[1][1]	
ビ	微	微細[1]・微笑[④]・衰微[1]・微温[3]・微罪[1]・微小[1]・微動[1]・微熱[3]・微風[2]・微妙[2]・微量[1]・微力[4]・機微[1]・微生物[3]・微調整[3]・微粒子[3]・顕微鏡[3]	
ビ	眉	眉目・焦眉[6]・眉宇・眉目秀麗[1]	
ひい-でる	秀でる	一芸に秀でる[1][4]・秀でた才能[2][5]	
ひ-える	冷える	底冷え[4]・花冷え[4]・冷えこむ[4]・体が冷える[4]・愛が冷える[4]	ひやりと
ひか-える	控える	控え[2]・控え室・控えめ・次の間に控える・酒を控える[3]・発言を控える[3][2]・背後に控える[6][2]・手帳に控える[1][3]・控えを取る[6][2]	
ひがし	東	東側[2][4]・東の風[2][1]・東の空[2][1]・東半球[1][2][3]・東日本[2][1][1]	
ひかり	光	稲光[2]・七光[1][2]・月の光[2][1]・日の光[1][1]・光を発する[2]・光を放つ[2]・光を失う[2][4]・希望の光[4][4][2]	
ひか-る	光る	光り輝く[2]・光った存在[6][5]・星が光る[2]・ダイヤが光る[2]・目が光る[1][2]	
ひき	匹	数匹	一匹(イッぴき)・二匹(ニひき)・三匹(サンびき)
ひき-いる	率いる[5]	チームを率いる[5]・団員を率いる[5][3]	
ひ-く	引く[2]	引き際[2][⑤]・引き潮[2]・引き返す[2]・引き揚げる[2]・引き当てる[2]・引き受ける[2]・引き換える[2]・戸を引く[2]・例を引く	↔弾く 同情をひく・注意をひく・粉をひく・のこぎりでひく・ひきこもる・ひきつける
ひ-く	弾く[2]	弾き手[1]・ピアノを弾く・琴の弾き手[1]	↔引く
ひく-い	低い[4]	山が低い[2]・腰が低い[2][4]・地位が低い[2][4]・音が低い[1][4]・背の低さを気にする[4]・低い声[4]	
ひく-まる	低まる[4]	音が低まる[1][4]・声が低まる[2][4]	
ひく-める	低める[4]	音を低める[1][4]・声を低める[2][4]	
ひ-ける	引ける[2]	線が引ける[2][2]	仕事がひける・気がひける
ひざ	膝	膝がしら・膝枕[2]・膝組み・膝小僧[1]・膝をくずす・膝が笑う・膝を抱える[2]・膝を交える[2]	

音訓	漢字	用 例	備 考
ひさ-しい	久い	久々・久しぶり・久しく会っていない・～して久しい・久々の対面	
ひじ	肘	肘掛け・肘鉄砲・肘掛椅子	
ひそ-む	潜む	潜める・物陰に潜む・心に潜む・身を潜める・声を潜める	眉をひそめる
ひたい	額	額を寄せる・額を接する・額に汗する	
ひた-す	浸す	水浸し・タオルを水に浸す	
ひだり	左	左利き・左手・左前・左を向く	
ひた-る	浸る	お湯に浸る・酒に浸る・思い出に浸る	
ヒツ	必	必然・必死・必要・必携・必見・必殺・必至・必修・必勝・必定・必着・必中・必読・信賞必罰	必死の覚悟↔改革は必至である
ヒツ	筆	筆力・筆記・毛筆・筆者・筆写・筆順・筆跡・筆舌・筆談・筆頭・筆法・悪筆・鉛筆・硬筆・自筆・執筆・随筆・絶筆	
ヒツ	匹	匹敵・匹夫・馬匹	
ヒツ	泌	分泌	「分泌」は,「ブンピ」とも。
ひつじ	羊	羊飼い・羊の毛	
ひと	一	一息・一筋・一雨・一重・一皮・一晩・一筆・一安心・一切れ・一工夫・一仕事・一粒種・一握り・一寝入り	ひとかど・ひときわ・ひところ・ひとまず・ひとわたり・ひとかたならず
ひと	人	人手・旅人・人垣・人影・人柄・人声・人里・人質・人出・人波・人肌・人目・恋人・村人・人受け・人並み・時の人	
ひと-しい	等しい	長さが等しい・ゼロに等しい・全員に等しく配る	
ひと-つ	一つ	一つ二つ・決心一つだ・心を一つにする・一つとして～ない	ひとつ,よろしくお願いします
ひとみ	瞳	つぶらな瞳・瞳をこらす	
ひと-り	独り	独り者・独り言・独り決め・独り占め・独り立ち	ひとりでに・ひとり彼だけではない
ひび-く	響く	響き・響かせる・音が響く・鐘の響き	生活にひびく・胸にひびく
ひま	暇	暇な時・暇つぶし・暇がない・暇をつぶす・暇を出す	
ひめ	姫	姫松・姫君・歌姫・舞姫・お姫様	
ひ-める	秘める	胸に秘める・可能性を秘める	
ひ-や	冷や	冷や汗・冷ややかだ・冷や酒・冷や水・冷や麦・冷や飯・冷ややかな態度	
ひ-やかす	冷やかす	冷やかし・冷やかし半分・夜店を冷やかす・恋人どうしを冷やかす	
ヒャク	百	百貨店・百科全書・数百・百害・百人力・百分率・百面相・百万長者・百人一首・百科事典・百発百中・百家争鳴・百戦錬磨	百家争鳴↔百花斉放

音訓	漢字	用例	備考
ビャク	白①	黒白②①・黒白②①をつける	
ひ-やす	冷やす④	ビールを冷やす④・頭を冷やす②④・肝を冷やす④	
ヒョウ	氷③	氷点³²・氷山³¹・結氷³³・氷河³²・氷塊³⁵・氷解³²・氷結³³・氷雪³³・氷柱³³・氷壁³・解氷⁵³・樹氷⁶³・製氷⁵³・流氷³³・氷河期⁴³・南氷洋²³³	
ヒョウ	兵④	兵糧⁴①・雑兵⁴・兵法	「兵法」は、「ヘイホウ」とも。
ヒョウ	表③	表面³²・代表³²・発表³²・表記³³・表現³⁵・表紙³²・表示³⁵・表出³¹・表彰³⁵・表情³⁴・表層³⁶・表明³³・図表⁵⁴・地表⁴³・年表⁶・表裏一体①²・表に示す³⁵	表彰←表賞(×)
ヒョウ	俵⁴	一俵¹⁶・土俵¹⁶	
ヒョウ	票⁴	票決⁴³・投票³²・伝票³¹・票数³²・開票³・得票⁴²・白票³²・一万票¹⁴・票を入れる¹²⁴・票を集める⁴³	
ヒョウ	評⁵	評価⁵⁵・評判⁵⁵・定評³⁵・評議⁵⁵・評釈⁵⁵・評定⁵³・評点⁵²・評論⁵⁶・悪評³⁵・好評⁴⁵・酷評³⁵・時評²⁵・世評⁶⁵・批評³³・品評⁶⁵・風評⁵⁵・論評⁶⁵・人物評²³³	「評定」は、「ヒョウジョウ」と読むと、話し合って方針を決めること。「ヒョウテイ」と読むと、ものの評価を決めること。
ヒョウ	標④	標準⁴⁵・標本⁴¹・目標⁴⁴・標記⁴²・標語⁴²・標高⁴²・標示⁴⁵・標識⁴⁵・標題⁴³・標的⁴⁴・座標⁶⁴・指標³⁴・商標⁴⁵・墓標⁵⁴	「標題」は、「表題」とも。
ヒョウ	漂	漂着³・漂白¹・漂流³・漂失・漂泊	
<u>ヒョウ</u>	拍	拍子¹・拍子木¹¹・手拍子¹¹・三三七拍子¹¹¹¹	
ビョウ	平③	平等	
ビョウ	秒③	秒針³⁶・秒速³³・寸秒⁶³・秒読み²³・毎秒³²・秒を刻む³・一秒二秒¹³¹³	
ビョウ	病③	病気³³・病根³³・看病⁶³・病院³³・病苦³³・病死³²・病室³²・病弱³⁶・病床³・病状³⁵・病身³³・病巣³³・病棟³³・病人⁴³・疫病³³・急病³³・重病³³・難病³³	
ビョウ	苗	種苗⁴・痘苗・育苗³	
ビョウ	描	描写³³・素描⁵・点描²	
ビョウ	猫	愛猫⁴	
ひら	平②	平手³¹・平謝り³⑤・平たい³・平幕³⁶・平屋³³・平泳ぎ³・平仮名³⁵¹・平社員³²³	「仮名」は、中学校で学習する付表の語。
ひら-く	開く③	川開き¹³・開き戸³²・海開き²³・両開き²²・戸が開く²・花が開く¹³・会を開く²・店を開く²³	
ひら-ける	開ける③	運が開ける³・道が開ける²³・開けた土地³・国交が開ける¹²・展望が開ける⁶⁴	
ひ-る	干る	干上がる⑥¹・干物⑥³・潮干狩り⁶⑥	
ひる	昼②	昼寝²・真昼³²・昼飯²⁴・昼休み³²・昼下がり²¹	
ひるがえ-す	翻す	旗を翻す⁴・身を翻す²²・前言を翻す²²	

音訓	漢字	用例	備考
ひるがえ-る	翻る	旗が翻る	ひるがえって考えるに
ひろ-い	広い	広場・広々と・広間・広小(コウ)路・広い海・広い道・広い視野	
ひろ-う	拾う	拾い物・拾い主・拾い読み・ごみを拾う	勝ちをひろう・車をひろう
ひろ-がる	広がる	広がり・うわさが広がる・眼下に広がる・全国的な広がりを見せる	
ひろ-げる	広げる	傘を広げる・範囲を広げる・道を広げる	
ひろ-まる	広まる	うわさが広まる・名が広まる	
ひろ-める	広める	見聞を広める・名を広める	
ヒン	品	品評・作品・上品・品位・品格・品行・品質・品種・品性・景品・出品・商品・賞品・食品・製品・廃品・品がある・品種改良	
ヒン	貧	貧富・貧弱・清貧・貧寒・貧窮・貧苦・貧血・貧困・貧相・貧農・貧民・赤貧・貧すれば鈍する	
ヒン	浜	海浜	
ヒン	賓	賓客・主賓・来賓・国賓・迎賓館	
ヒン	頻	頻度・頻発・頻繁・頻出	
ビン	便	便乗・郵便・定期便・便箋・穏便・音便・航空便・臨時便	
ビン	貧	貧乏・器用貧乏・貧乏暇なし	
ビン	敏	敏速・機敏・鋭敏・敏感・敏腕・過敏・俊敏・明敏	
ビン	瓶	瓶詰め・花瓶・鉄瓶・土瓶・魔法瓶・ビール瓶・瓶に詰める	
フ	不	不当・不利・不賛成・不安・不意・不運・不穏・不覚・不況・不屈・不幸・不信・不評・不平・不満・不死身・不眠不休	
フ	夫	夫妻・凡夫・夫権・夫人・亡夫・美丈夫	
フ	父	父母・祖父・父子・岳父・養父・慈父・実父・神父・養父母	
フ	付	付与・交付・給付・付加・付記・付議・付近・付言・付随・付属・付箋・付着・付録・送付・納付・付する・付和雷同	「付属」は、「附属」とも。
フ	布	布陣・綿布・分布・布教・布告・布施・布石・布団・財布・散布・敷布・湿布・塗布・毛布・流布・宣戦布告	
フ	府	府県・首府・政府・府立・幕府・最高学府・学問の府・○○府	
フ	負	負担・負傷・勝負・負荷・負債・自負・抱負・負の数・負の遺産	
フ	婦	婦人・夫婦・主婦・寡婦・新婦・婦女子・家政婦	
フ	富	富強・富裕・貧富・富豪・富力・富国強兵	
フ	扶	扶助・扶養・扶育・相互扶助	

音訓	漢字	用 例	備 考
フ	怖	恐怖・畏怖	
フ	附	附属⁵・寄附⁵	「附属・寄附」は、「付属・寄付」とも。
フ	赴	赴⁵任	
フ	浮	浮沈・浮力¹・浮薄⁴・浮標³・浮遊³・浮動票⁴	
フ	符	符号³・切符²・音符¹・符合²・符丁³・終止符³²	符号を付ける↔証言と符合する
フ	普	普通²・普遍・普請・普及	普遍↔不偏↔不変 ふだん
フ	腐	腐心・腐敗⁴・陳腐・腐朽・腐臭²・腐食³・豆腐・防腐剤⁵	
フ	敷	敷⁵設・敷▼	
フ	膚	皮膚³・完膚⁴・完膚⁴なきまでに	
フ	賦	賦役③・月賦¹・天賦・賦課⁴・賦与・年賦¹	
フ	譜	系譜⁶・楽譜²・年譜¹・暗譜³・棋譜・曲譜³・採譜⁵・譜²を読む	
フ	訃	訃報⁵・訃音①	
フ	歩	将棋の歩⁶ ②	
フ	風	風情② ⁵・風呂②	
フ	阜	岐阜⁴県⁴³	
ブ	不	不作法⁴²⁴・不用心⁴²²・不精⁴⑤・不粋・筆不精³⁴⑤・不承不承⁴⁶⁴⁶	「不精・不粋」は、「無精・無粋」とも。
ブ	分	一分一厘¹²¹・三割二分三厘¹⁶¹²¹・五分¹²・分厚い²⁵・九分九厘¹²¹・五分五分¹²¹²・分がある²・分が悪い³	
ブ	歩	歩合②・歩がいい②	
ブ	武	武力⁵¹・武士⁵⁵・文武¹⁵・武器⁵²・武家⁵⁴・武芸⁵⁶・武装⁵²・武骨⁵²・武道⁵²・武勇⁵⁴・文武両道¹⁵³²・武運長久⁵³²⁵	
ブ	部	部分³²・全部³²・本部³²・部員³³・部下³¹・部局³³・部首³²・部署³⁶・部数³²・部隊³⁴・部品³³・部門³²・学部³¹・幹部²³・患部⁴³・細部²³・残部³²・○○部	
ブ	無	無事⁴³・無礼⁴³・無愛想⁴⁴³・無精⁴⑤・無粋・無難⁴⁶・無頼⁴⁶・無遠慮⁴²・多勢に無勢²⁵⁴⁵	「無愛想(ブアイソウ)」は、「ブアイソ」とも。「無精・無粋」は、「不精・不粋」とも。
ブ	侮	侮辱・軽侮³・侮蔑	
ブ	舞	舞踏・舞台²・鼓舞・舞楽²・舞曲³・舞踊²・歌舞・剣舞¹・日舞・洋舞³・乱舞⁶・歌舞音曲²¹³	
ブ	奉	奉²行	
フウ	風	風力²¹・風俗²・強風²²・風雨²¹・風雲²・風雅²・風紀²⁵・風景²⁴・風光²²・風車²¹・風習²³・風雪²²・風説²⁴・風船²²・風潮²⁴・風評⁴³・風味²²・涼風	洋風・和風↔昔ふう・西洋ふう・日本ふう・こういうふうに 風光→風光絶佳

音　訓	漢　字	用　例	備　考
フウ	封	封鎖・封書・密封・封印・封筒・封入・開封・完封・封切り・封じる・封を切る	
フウ	夫	夫婦・工夫	
フウ	富	富貴	「富貴」は，「フッキ」とも。
ふえ	笛	口笛・草笛・縦笛・角笛・横笛・笛吹けど踊らず	
ふ-える	増える	人口が増える・収入が増える・水量が増える	↔殖える
ふ-える	殖える	利子が殖える	↔増える
ふか-い	深い	深入り・深み・深酒・深手・目深・深読み・奥深い・根深い・深い穴・深い考え・秋が深い・欲が深い・深みにはまる	
ふ-かす	更かす	夜更かし・夜を更かす	
ふか-まる	深まる	秋が深まる・友情が深まる	
ふか-める	深める	理解を深める・友情を深める	
フク	服	服装・服従・洋服・服役・服罪・服飾・服毒・服務・服薬・衣服・屈服・私服・心服・着服・制服・和服・刑に服する	
フク	副	副業・副作用・正副・副賞・副題・副産物・副次的・副食物・副葬品・副読本	
フク	復	復活・往復・報復・復縁・復元・復旧・復古・復興・復習・復唱・復職・復路・回復・修復・拝復・反復・復する	「復元」は，「復原」とも。
フク	福	福祉・福徳・幸福・福音・祝福・裕福・災いを転じて福となす	
フク	腹	腹案・空腹・山腹・腹心・腹痛・腹部・私腹・船腹・中腹・満腹・立腹・下腹部	
フク	複	複数・複雑・重複・複眼・複合・複式・複写・複製・複線・複雑怪奇	
フク	伏	伏線・起伏・潜伏・伏在・伏兵・降伏・雌伏・平伏	
フク	幅	幅員・振幅・全幅・一幅・拡幅・紙幅	
フク	覆	覆面・転覆・被覆・覆水盆に返らず	
ふ-く	吹く	風が吹く・口笛を吹く・芽を吹く・ラッパを吹く・ほらを吹く	↔噴く
ふ-く	噴く	噴き出す・火を噴く・煙を噴く	↔吹く
ふ-く	拭く	汗を拭く・机を拭く・手を拭く	
ふく-む	含む	含み・含み声・含み笑い・口に水を含む・塩分を含む・含みをもたす	
ふく-める	含める	言い含める・交通費を含める	

音訓	漢字	用例	備考
ふく-らむ	膨らむ	膨らみ・風船が膨らむ・つぼみが膨らむ・希望が膨らむ・胸の膨らみ	
ふく-れる	膨れる	青膨れ・風船が膨れる・霜焼けで手が膨れる・お餅が膨れる	注意されてふくれる・ふくれっ面
ふくろ	袋	紙袋・胃袋・手袋・戸袋・袋小(コウ)路・袋とじ・袋のねずみ・袋だたきに遭う	
ふ-ける	老ける	老け役・老けこむ	
ふ-ける	更ける	夜更け・夜が更ける・秋が更ける	
ふさ	房	一房・乳房・ぶどうの房	
ふさ-がる	塞がる	穴が塞がる・予定が塞がる・席が塞がる	
ふさ-ぐ	塞ぐ	穴を塞ぐ・道を塞ぐ・傷口を塞ぐ	
ふし	節	節穴・節回し・指の節・竹の節・体の節々が痛い	怪しいふしがある
ふじ	藤	藤色・藤棚・藤娘・藤の花	
ふ-す	伏す	伏し拝む・泣き伏す・伏し目がち・伏してお願い申しあげます	床〈とこ〉にふす
ふせ-ぐ	防ぐ	防ぎ・敵を防ぐ・寒さを防ぐ・風を防ぐ	
ふ-せる	伏せる	うつ伏せ・体を伏せる・目を伏せる・答えを伏せる・コップを伏せる	
ふた	二	二重まぶた・二心・二手	↔双
ふた	双	双子・双葉	↔二
ふた	蓋	火蓋・鍋の蓋・蓋を開ける・身も蓋もない	
ふだ	札	名札・正札・手札・荷札・値札・札付き・立て札・切り札・札を配る	
ぶた	豚	子豚・豚箱・豚小屋	
ふたた-び	再び	二度と再び・再び会う	
ふた-つ	二つ	二つ返事・二つに一つ	
ふち	縁	縁取り・額縁・畳の縁・眼鏡の縁	「眼鏡」は、小学校で学習する付表の語。
フツ	払	払暁・払底・払拭	
フツ	沸	沸騰・沸点・煮沸	
ブツ	仏	仏事・仏像・念仏・仏教・仏師・仏道・仏法・仏滅・仏門・成仏・神仏・大仏	
ブツ	物	物質・人物・動物・物価・物件・物議・物産・物色・物体・物理・現物・好物・私物・実物・海産物・建造物・物情騒然	

音　訓	漢　字	用　例	備　考
ふで	筆[3]	筆[3]先[1]・絵[2]筆[3]・筆[3]不[4]精[5]・筆[3]まめ・筆[3]がたつ・筆[3]を断[5]つ・筆[3]を執[3]る・筆[3]を走[3]らせる	「筆不精」は，「筆無精」とも。
ふと－い	太[2]い	太[2]字[1]・筆[3]太[2]・骨[6]太[2]・太[2]もも・太[2]い腕[2]・野[2]太[2]い声[2]・太[2]い神[3]経[5]・太[2]いきずな	
ふところ	懐	懐[1]手[2]・内[2]懐[1]・懐[1]刀[2]・懐[1]に手を入[1]れる・懐[1]が暖[6]かい・懐[1]が寒[3]い・懐[1]が深[3]い	
ふと－る	太[2]る	太[2]った犬[2]・脚が太[2]い・まるまると太[2]る	
<u>ふな</u>	船[2]	船[2]旅[1]・船[2]賃[3]・船[2]脚[6]・船[2]路[2]・船[2]底[2]・船[2]出[2]・船[2]荷[2]・船[2]主[3]・船[2]便[2]・船[2]積[2]み・船[2]乗[2]り・船[2]酔[2]い・船[2]着[2]き場[4]	「船脚」は，「船足」とも。
<u>ふな</u>	舟	舟遊[3]び・舟宿[3]・舟歌[2]	
ふね	船[2]	大[1]船[2]・親[2]船[2]・黒[2]船[2]・出[2]船[2]・湯[3]船[2]・入[1]り船[2]	↔舟
ふね	舟	小[1]舟・渡し舟・舟をこぐ	↔船
ふ－まえる	踏まえる	大[1]地[2]を踏[5]まえる[3]・現[3]実[3]を踏まえる	
ふみ	文①	恋①文①・文読[1]む月[1]日[3]重ねつつ	
ふ－む	踏む	足[1]踏[2]み・踏[2]み絵[2]・踏[2]み板[2]・踏[2]み台[2]・踏[2]み段[2]・瀬[2]踏[2]み・踏[2]み切[6]る・踏[2]み倒[2]す・踏[2]み入[2]れる・踏[2]み越える・麦を踏む	値ぶみ・場数をふむ・手順をふむ
ふもと	麓	山の麓[1]	
ふ－やす	増やす	人[1]数[2]を増[5]やす・機[4]会[2]を増[5]やす	↔殖やす
ふ－やす	殖やす	財[5]産[4]を殖やす	↔増やす
ふゆ	冬[2]	冬[2]枯[2]れ・冬[2]空[2]・冬[2]鳥[2]・冬[2]場[2]・冬[2]服[2]・冬[2]物[2]・真[2]冬[3]・冬[2]化[3]粧[5]・冬[2]木[2]立[2]・冬[2]将[2]軍[6]・冬[2]休[2]み・冬[2]籠[2]もり・今[2]は冬[2]の時[2]代[3]だ	
ふ－る	降る	大[1]降[6]り・雨[1]降[6]り・本[1]降[6]り・降[6]り注[6]ぐ・降[6]りかかる・雪[2]が降[6]る・ひどい降[6]りだ	
ふ－る	振る	振[1]り・手[3]振[1]り・身[3]振[1]り・振[5]り仮[1]名[2]・首[2]を振[1]る・手[1]を振[3]る・振[3]り返る・振り[3]きる・振り込む・振り放[3]す	「仮名」は，中学校で学習する付表の語。塩をふる・棒にふる・彼女にふられる・学者ぶる・ふるまい
ふる－い	古[2]い	古[2]株[6]・古[2]びる・古[2]顔[2]・古[2]着[3]・古[2]傷[2]・古[2]巣[2]・古[2]本[2]・古[2]新[2]聞[2]・古[2]道[2]具[3]・古[2]い家[2]・古[2]い話[2]・頭[2]が古[2]い	
ふ－るう	振るう	刀[2]を振るう	↔奮う・震う 腕をふるう
ふる－う	奮[6]う	奮[6]い立[1]つ・勇[4]気[1]を奮[6]う	↔震う・振るう 猛威をふるう
ふる－う	震う	身[3]震い	↔奮う・振るう
ふる－える	震える	震え・震え声・震わせる・足[1]が震える	
ふる－す	古[2]す	使[3]い古[2]す・着[2]古[3]す・言[2]い古[2]された話[2]	

音訓	漢字	用 例	備 考
ふ-れる	触れる	手に触れる・法に触れる	ふれ回る・気がふれる・折りにふれて・目にふれる
ふ-れる	振れる	磁石の針が振れる・バットがよく振れる	
フン	分	分別・分銅・三十分	
フン	粉	粉末・粉砕・粉飾・粉乳・花粉・魚粉・金粉・脂粉・製粉・粉骨砕身	↔紛
フン	奮	奮起・奮発・興奮・奮迅・奮戦・奮闘・奮励・発奮・獅(シ)子奮迅	「発奮」は,「発憤」とも。奮起←奮気(×)
フン	紛	紛失・紛争・内紛・紛糾・諸説紛々	↔粉
フン	雰	雰囲気	
フン	噴	噴火・噴出・噴水・噴煙・噴射・噴霧器	
フン	墳	墳墓・古墳	
フン	憤	憤慨・義憤・発憤・憤激・憤然・公憤・私憤・悲憤	「発憤」は,「発奮」とも。
ブン	分	分解・自分・水分・分割・分業・分校・分散・分譲・分身・分析・分担・分配・分布・分野・分類・天分・身分・三日分	大分(おおいた)県
ブン	文	文学・文化・作文・文具・文芸・文献・文書・文章・文通・文筆・文明・漢文・原文・散文・序文・論文・文人墨客	
ブン	聞	新聞・風聞・見聞・艶聞・外聞・旧聞・醜聞・他聞・伝聞	
ベ	辺	海辺・岸辺・野辺・水辺・山辺	
ヘイ	平	平面・平和・公平・平易・平穏・平気・平均・平行・平衡・平常・平静・平然・平地・平板・平凡・平野・水平・地平	平行線をたどる↔並行して話し合う↔平衡感覚
ヘイ	兵	兵器・兵隊・撤兵・兵役・兵士・兵卒・兵馬・兵法・兵力・騎兵・出兵・将兵・水兵・派兵・伏兵・歩兵・兵を挙げる	「兵法」は,「ヒョウホウ」とも。
ヘイ	並	並行・並列・並立	
ヘイ	陛	陛下	
ヘイ	閉	閉店・閉口・密閉・閉鎖・閉会・閉塞・閉廷・閉幕・開閉・幽閉	
ヘイ	丙	丙種・甲乙丙	
ヘイ	併	併合・併用・合併・併記・併殺・併設・併存・併発	
ヘイ	柄	横柄・権柄ずく	
ヘイ	塀	板塀・土塀・塀を越える・塀をめぐらす	
ヘイ	幣	貨幣・紙幣・造幣・御幣担ぎ	↔弊
ヘイ	弊	弊害・旧弊・疲弊・弊社・弊習・悪弊・語弊・宿弊・弊衣破帽・積年の弊	↔幣

音訓	漢字	用例	備考
ヘイ	蔽	隠蔽・遮蔽	
ヘイ	餅²	煎餅²・画餅²に帰す	
<u>ヘイ</u>	病③	疾病③	
ベイ	米²	米²作・米²価⁵・米²食²・米²穀⁶・米²国²・欧²米・全²米・中¹米²・南²米²・北²米²・渡²米・日¹米²	
ヘキ	壁	壁³面・壁³画・岸壁・障壁・城⁵壁・絶壁・防⁵壁・断崖絶⁵壁	
ヘキ	癖	習³癖・病³癖・潔⁵癖・悪³癖	
ヘキ	璧	完⁴璧・双璧	完璧←完璧(×)
へだ-たる	隔たる	隔たり・距離が隔たる・年月が隔¹たる・気持ちが隔¹³たる・年齢の隔¹たり	
へだ-てる	隔てる	隔て¹・川を隔てる・仲⁴を隔てる・時を隔てる・分け隔て³⁵なく対応する	
ベツ	別⁴	別⁴離・区³別⁴・特⁴別⁴・別⁴格⁴・別⁴館⁴・別⁴居⁵・別⁴紙⁴・別⁴室²・別⁴人²・別⁴途⁴・別⁴表⁴³・格³別⁴・決³別⁴・個³別⁴・差別⁴・判別⁴・別⁴の機会	
ベツ	蔑	蔑⁶視・軽³蔑・侮⁶蔑	
べに	紅	口⁶紅・紅⁶花・紅をさす	
へび	蛇	毒⁵蛇・蛇²の道は蛇	
へ-らす	減らす	量を減⁵らす・荷物を減⁵らす	
へ-る	経る	歳¹月を経⁵る・ソウルを経²てタイに行く	
へ-る	減る	体²重³が減⁵る・不⁴正¹解⁵が減る	
ヘン	片⑥	紙²片⑥・破⁵片⑥・断⁵片⑥・一¹片⑥・片⑥言²隻²語²	
ヘン	辺⁴	辺⁴境⁵・周⁴辺⁴・その²辺・近²辺・身³辺・底⁴辺・四辺²形²・三²角²形²の辺⁴・長⁴辺⁴と短²辺⁴	このへんでやめよう。このへんが妥当だ〔箇所・程度の意のとき。〕
ヘン	返	返³却・返³事・返³礼・返³還・返³済³⁶・返³上・返³信・返³送・返³答・返³納³⁶・返³戻³・生¹返³³事	
ヘン	変⁴	変⁴化³・異⁶変⁴・大¹変⁴・変⁴異⁴⁶・変⁴革⁴⁶・変⁴換⁴・変⁴形²・変⁴更⁴⁵・変⁴質⁴・変⁴色⁴²・変⁴心⁴・変⁴則⁴・一²変⁴・急⁴変⁴・不²変⁴・天²変⁴地²異⁴・本⁴能²寺²の変⁴	不変↔不偏↔普遍
ヘン	編⁵	編⁵集³・編⁵成⁴・長⁴編⁵・編⁵曲⁴・編⁵纂⁵(サン)・編⁵者⁵³・編⁵入⁴・共⁴編⁵・後²編⁵・新²編⁵・前²編⁵・続⁵編⁵・短²編⁵・編⁵集¹者⁵・編⁵年¹体⁶・千²編⁵一²律⁵	
ヘン	偏	偏³向・偏¹見・偏²食⁴・偏愛・偏□狭・偏屈・偏³重・不偏・偏⁴差⁴値⁶・偏西²風⁴・不⁴偏⁴不⁶党⁶・偏²在	↔遍「偏在」は，特定の場所にかたまってあること，「富の偏在」。
ヘン	遍	遍⁵歴・普¹遍・一³遍・遍³路・遍⁵在	↔偏「遍在」は，どこにでもあること，「世界に遍在する神話」。

音訓	漢字	用例	備考
ベン	弁⁵	弁償⁵・雄弁⁵・弁護⁵⁵・弁済⁵⁶・弁舌⁵⑥・弁当⁵²・弁明⁵²・弁論⁵⁶・駅弁³⁵・花弁¹⁵・ 思弁²⁵・多弁²⁵・答弁²⁵・熱弁²⁵・安全弁⁵・弁じる	
ベン	便⁴	便利⁴⁴・便法⁴⁴・簡便⁶⁴・便益⁴⁴・便器⁴³・便宜⁴⁴・便所²⁴・不便・方便²⁴・用便²⁴・ 交通の便²²	
ベン	勉³	勉強³²・勉学³¹・勤勉⁶³・勉励³	
ホ	歩²	歩道²⁴・徒歩²²・進歩²⁵・歩行²³・歩測²⁴・歩調⁴²・歩兵⁴²・競歩⁴²・散歩²⁴・初歩・ 譲歩²・退歩⁶²・地歩⁶²・漫歩³¹・日進月歩¹²・歩を進める	
ホ	保⁵	保護⁵⁵・保存⁵⁵・担保²⁵・保安⁵⁵・保育⁵⁵・保温⁵⁵・保管⁵⁵・保健⁵⁵・保険⁵⁵・保釈⁵・ 保障⁵⁶・保証⁵⁶・保全⁵³・保有⁵²・保留⁵²・確保⁵⁵・留保⁵	社会保障↔保証人
ホ	補⁶	補欠⁶⁴・補充⁶⁴・候補⁶・補給⁶⁵・補強⁶⁴・補佐⁶⁵・補修⁶・補習⁶⁵・補助⁶・補償⁶ 補正⁶¹・補足⁶¹・増補⁵⁶・補聴器⁵⁴⁶・警部補⁶・災害補償	補修工事↔補習授業 補償↔保障↔保証
ホ	捕	捕獲・捕虜・逮捕³・捕球・捕鯨・捕手¹・捕縛	
ホ	舗	舗装・店舗²・舗道	
ホ	哺	哺乳類⁶⁴	
ほ	帆	帆柱³・帆前船²²・帆影⁵・帆布・帆掛け船²・帆を上げる¹	
ほ	穂	稲穂⁴・初穂²・麦の穂・筆の穂・穂が出る¹	
ほ	火①	火影①	
ボ	母²	母性²⁵・父母²²・祖母⁵²・母音²①・母系²⁶・母校²¹・母国²²・母子²¹・母船²²・母体²²・ 母乳²⁶・義母³²・空母¹²・酵母⁶²・聖母	
ボ	墓⁵	墓地⁵²・墓参⁵⁴・墓穴⁵⑥・墓所⁵³・墓前⁵²・墓碑⁵・墓標⁵⁴・陵墓⁵	
ボ	模⁶	規模⁵⁶	
ボ	暮	暮春⑥²・歳暮⑥・薄暮⑥・暮秋⑥²・暮色⑥²・朝令暮改²⁴⑥⁴・暮色蒼（ソウ）然⑥²▼ ⁴	
ボ	募	募金¹・募集³・応募⑥・急募・公募²	
ボ	慕	慕情⁵・敬慕⁶・思慕⁴・愛慕	
ボ	簿	簿記²・名簿¹・帳簿³・原簿²・家計簿²²	
ホウ	方	方法²⁴・方角²²・地方²²・方位²⁴・方言²²・方策²⁶・方式²³・方途²²・方便²⁴・方面²³・ 処方⁶²・前方²²・当方¹²・四方八方²¹²¹・品行方正³²²¹・南の方	そのほうがいい・夏 のほうがいい・君の ほうが正しい
ホウ	包⁴	包囲⁴⁵・包容力⁴⁵¹・内包⁴・包括⁴・包含⁴・包装紙⁴⁶²・梱（コン）包▼・包囲網⁴⁴⁵	
ホウ	宝⁶	宝石⁶¹・国宝²⁶・財宝・宝玉⁶²・宝剣⁶²・宝庫⁶・宝物⁶・家宝⁶⁶・至宝⁶⁵・重宝 宝飾品⁶³	
ホウ	放³	放送³³・放棄³・追放³³・放火³¹・放射³⁶・放出³¹・放縦³⁶・放水³¹・放談³³・放置³⁴・ 放電³・放任³⁵・放牧³⁴・放免³⁵・放浪・解放⁵³・開放・釈放	～ほうだい 「解放」は，束縛を解 いて自由にすること。 ↔「開放」は，開け 放って出入りを自由 にすること。

音訓	漢字	用 例	備 考
ホウ	法	法律⁴・文法¹・方法²・法案⁴・法王⁴・法規⁴・法則⁴・法廷⁵・法令⁵・技法⁵・刑法⁴・憲法⁴・語法⁶・司法⁴・魔法⁶・論法⁵・法に照らす	
ホウ	訪	訪問⁶・来訪³・探訪²・訪欧⁶・訪米⁶・訪日⁶・再訪⁵・歴訪⁶	
ホウ	報	報酬⁵・報告⁵・情報⁵・報恩⁵・報償⁵・報道⁵・報復⁵・会報⁴・果報⁵・吉報⁵・急報³・警報⁶・誤報⁵・速報³・予報⁵・朗報⁶・報に接する	
ホウ	豊	豊作⁵・豊満²・豊富⁶・豊潤⁶・豊年⁵・豊漁⁴	
ホウ	芳	芳香④・芳志⁵・芳書²・芳名¹	
ホウ	邦	邦楽²・本邦¹・連邦⁶・邦人¹・邦文¹・邦訳⁶・異邦人¹	
ホウ	奉	奉納⁶・奉仕³・信奉⁴・奉迎・奉献²・奉公⁴・奉祝²・奉書・奉職⁵	
ホウ	抱	抱負³・抱懐・介抱・抱擁・抱卵⑥・辛抱	
ホウ	泡	気泡¹・水泡・発泡³	
ホウ	胞	胞子¹・同胞²・細胞²	
ホウ	封	封建的⁴・素封家⁵・封土²	
ホウ	俸	俸給⁴・年俸・本俸²・減俸¹	
ホウ	倣	模倣⁶	
ホウ	峰	秀峰・霊峰・連峰⁴・高峰	
ホウ	砲	砲撃・大砲³・鉄砲・砲煙¹・砲火²・砲丸²・砲声²・砲台・砲弾・砲兵⁴・砲門²・空砲・号砲⁴・銃砲・祝砲・発砲・礼砲・高射砲	
ホウ	崩	崩壊・崩御・崩落³	
ホウ	飽	飽和³・飽食²・飽満⁴・飽食暖衣²⁶⁴	
ホウ	褒	褒章³・褒賞⁵・褒美³・過褒⁵・褒状⁵	「褒章」は，優れた功績に対し表彰として国が与える記章。↔「褒賞」は，優れた功績に対し褒美として与えるお金や物品。
ホウ	縫	縫合・縫製⁶・裁縫・天衣無縫¹⁴⁴	
ホウ	蜂	蜂起³	
ボウ	亡	亡父⁶・亡命²・存亡⁶・亡国⁶・亡失²・亡霊⁶・興亡⁵・死亡³・衰亡⁶・逃亡⁶・滅亡・未亡人⁴⁶¹	
ボウ	忘	忘却⑥・忘年会⑥¹²・備忘⁵⑥・忘恩⑥⁶・忘我⑥⑥・忘失⑥⁴・健忘症⁴⑥	健忘症←健忘性(×)
ボウ	防	防備⁵・堤防・予防⁵・防衛⁵・防音⁵・防火⁵・防寒⁵・防御⁵・防災⁵・防止²・防水⁵・防戦¹・防毒⁵・防犯⁴・防壁³・攻防⁵・消防⁵・防風林²¹	

音訓	漢字	用例	備考
ボウ	望	望郷・希望・人望・一望・望遠・望外・遠望・渇望・願望・志望・失望・声望・絶望・待望・展望・熱望・野望・有望・欲望	
ボウ	棒	棒グラフ・棒読み・鉄棒・相棒・片棒・金棒・心棒・針小棒大	
ボウ	貿	貿易	
ボウ	暴	暴言・横暴・乱暴・暴威・暴漢・暴挙・暴君・暴行・暴徒・暴動・暴発・暴落・暴利・暴力・狂暴・粗暴・暴飲暴食	
ボウ	乏	欠乏・貧乏・耐乏・窮乏	
ボウ	忙	忙殺・多忙・繁忙・忙中閑あり	
ボウ	妄	妄言	「妄言」は,「モウゲン」とも。
ボウ	坊	朝寝坊・宿坊・僧坊・本坊・お坊さん	「僧坊」は,「僧房」とも。
ボウ	妨	妨害	妨害←防(×)害
ボウ	房	独房・冷房・僧房・官房・監房・工房・茶房・書房・暖房	「僧房」は,「僧坊」とも。
ボウ	肪	脂肪	
ボウ	某	某氏・某国・某所・某月・某日	
ボウ	冒	冒険・冒頭・感冒・冒瀆(トク)	
ボウ	剖	解剖	
ボウ	紡	紡績・混紡・紡糸・紡織・紡錘(スイ)	
ボウ	傍	傍線・傍聴・路傍・傍観・傍系・傍証・傍注・傍点・傍流・近傍・傍若無人	
ボウ	帽	帽子・脱帽・無帽・角帽・学帽・制帽・着帽	
ボウ	膨	膨大・膨張	
ボウ	謀	謀略・無謀・首謀者・謀議・謀殺・陰謀・共謀・策謀・参謀・深謀遠慮	
ボウ	貌	変貌・美貌・風貌・容貌	
ほうむ-る	葬る	遺体を葬る・闇に葬る	
ほう-る	放る	放り込む・放り出す・放り投げる・ボールを放る・ごみを放る・仕事を放り出す・上着を放りっぱなしにする	
ほお	頬	頬張る・頬を染める・頬が落ちる	「頬」は,「ほほ」とも。
ほか	外	思いの外・殊の外	↔他
ほか	他	他の人・他に意見はありますか	↔外 私は戻るほかなかった・きみのほかは誰も行かない

音訓	漢字	用例	備考
ほが-らか	朗らか	朗らかだ・朗らかさ・朗らかな性格	
ホク	北	北進・北方・敗北・北緯・北欧・北極・北限・北上・北部・北米・北洋・北陸・東北・南北・北海道・北極星・北斗七星	
ボク	木	木石・大木・土木・木刀・巨木・高木・古木・低木・倒木・貯木場・一木一草	
ボク	牧	牧場・牧師・遊牧・牧歌・牧舎・牧神・牧草・牧畜・牧童・牧羊・放牧	
ボク	朴	純朴・素朴・朴訥(トツ)	
ボク	僕	公僕・僕と君	
ボク	墨	筆墨・白墨・遺墨・墨守・墨汁・墨跡・石墨・水墨画・文人墨客	
ボク	撲	撲殺・撲滅・打撲	
ボク	睦	親睦・和睦・親睦会	
<u>ボク</u>	目	面目・面目躍如	「面目」は、「メンモク」とも。
ほこ	矛	矛先・矛と盾・矛を収める・矛を交える	
ほこ-る	誇る	誇り・誇らしい・誇らしげ・勝ち誇る	
ほころ-びる	綻びる	袖が綻びる・綻びを繕う	花がほころびる
ほし	星	黒星・星影・星空・金星・白星・図星・目星・星取り表・希望の星	ほし(=犯人)を挙げる
ほ-しい	欲しい	欲しがる・家が欲しい・水が欲しい	～てほしい・ほしいままにする
ほ-す	干す	干し物・干し草・干し魚・梅干し・陰干し・煮干し・日干し・虫干し・布団を干す・酒を干す・仕事を干される	
ほそ-い	細い	心細い・細面・細身・極細・細長い・細々と・腕が細い・声が細い・線が細い・目を細める	
ほそ-る	細る	痩せ細る・食が細る・身が細る	
ほたる	蛍	蛍火・蛍狩り	
ホツ	発	発作・発端・発起・発足・一念発起	「発足」は、「ハッソク」とも。
<u>ホツ</u>	法	法主・法華	「法主」は、「ホウシュ」とも。
ボツ	没	没収・没交渉・出没・没我・没後・没頭・没入・没年・没落・陥没・戦没・沈没・日没・没する・神出鬼没	
ボツ	勃	勃興・勃発・勃然	
<u>ボツ</u>	坊	坊ちゃん・坊ちゃん育ち	『坊っちゃん』
ほっ-する	欲する	平和を欲する・名誉を欲する	

音訓	漢字	用例	備考
ほど	程⑤	身の程³・年の程⑤・真偽の程③⑤	ほどよい・ほどほど・先ほど
ほとけ	仏⁵	仏様⁵³・生き仏⁵・仏顔⁵²・仏心⁵²・仏の道⁵²・仏の顔も三度まで¹³	
ほどこ-す	施す	施し・恩恵を施す⁶・施しを受ける³	
ほね	骨⁶	骨折り⁶⁴・骨太⁶²・骨身⁶²・背骨³・骨組み⁵・骨接ぎ⁶¹・骨休み⁵・骨惜しみ⁶・傘の骨⁶・骨と皮⁶²・骨を折る¹・骨を拾う³・気骨が折れる⁴	
ほのお	炎	情熱の炎⁵・炎が上がる⁴	
ほま-れ	誉れ	家の誉れ²・国の誉れ²	
ほ-める	褒める	褒めそやす・褒めちぎる・褒めたたえる⁴・成績を褒める⁵	
ほら	洞	洞穴⁶・木の洞¹・大きな洞¹	「洞穴」は,「ドウケツ」とも。
ほり	堀	外堀・釣堀・堀端¹・空堀・堀をめぐらす	↔掘
ほ-る	掘る	掘り返す³・掘り起こす³・掘り下げる¹・穴を掘る⁶・井戸を掘る⁴²	
ほ-る	彫る	木彫り¹・彫り物³・手彫り¹・一刀彫り¹²・浮き彫り・木を彫る¹・石を彫る	
ほろ-びる	滅びる	国が滅びる²・文明が滅びる¹²	
ほろ-ぼす	滅ぼす	敵を滅ぼす⁶・身を滅ぼす³	
ホン	本¹	本質¹⁵・本来¹²・資本⁵¹・本意¹³・本懐・本館¹³・本拠¹・本件¹⁵・本業¹³・本陣・本性¹⑤・本籍¹・本能¹⁵・本望¹④・本領¹²・絵本¹・基本¹³・本末転倒	
ホン	奔	奔走²・奔放³・出奔・奔馬²・奔流・狂奔²・東奔西走²²	
ホン	翻	翻意³・翻訳・翻刻⁶・翻案・翻身・翻弄	
ホン	反③	謀反③	
ボン	凡	凡人¹・凡百¹²・平凡³・凡才¹・凡俗³・凡夫⁴・非凡³・平々凡々	
ボン	盆	盆栽・盆地²・旧盆²・新盆²・盆踊り・お盆に載せる¹・覆水盆に返らず³	
ボン	煩	煩悩	
マ	麻	麻薬³・麻酔・亜麻・麻痺▼(ヒ)・快刀乱麻を断つ⁵²⁶⑤	
マ	摩	摩擦・摩天楼¹	
マ	磨	研磨・磨滅³・磨耗¹・百戦錬磨⁴	
マ	魔	魔法⁴・悪魔・邪魔³・魔王¹・魔術⁵・魔女¹・魔神³・魔物³・睡魔³・病魔³・放火魔³¹・通り魔²・魔がさす²²・魔の時間帯⁴	
ま	真³	真南³²・真新しい³²・真っ先²・真上³²・真顔³²・真心³²・真夏³²・真冬³²・真正面³¹³・真夜中³²¹・真っ白²・真っ暗¹・真に受ける	まっすぐ・まっぴら・まっとうな

音訓	漢字	用例	備考
ま	間²	客間³² ・間口²¹ ・間近²² ・合間²² ・居間⁵² ・雲間²² ・谷間²² ・手間¹² ・仲間⁴² ・広間²² ・洋間・茶の間・間をとる・間をおく	間近←真(×)近 そのまに・いつのまにか・～ているまに・時間にまにあう・千円でまにあう
ま	目①	目深①³	
ま	馬²	絵馬⁴² ・群馬県²³	
マイ	毎²	毎度²³ ・毎日²¹ ・毎朝²² ・毎回²² ・毎時²² ・毎週²² ・毎月²¹ ・毎年²¹ ・毎晩²⁶ ・毎夜²²	
マイ	米²	精米⁵² ・新米²² ・白米¹² ・外米²² ・玄米²² ・古米・早場米¹²²	
マイ	妹②	姉妹②② ・義妹⁵② ・令妹⁴② ・弟妹②②	
マイ	枚⁶	枚数⁶² ・枚挙⁶⁴ ・大枚¹⁶ ・一枚ずつ¹⁶	
マイ	埋	埋没・埋蔵⁶ ・埋葬	
マイ	昧	曖昧・三昧¹ ・愚昧・曖昧模糊⁶▼(コ)	
まい	舞	舞扇・舞子¹ ・舞姫・舞を舞う	
まい-る	参る⁴	寺参り²⁴ ・墓参り⁵⁴ ・お宮参り³⁴ ・神社に参る³² ・すぐ参ります⁴	暑さでまいる・～てまいります
ま-う	舞う	舞い上がる¹ ・舞い込む・舞い戻る・舞い落ちる³ ・木の葉が舞う¹	
まえ	前²	前向き²³ ・名前¹² ・前足²² ・前髪²² ・前歯²² ・板前⁵² ・腕前³² ・駅前¹² ・人前²⁴ ・前置き²² ・朝飯前²² ・江戸前¹² ・左前になる	
ま-かす	負かす³	相手を負かす³¹³	
まか-す	任す⁵	仕事を任す³³⁵	
まか-せる	任せる⁵	人任せ¹⁵ ・判断を任せる⁵⁵⁵ ・想像に任せる³⁵⁵ ・運を天に任せる³¹⁵	
まかな-う	賄う	賄い⁵² ・費用を賄う¹⁵ ・学資を賄う・食事を賄う²³	
ま-がる	曲がる³	曲がり角³ ・腰が曲がる²³ ・角を曲がる³³ ・曲がった道² ・曲がった性格³⁵⁵	
まき	牧④	牧場④②	
まき	巻⁶	巻の一⁶¹ ・巻紙⁶² ・絵巻²⁶ ・竜巻²⁶ ・葉巻³⁶	
まぎ-らす	紛らす	気を紛らす¹ ・退屈を紛らす⁶	
まぎ-らわしい	紛らわしい	紛らわしい言い方²	
まぎ-らわす	紛らわす	悲しみを紛らわす³	
まぎ-れる	紛れる	書類に紛れる²⁴ ・人混みに紛れる¹⁵ ・気が紛れる¹ ・紛れもない事実³³	気まぐれ・悔しまぎれ
ま-く	巻く⁶	巻き貝⁶² ・巻き網¹⁶ ・巻き舌²⁶ ・襟巻き²⁶ ・遠巻き²⁶ ・鉢巻き³⁶ ・巻きずし⁶ ・昆布巻き⁵⁶ ・紙を巻く・包帯を巻く・ねじを巻く	金をまきあげる
マク	幕⁶	幕切れ⁶² ・天幕¹⁶ ・暗幕²⁶ ・幕内⁶² ・幕下²⁶ ・煙幕³⁶ ・開幕³⁶ ・銀幕³⁶ ・字幕¹⁶ ・除幕⁶⁶ ・幕あい⁶ ・幕あけ⁶ ・垂れ幕⁶ ・幕を張る・幕が上がる	

音訓	漢字	用例	備考
マク	膜	膜質・鼓膜・粘膜・角膜・骨膜・被膜・網膜・横隔膜・膜を剝がす	
まくら	枕	枕もと・枕木・氷枕・水枕・枕を並べる・枕を高くして寝る	
ま-ける	負ける	負け・負け戦・負けん気・負け惜しみ・負けず嫌い・けんかに負ける・暑さに負ける・負けるが勝ち	おまけ・百円まける
ま-げる	曲げる	腕を曲げる・腰を曲げる	
まご	孫	孫娘・初孫・孫弟子・孫子の代まで	「初孫（はつまご）」は，「ういまご」とも。
まこと	誠	誠を尽くす	
まさ	正	正夢	
まさ-る	勝る	力が勝る・勝るとも劣らない	
ま-ざる	交ざる	綿糸に麻糸が交ざる・生徒に先生が交ざる	↔混ざる
ま-ざる	混ざる	酒に水が混ざる・異物が混ざる	↔交ざる
まじ-える	交える	一戦を交える・膝を交える	
ま-じる	交じる	漢字仮名交じり文・オレンジの中にレモンが一つ交じっている	↔混じる 「仮名」は，中学校で学習する付表の語。
ま-じる	混じる	混じり物・雑音が混じる	↔交じる
まじ-わる	交わる	交わり・直線が交わる・人と交わる	
ま-す	増す	水増し・食欲が増す・速さを増す	
ます	升	升酒・升席	
まず-しい	貧しい	貧しさ・貧しい生活・貧しい才能	
ま-ぜる	交ぜる	交ぜ織り・化繊を交ぜる・プロを数人交ぜる	↔混ぜる
ま-ぜる	混ぜる	混ぜ物・絵の具を混ぜる・ミルクを混ぜる	↔交ぜる まぜこぜ
また	又	又貸し・又聞き	AまたはB・またとないおもしろさ
また	股	内股・大股・股にかける	
またた-く	瞬く	瞬き・星が瞬く	
まち	町	町はずれ・町中・町並み・町工場	↔街
まち	街	街角・街歩き・街の灯・学生の街	↔町
マツ	末	末代・粉末・末期・末席・末端・末筆・末流・末路・結末・月末・歳末・始末・週末・終末・粗末・年末・本末転倒・枝葉末節	平安末期（マッキ）↔末期（マツゴ）の水
マツ	抹	抹殺・抹消・一抹・抹香・抹茶	
まつ	松	松原・門松・松風・松林・松飾り・松並木・松葉づえ・市松模様	

音訓	漢字	用例	備考
ま-つ	待つ(3)	待ち遠しい(3,2)・待ち合わせ(3,2)・待ち受ける(3,2)・待ちかまえる(3)・人を待つ(1,3)・チャンスを待つ(3)	今後の研究にまつ
まった-く	全く(3)	全くもって(3)・全く知らない(5,5)・任務を全うする(3)・天寿を全うする(1,3)	まったく困ったもんだ・まっとうな人間
まつ-り	祭り(3)	秋祭り(3)・夏祭り(3)・古本祭り(2,3)	
まつりごと	政⑤	政を行う⑤(2)	
まつ-る	祭る(3)	神を祭る(3,3)・先祖を祭る(2,3)・会長に祭り上げる(2,2)	
まと	的(4)	的外れ(4,2)・注目の的(3,1)・非難の的(4)・的を射る(5,6)・的に当たる(4,4)	
まど	窓(6)	窓口(6,1)・出窓(1,6)・窓際(6,5)・窓辺(6,4)・窓枠(6)・天窓(1,6)・窓を開ける(6,3)	
まど-う	惑う(3)	逃げ惑う(3)・惑い悩む(3)・心を惑わされる(2)	
まなこ	眼⑤	どんぐり眼⑤・血眼(3,⑤)・寝ぼけ眼⑤	
まな-ぶ	学ぶ(1)	大学で学ぶ(1)・技術を学ぶ(3,2)・主体的な学び(3,2,4,1)	
まぬか-れる	免れる☐	責任を免れる(5,5,☐)・災害を免れる(5,4,☐)	「まぬがれる」とも。
まね-く	招く(5)	招き猫(5)・招き入れる(1,2)・手で招く(1,3)・客を招く(2,5)・教授に招く(5)	
まぼろし	幻	幻を追う(3)・幻を見る(1)・幻の新記録(2,2,4)	
まめ	豆(3)	豆粒(3)・煮豆(3)・豆本(3,1)・枝豆(5,3)・豆鉄砲(3,2,3)・豆電球(4,2,3)・豆をまく(3)	足にまめができる・血まめ
まも-る	守る(3)	守り神(3)・守り袋(3)・見守る(3)・身を守る(3)・法を守る(2,4)・自然を守る(3)	
まゆ	繭	繭玉(1)	
まゆ	眉	眉毛(2)・眉墨・眉唾・眉をひそめる・眉一つ動かさない(1,3)	
まよ-う	迷う(5)	迷い(5)・道に迷う(5)・心が迷う(5)・判断に迷う(5,5)・欲に迷う(5)・迷いが生じる(5,1)・気の迷い(5)	
まる	丸(2)	丸太(2)・丸首(2)・丸腰(2)・丸裸(1,2)・本丸(2)・丸木船(2)・丸投げ(1,2)・日の丸(2)・丸太小屋(2,2,1)・丸を描く(3,2)	まるまる・まるっきり・まるつぶれ・まる見え
まる-い	丸い(2)	丸み(2)・丸さ(2)・丸い地球(2)・目を丸くする(1,2)	↔円い
まる-い	円い(1)	円さ(1)・円み(1)・円い窓(1,6)・円く輪になる(1,4)	↔丸い
まる-める	丸める(2)	背中を丸める(6,1)・紙を丸める(2)・頭を丸める(2)・相手を丸めこむ(3,1)	
まわ-す	回す(2)	回し読み(2)・目を回す(1,2)・こまを回す(2)・回覧を回す(2,6)・エンジンを回す(2)	
まわ-り	周り(4)	周りの人(2)・池の周り(2)	↔回り
まわ-る	回る(2)	回り道(2)・回り舞台(2)・持ち回り(2)・時計回り(2,2)・目が回る(2)・風車が回る(2)・挨拶に回る(3)・三時を回る(1,2)	↔周り 毒がまわる・知恵がまわる・身のまわり 「時計」は,小学校で学習する付表の語。

音訓	漢字	用例	備考
マン	万	万一・万年筆・巨万・万病・万引き・万年雪・万歩計・億万長者	
マン	満	満月・満足・充満・満員・満悦・満開・満喫・満座・満載・満身・満潮・満腹・満面・円満・肥満・満を持す・満場一致・自信満々	
マン	慢	慢性・怠慢・自慢・慢心・緩慢・高慢	緩慢←緩漫(×)
マン	漫	漫画・漫歩・散漫・漫才・漫然・漫談・漫遊・冗漫	散漫←散慢(×)
ミ	未	未来・未満・前代未聞・未開・未完・未決・未婚・未熟・未遂・未然・未知・未定・未納・未明・未練・未完成・未成年	未然←未前(×) 未成年←未青(×)年
ミ	味	味覚・意味・興味・味方・味読・加味・吟味・滋味・地味・趣味・正味・賞味・珍味・毒味・美味・風味・妙味・調味料	甘み・辛み・苦み 「地味」は，「チミ」と読むと土地の力，「ジミ」と読むと控えめでおとなしい様子。
ミ	魅	魅力・魅惑・魅する・魅了	
ミ	眉	眉間	
み	三	三日月・三日(みっか)	
み	身	身内・親身・身重・身柄・身銭・身近・半身・細身・骨身・身動き・身勝手・身支度・身につける・身を立てる	
み	実	木の実・実がなる・実を結ぶ・花も実もある	
み-える	見える	見え隠れ・まる見え・山が見える・病人に見える	みえを張る
みが-く	磨く	磨き粉・靴磨き・歯を磨く・床を磨く・磨きをかける	
みき	幹	木の幹	
みぎ	右	右手・右腕・右肩・右側・右利き・右肩上がり・右に曲がる・右に述べる・右に出る・右から左	
みことのり	詔	詔を賜る	
みさお	操	操を守る・操を立てる	
みさき	岬	船が岬を回る・岬の突端のほこら	
みささぎ	陵	昭和天皇の陵	
みじか-い	短い	短め・気短・手短・短い距離・短い話・日が短い・気が短い	
みじ-め	惨め	惨めだ・惨めな暮らし・惨めな気分	
みず	水	水色・水浴び・水着・水際・水辺・水虫・雨水・氷水・水揚げ・水さし・水増し・井戸水・鉄砲水・水と油	
みずうみ	湖	湖のボート・湖のほとり	
みずか-ら	自ら	自らを滅ぼす・自らを戒める	

169

音訓	漢字	用例	備考
みせ	店(2)	夜店(2)・店先(2)(1)・店番(2)・出店(1)(2)・店構え(2)・店開き(2)(3)・店じまい(2)・店を出す(2)(1)	
み-せる	見せる(1)	顔見せ・見せ場・絵を見せる・顔を見せる	～てみせる
みぞ	溝	溝を掘る・世代間(3)(2)の溝	
み-たす	満たす(4)	腹を満たす(6)(4)・ガソリンを満たす(4)・心を満たす(6)・条件を満たす(5)(5)(4)	
みだ-す	乱す(6)	髪を乱す(6)(2)・心を乱す(6)(6)・秩序を乱す(5)(6)	
みだ-ら	淫ら	淫らだ・淫らな話(2)	
みだ-れる	乱れる(6)	乱れ・乱れ髪(6)・列が乱れる(2)(6)・国が乱れる(2)(6)・心が乱れる(2)(6)	
みち	道(2)	近道(2)(2)・道草(2)(1)・道順(2)(2)・道筋(1)(2)・道端(2)(2)・小道(2)(3)・坂道・筋道(1)(2)・道案内(2)(4)(2)・一本道(1)(1)・寄り道(2)・道を尋ねる(2)・道をつける・その道(2)の大家	
みちび-く	導く(5)	導き(5)・教え導く(5)・神の導き・出口に導く(3)(1)・部下を導く	
み-ちる	満ちる(4)	満ち潮(4)・満ち干(6)(4)・満ち欠け(4)(6)・潮が満ちる(6)・任期が満ちる(5)(3)	
ミツ	密(6)	密約(6)(2)・厳密(6)(6)・秘密(6)(6)・密議(6)(6)・密航(6)(4)・密告(6)(5)・密集(6)(5)・密接(6)(3)・密談(6)(5)・密着(6)(3)・密度(6)(3)・密封(6)(6)・密閉(6)(6)・緊密(6)(6)・親密(6)(4)・連絡を密にする	
ミツ	蜜	蜜月(1)・蜂蜜(1)・花の蜜(1)(2)(3)・蜜月時代(1)(3)(2)・蜜月旅行	
み-つ	三つ(1)	三つ葉(1)・三つ編み(1)(5)・三つ折り(1)・三つ重ね(1)(1)・三つ子(1)の魂百(1)まで	
みつ-ぐ	貢ぐ(1)	貢ぎ物(3)・金を貢ぐ(1)・朝廷に貢ぐ(2)	
みっ-つ	三つ(1)	三つ(2)(4)の方法がある	
みと-める	認める(6)	認め(6)・認め印(6)(4)・必要と認める(4)(6)・外出を認める(2)(1)(6)・負けを認める(3)(6)	
みどり	緑(3)	薄緑(3)・緑色(3)(2)・黄緑(3)・緑が多い・木々の緑	
みな	皆	皆さん・皆様・皆の者・皆が皆(3)・皆で出かける(1)	
みなと	港(3)	港町・港に入る	
みなみ	南(2)	南向き(2)(3)・南風(2)(2)・南半球(2)(2)(3)・南十字星(2)(1)(1)(2)	
みなもと	源(6)	川の源(1)(6)・文明の源(2)(6)・源を発する(6)	
みにく-い	醜い	醜さ・醜い心(2)・醜い争い(4)	
みね	峰	峰打ち(3)・刀の峰(2)・山の峰(1)	
みの-る	実る(3)	実り(3)・稲が実る(3)・努力が実る(4)(1)・実りの秋(3)(2)	
みみ	耳(1)	早耳(1)(1)・小耳(4)(1)・初耳(4)(1)・寝耳(4)・耳打ち(6)・耳飾り(1)(2)・耳鳴り(1)・耳もと(1)(1)・耳寄り(1)(5)・聞き耳・地獄耳・耳に入る・耳が痛い	
みや	宮(3)	宮様(3)(3)・宮大工(3)(1)(2)・宮仕え(3)・宮参り(3)(4)・一の宮(1)(3)	

音訓	漢字	用例	備考
ミャク	脈	脈絡・動脈・山脈・脈拍・気脈・鉱脈・静脈・文脈・葉脈・乱脈・脈打つ・脈々と・脈をとる・脈が速い・脈がある	
みやこ	都	都落ち・京の都・水の都ベニス	
ミョウ	名	名字・本名・大名・名代・悪名・戒名・俗名・功名心	「悪名」は,「アクメイ」とも。「名代(ミョウダイ)」は,かわりの人のこと。「なダイ」と読むと,名が知られていること。
ミョウ	命	寿命	
ミョウ	明	明日・光明・灯明・明春・明星・明年・明晩・声明・無明・明後日	
ミョウ	妙	妙案・奇妙・巧妙・妙技・妙手・妙味・妙薬・妙齢・軽妙・神妙・即妙・絶妙・珍妙・微妙・当意即妙・言いえて妙	
ミョウ	冥	冥加・冥利・○○冥利	
み-る	見る	下見・見方・見境・見本・形見・月見・花見・夢見・見送る・見通し・見舞い・見もの・見受ける・見苦しい・新聞を見る	↔診る みなす・目をみはる・みるみる 味をみる・調子をみる・進展がみられる
み-る	診る	患者を診る・脈を診る	↔見る
ミン	民	民族・民主的・国民・民意・民家・民間・民芸・民事・民衆・民情・民政・民俗・民法・移民・官民・市民・住民・民主主義	
ミン	眠	不眠・安眠・睡眠・永眠・催眠・惰眠・冬眠	
ム	武	武者人形・荒武者	
ム	務	事務・職務・義務・役務・急務・業務・勤務・激務・兼務・債務・財務・雑務・執務・実務・庶務・責務・総務・任務	
ム	無	無名・無理・皆無・無益・無害・無期・無口・無形・無芸・無限・無効・無残・無視・無常・無情・無念・有無・絶無	むげに・むちゃ・むろん・むやみに・むしょうに
ム	夢	夢幻・夢中・悪夢・夢想・夢遊病・同床異夢・無我夢中	無我夢中←無我無(×)中
ム	矛	矛盾	
ム	霧	霧笛・濃霧・噴霧器・霧氷・五里霧中	五里霧中←五里夢(×)中
ム	謀	謀反	
む	六	六月め	
むい	六	六日	
む-かう	向かう	向かい・向かい風・向かいの家・向かい合わせ・机に向かう・敵に向かう・京都に向かう・快方に向かう	
むか-える	迎える	出迎え・迎え酒・迎え火・送り迎え・迎え撃つ・家に迎える・教授に迎える・新年を迎える	

音訓	漢字	用例	備考
むかし	昔	昔話・大昔・昔語り・遠い昔・昔かたぎ・昔なじみ・十年ひと昔	
むぎ	麦	小麦粉・麦茶・麦畑・麦飯・大麦・麦刈り・麦踏み・麦わら帽子	
む-く	向く	向き・向き合う・向き直る・向き不向き・右を向く・南を向く・足が向く・気が向く・子どもに向いた本	むきになって怒る・悲観的にものを見るむきがある
むく-いる	報いる	報い・前世の報い・恩に報いる・労に報いる・一矢を報いる	
む-ける	向ける	顔向け・背を向ける・使いを向ける・中国に向けて飛び立つ	
むこ	婿	花婿・娘婿・婿入り・婿養子・婿をとる	
む-こう	向こう	向こう側・向こう岸・向こうの山・向こう鉢巻き	
むさぼ-る	貪る	貪り食う・貪り読む・貪りつくす・貪るように読む・安逸を貪る	
むし	虫	毛虫・虫歯・青虫・芋虫・玉虫色・虫食い・虫干し・虫眼鏡・虫の息・虫の声・虫を飼う・腹の虫・虫がいい・虫が知らせる	「眼鏡」は,小学校で学習する付表の語。
む-す	蒸す	蒸し暑い・蒸し器・蒸し返す・蒸し風呂・蒸し焼き・土瓶蒸し・茶わん蒸し・ご飯を蒸す・今夜は蒸している	
むずか-しい	難しい	気難しい・難しい問題・難しい立場・難しい文章・難しい病気	
むす-ぶ	結ぶ	結び・結び目・縁結び・契約を結ぶ・ひもを結ぶ・帯を結ぶ	
むすめ	娘	娘心・娘婿・三人娘・娘の夫	
む-つ	六つ	六つ切り判・明け六つ・暮れ六つ	
むっ-つ	六つ	六つに分ける	
<u>むな</u>	胸	胸板・胸毛・胸さわぎ・胸ぐら・胸算用・胸苦しい・胸突き八丁	
<u>むな</u>	棟	棟木	
むね	胸	胸焼け・胸が厚い・胸がどきどきする・胸がつぶれる・胸の病気・胸が痛む・胸が躍る・胸に描く・胸を打たれる	
むね	旨	その旨・〜する旨・〜を旨とする	
むね	棟	別棟・棟上げ・棟割り長屋・全壊二棟	
むら	村	村人・村祭り・村役場	
<u>むら</u>	群	群すずめ・群千鳥・群がる・群がり	
むらさき	紫	紫色・江戸紫・古代紫	
む-らす	蒸らす	ご飯を蒸らす	
む-れ	群れ	群れをなす・鳥の群れ	
む-れる	群れる	魚が群れる	

音訓	漢字	用例	備考
む-れる	蒸れる	ご飯が蒸れる・足が蒸れる	
むろ	室	室咲き・岩室・氷室・室に入れる	
め	女	女神	
め	目	目だつ・結び目・目上・目がしら・目方・目先・目印・目星・跡目・網目・板目・糸目・目くばり・目がくらむ・目がない	めあて・めやす 厚め・長め・二つめ・大きめ・ひどいめ
め	芽	芽生える・新芽・若芽・芽吹く・木の芽・芽が出る・芽を摘む	
め	雌	雌花・雌牛・雌しべ	
メイ	名	名誉・氏名・有名・名案・名医・名歌・名画・名義・名器・名言・名作・名利・名目・悪名・学名・芸名・指名・書名	「悪名」は,「アクミョウ」とも。
メイ	命	命令・運命・生命・命中・命日・命脈・一命・延命・救命・懸命・厳命・使命・特命・任命・余命・命じる・命を受ける	部下に命じる↔肝に銘じる
メイ	明	明暗・説明・鮮明・明快・明確・明記・明言・明細・明示・明答・明白・明朗・解明・究明・糾明・賢明・克明・先見の明	「究明」は,わからないことを突きつめて明らかにすること。「糾明」は,責任や犯罪を追及して正すこと。
メイ	迷	迷路・迷惑・低迷・迷彩・迷宮・迷信・迷走・混迷	
メイ	盟	加盟・同盟・連盟・盟主・盟約・盟友	
メイ	鳴	鳴動・悲鳴・雷鳴・共鳴・大山鳴動	
メイ	銘	銘柄・碑銘・銘記・銘茶・銘文・銘木・感銘・銘打つ・銘じる・銘々皿・座右の銘・銘を入れる・正真正銘	心に銘記する↔名前を明記する めいめいの意見を聞く
メイ	冥	冥福・冥界・冥土・冥王星	「冥土」は,「冥途」とも。
めぐ-む	恵む	恵み・恵みの雨・大地の恵み・金を恵む	
めぐ-る	巡る	巡り歩く・島巡り・巡り合う・巡り合わせ・周りを巡る・寺を巡る・名所を巡る	この問題をめぐって・思案をめぐらす・塀をめぐらす
めし	飯	飯粒・五目飯・朝飯・昼飯・夕飯・麦飯・飯を食う・飯の食い上げ	
め-す	召す	召しあがる・召し出す・召し捕る・召し上げる・召し抱える・お気に召す・御前に召される・コートをお召しになる	
めす	雌	雌犬・牛の雌	
めずら-しい	珍しい	珍しさ・珍しがる・珍しいお宝・珍しい動物・珍しく早起きした	
メツ	滅	滅亡・消滅・絶滅・滅却・壊滅・幻滅・死滅・自滅・衰滅・全滅・点滅・破滅・不滅・撲滅・磨滅・明滅・支離滅裂	
メン	面	面会・顔面・方面・面識・面積・面接・面前・面談・面目・画面・海面・局面・紙面・赤面・洗面・反面・半面・裏面	めんどう・めんくらう 「面目(メンボク)」は,「メンモク」とも。反面↔半面

音訓	漢字	用例	備考
メン	綿	綿布⁵・綿密⁵・純綿⁵⁶・綿花⁶⁵・綿糸⁵¹・海綿⁵・連綿⁴⁵・綿織物⁵⁵³・脱脂綿⁵	
メン	免	免許⁵・免除⁵・放免⁵・免疫⁵・免官⁵・免状⁵・免職⁵・免税⁵・免責⁵・免停⁵・赦免⁵・任免⁵・罷免⁵・免許証⁵⁵・免許皆伝⁵⁵⁵・職を免じる⁵	
メン	麺	麺類⁵・麺棒⁵⁶・麺打ち⁵	
モ	模	模範⁶・模型⁶⁵・模倣⁶・模擬⁶・模索⁶⁵・模写⁶³・模様⁶³	空もよう・発表があるもよう
モ	茂	繁茂	
も	喪	喪服³・喪主³・喪中³・喪に服する	
も	藻	水中に揺らぐ藻¹¹	
モウ	毛²	毛髪²・毛細管²²⁴・不毛⁴²・毛根²³・毛筆²³・毛布²・羽毛²⁵・脱毛②²・羊毛²・二毛²作²	
モウ	望④	所望³④・大望¹④・本望¹④	「大望」は,「タイボウ」とも。
モウ	妄	妄信⁴・妄想⁴・迷妄²⑤・妄言⁴・妄執³・妄動⁴・妄念³・虚妄³⁴・軽挙妄動³⁴・誇大妄想¹³・被害妄想¹³	
モウ	盲	盲点¹・盲学校¹¹・盲導犬⁵¹	
モウ	耗	消耗³・損耗⁵・磨耗・摩耗	「モウ」は,慣用音。
モウ	猛	猛烈・猛獣・勇猛⁴・猛威・猛火²・猛犬³・猛攻⁴・猛暑³・猛進¹・猛省³・猛然⁴・猛毒⁵・猪(チョ)突猛進³	
モウ	網	網膜・漁網⁴・通信網・放送網⁴・一網打尽¹³	
モウ	亡	亡者⑥³	
もう-ける	設ける	支社を設ける⁵・席を設ける⁴⁵・場を設ける²⁵・口実を設ける¹³⁵	
もう-す	申す³	申しあげる³・申し込む⁴⁵・申し訳ない⁴⁵・申し出る²⁵・申し渡す¹³・申し入れる³・申し受ける³・申し立てる⁵・申し述べる³・申し合わせる³¹	
もう-でる	詣でる³	初詣で⁴・寺に詣でる²・神社に詣でる³²	
も-える	燃える⁵	燃え尽きる⁵・燃えさし⁵・燃えたつ⁵・燃え上がる⁵・燃え広がる⁵・燃える思い²・火が燃える²・火事で燃える⁵	若草がもえる
モク	木¹	木造¹⁵・樹木⁶¹・材木⁴¹・木琴¹²・木工¹²・木材¹⁵・木製¹²・木星¹²・木像¹⁵・木炭¹³・木馬¹・木版¹²・木曜¹¹・草木	
モク	目¹	目的¹²・目前¹²・項目²¹・目下¹²・目撃¹・目算¹²・目次¹²・目測¹⁴・目標¹・目礼¹³・目録¹⁴・科目²¹・眼目¹・衆目⁶¹・着目³¹・注目¹・反目³¹・眉目秀麗	
モク	黙	黙殺⁵・暗黙³・沈黙⁵・黙過⁵・黙契⑥・黙考⁵・黙視⁵・黙想⁵・黙読⁵・黙認⁵・黙秘⁶・黙示録⑤⁴・黙礼³・黙して語らず	黙秘←黙否(×)
もぐ-る	潜る	潜りこむ・水中に潜る¹¹・地下に潜る²¹	

音訓	漢字	用例	備考
も-しくは	若⑥しくは	A若⑥しくはB	一般的には仮名書きが多い。
も-す	燃⑤す	ごみを燃⑤す	
もち	餅	餅³屋・焼き餅⁴・餅をつく・餅は餅³屋	あの人のやきもちには困る
もち-いる	用²いる	道具²³を用²いる・意²を用³いる・新人²¹を用²いる・作戦²⁴を用²いる	
モツ	物³	食²³物・進³³物・禁⁵³物・貨⁴³物・穀⁶³物・作²³物・書²³物・臓⁶³物・宝⁶³物・荷³³物	
も-つ	持³つ	持ち主³・持ち場³・持ち分³・金持ち²・気持ち¹³・持ち越す³・持ち寄る³・持ち合わせ³・手に持つ¹²・財産を持つ¹²³	権利をもつ・心に太陽をもつ・もてあます・もてなす・もってこいの天気・異性にもてる
もっと-も	最⁴も	最⁴も高い・最⁴も美しい	
もっぱ-ら	専⑥ら	専⑥らのうわさ	仮名書きが多い。
もてあそ-ぶ	弄⁴ぶ	火¹を弄ぶ・ナイフを弄ぶ・運命³³に弄ばれる	
もと	下①	旗⁴の下①に集まる・法³の下①の平等・白日³³の下①にさらす	↔元・本・基
もと	元²	家²²元・元²²栓・元²⁶手・元²値・網²²元・地²元・版⁵²元・火¹²元・身²元・元³²請け・元²締め・元がかかる・元も子もない・元²²の形に戻す	↔下・本・基 失敗は成功のもと・もともと・もとより・手もと・口もと
もと	本¹	旗⁴本¹・本¹と末⁴	↔下・元・基
もと	基⑤	基⑤づく・法律⁴⁶に基⑤づき・経験⁵⁴に基⑤づいて	↔下・元・本
もとい	基⑤	国²の基⑤・家²の基⑤	
もど-す	戻す	差⁴し戻し・買い戻す・引き戻す・呼⁶び戻す・元²の場所²³に戻す	食べたものをもどす
もと-める	求める	職⁵を求める・名声¹²を求める・助⁴けを求める・どこで求めた物³ですか	
もど-る	戻る	後²戻り・席⁴に戻る・意識³⁵が戻る・盗品³が戻る	
もの	者	若⁶³者・悪³³者・大立て者¹¹・反対²⁴の者は挙手³⁴¹せよ	政界の大立て者↔政界の大物
もの	物³	物³²語・品²物・物³音・物³事・獲²物・金¹物・着³物・宝⁶³物・煮³物・本¹³物・物³²売り・物³³持ち・物³惜しみ・物³¹見遊山③¹	ものさし・ものわかり・もつ・ものあたる・もの覚え・もの思い・もの静か・ものすごい・ものまね
もも	桃	桃色・桃の缶詰⁴⁵・桃の節句	
も-やす	燃⁵やす	ごみを燃⁵やす・闘志³を燃やす	
もよお-す	催す	催し・催し物³・会²を催す	眠けをもよおす
も-らす	漏らす	ため³息を漏らす・苦情³⁵を漏らす・秘密⁶⁶を漏らす	
もり	森¹	森¹と林¹・鎮守³の森¹	
も-り	守り	お守り¹・子守り¹③・守り③をする	

音訓	漢字	用例	備考
も-る	盛る	盛り上がる・盛り土・盛り花・酒盛り・盛り返す・盛りこむ・盛りたてる・盛りつける・土を盛る・毒を盛る	
も-る	漏る	雨漏り・雨が漏る・水が漏る	
も-れる	漏れる	ガス漏れ・ため息が漏れる・苦情が漏れる・秘密が漏れる	
モン	文	経文・天文学・文句・文言・証文・注文・三文判・真一文字・二束三文・文部科学省	
モン	門	門戸・門下生・専門・門外・門限・門前・門柱・門弟・門番・門扉・一門・裏門・校門・水門・入門・破門・門外不出	
モン	問	問題・問答・訪問・問責・慰問・喚問・疑問・詰問・顧問・拷問・試問・諮問・自問・質問・尋問・設問・難問・発問・問答無用	
モン	聞	聴聞・前代未聞・相聞	
モン	紋	紋章・指紋・波紋・紋所・紋服・紋付き	
ヤ	夜	夜半・深夜・昼夜・夜陰・夜会・夜学・夜間・夜勤・夜具・夜分・暗夜・今夜・昨夜・前夜・通夜・徹夜・日夜・十五夜	
ヤ	野	野外・野性・分野・野営・野球・野菜・野獣・野心・野生・野党・野蛮・野望・外野・荒野・在野・視野・野に下る	やじ・やぼ 野性的な魅力↔野生の馬
ヤ	冶	冶金・陶冶	
や	八	八重桜	
や	矢	矢印・矢面・矢車・毒矢・弓矢・矢立て・破魔矢・矢を放つ・矢の催促	出かけるやさきに雨が降ってきた
や	屋	屋根・花屋・楽屋・屋敷・屋台・岩屋・薬屋・酒屋・魚屋・問屋・納屋・長屋・宿屋・呉服屋・寺子屋	気どりや・恥ずかしがりや
や	家	家主・借家・家賃・大家・貸し家・家並み・わが家	
や	弥	弥生	「弥生」は，中学校で学習する付表の語。
やかた	館	館を建造する・戦で館に火を放つ	
ヤク	役	役所・役目・荷役・役員・役者・役人・役場・役割・敵役・子役・主役・重役・助役・役立つ・市役所・世話役・役がつく	
ヤク	約	約束・約半分・節約・約款・約数・約分・違約・解約・確約・規約・契約・公約・婚約・集約・条約	
ヤク	訳	訳文・翻訳・通訳・訳者・訳本・意訳・英訳・完訳・直訳・名訳・和訳・現代語訳・古典の訳	
ヤク	薬	薬剤・薬局・火薬・薬餌・薬草・薬品・薬味・薬用・医薬・丸薬・劇薬・試薬・弾薬・毒薬・農薬・売薬・爆薬・良薬	
ヤク	厄	厄年・災厄・厄日・後厄・前厄・厄よけ・厄落とし・厄を払う	

音訓	漢字	用例	備考
ヤク	躍	躍動³・躍起³・飛躍³・躍進³・一躍¹・活躍²・跳躍⁴・飛躍⁴・勇躍³・面目躍如①	
ヤク	益⑤	御利益⁴⑤	
ヤク	疫□	疫病神□³³	
や-く	焼く⁴	炭焼き³⁴・焼き芋³・焼き鳥²・焼き肉²・焼き飯⁴・焼き物⁴・塩焼き⁴・素焼き⑤⁴・野焼き²・炭を焼く⁴・パンを焼く	手をやく・世話をやく・やきもちをやく
や-ける	焼ける⁴	夕焼け⁰・焼け跡³・焼け石⁰・焼け土²・焼け野²・朝焼け³・雪焼け⁰・焼け焦げ⁰²・魚が焼ける⁴	
やさ-しい	易しい⁵	易しい問題⁵・遂行は易しい³² ⁵	
やさ-しい	優しい⑥	優しい声⑥²・気持ちが優しい¹³⑥	
やしな-う	養う⁴	子を養う¹⁴・家族を養う²³⁴・牛を養う²⁴・体力を養う²¹⁴	
やしろ	社²	社の森²・社の前を通る² ²	
やす-い	安い³	安らかだ³・安手³¹・安値³・安物³・安宿³・円安¹³・格安⁵³・割安⁶³・安売り³²・安らぐ³・目安箱¹³³・安っぽい⁴・安請け合い⁰⑥⁶・値段が安い³³・安い服³	めやす
やす-まる	休まる¹	心が休まる・気が休まる	
やす-む	休む²	中休み²・夏休み³・昼休み³・ひと休み²・ゆっくり休む³³・仕事を休む¹	おやすみなさい
やす-める	休める³	骨休め⁴・手を休める・頭を休める・心を休める・気休めを言う³¹	
や-せる	痩せる²	痩せた人¹・痩せた土地¹²・体が痩せる・痩せても枯れても	やせ我慢
や-つ	八つ¹	八つ切り判¹²⁵・八つ裂き¹	
やっ-つ	八つ¹	八つに分ける¹²	
やど	宿³	宿屋³・宿帳³・宿賃³⁶・木賃宿¹⁶³・宿を借りる³⁴	
やと-う	雇う²	雇い主²・人を雇う・船を雇う	
やど-す	宿す³	昔の面影を宿した街並み³③⁴⁶・子を宿す¹³	
やど-る	宿る³	雨宿り¹³・宿り木³・心に宿る¹³	
やなぎ	柳	柳腰・柳に風²	
やぶ-る	破る⁵	型破り⁵⁵・破く⁵・破ける・紙を破る⁵・強敵を破る⁴⁴・約束を破る⁵	
やぶ-れる	破れる⁵	破れ傘⁵・ふすまの破れ⁵・障子が破れる⁶¹⁵・恋に破れる⁵	↔敗れる
やぶ-れる	敗れる⁴	戦いに敗れる⁴⁴・ライバルに敗れる⁴	↔破れる
やま	山¹	山芋¹・山奥¹・山影¹²・山陰¹²・山国¹²・山里¹²・山寺¹²・山肌¹・山道¹²・岩山²¹・裏山⁶¹・黒山²¹・山に登る¹³	「山影」は、山の姿。「山陰」は、山の陰になって見えない所。

音訓	漢字	用例	備考
やまい	病³	恋の病³・不治⁴⁴の病³・病³は気から¹	
やみ	闇³	闇夜²・暗闇²³・闇市²・宵闇⁶・闇討ち³²・闇相場³²・闇取引²・心の闇・闇に紛れる・闇から闇に葬る¹⁶¹・一寸先は闇	やみくも
や-む	病む③	神経³⁵を病む③・気に病む③	
や-める	辞める④	会社²²を辞める④・委員³³を辞める④	旅行をやめる・酒をやめる
やわ-らか	柔らか	柔らかみ・柔らかな肌・柔らかなソファー	↔軟らか やわらかな言葉
やわ-らか	軟らか	軟らかな水¹	↔柔らか
やわ-らかい	柔らかい	肌が柔らかい・ソファーが柔らかい	↔軟らかい 頭がやわらかい
やわ-らかい	軟らかい	軟らかな水¹	↔柔らかい
やわ-らぐ	和らぐ③	波³が和らぐ③・風²が和らぐ③	気持ちがやわらぐ
やわ-らげる	和らげる③	痛み⁶を和らげる③・衝撃³を和らげる③	
ユ	由³	由来³²・経由⁵³	ゆゆしい問題
ユ	油³	油脂³・油田³¹・石油¹³・油煙³・油性³⁵・油井³④・油断³⁵・給油⁴³・原油²³・重油³³・灯油⁴³・揮発油⁶³³・潤滑油³⁵¹⁶・油断大敵	
ユ	輸⁵	輸出⁵¹・輸送⁵³・運輸³⁵・輸血³¹・輸入¹⁵・空輸⁶⁵・密輸	
ユ	愉	愉快⁵・愉悦	
ユ	諭	諭旨・教諭・説諭⁴	
ユ	癒	癒着³・治癒³・平癒・快癒	
ユ	喩	比喩⁵・暗喩・隠喩・引喩²	
ユ	遊	遊山③¹・物見遊山³¹③¹	
ゆ	湯³	湯水³¹・煮え湯³¹・湯気³⁵・湯殿④³・産湯□³・葛湯³・湯豆腐³³	
ユイ	唯	唯一¹・唯物論³⁶・唯美主義³³⁵・唯我独尊⑥⁵⁶・唯一無二¹⁴¹	
ユイ	由③	由緒③	
ユイ	遺⑥	遺言⑥²	「遺言」は、法律用語としては「イゴン」と読む。
ユウ	友²	友好²⁴・友情²⁵・親友²²・友愛²⁴・友軍²⁴・友人²¹・悪友³²・学友¹²・旧友⁵²・級友³²	友好←友交(×)
ユウ	右¹	左右¹¹・座右⁶¹	
ユウ	由³	自由²³・理由³³・事由³³	
ユウ	有³	有益³⁵・所有³³・特有⁴³・有為³⁴・有害³⁴・有給³⁴・有形³²・有限³⁵・有効³⁵・有罪³⁵・有志³⁵・有終³³・有能⁴³・有望³⁴・有名³¹・固有⁴³・国有³²・有意義³³⁵・有名無実³¹⁴³	

音訓	漢字	用例	備考
ユウ	勇	勇敢・勇気・武勇・勇士・勇姿・勇者・勇壮・勇退・勇名・勇猛・勇躍・豪勇・蛮勇・義勇軍・勇を鼓する	「勇姿」は,「雄姿」とも。
ユウ	郵	郵便・郵送・郵券・郵政	
ユウ	遊	遊戯・遊離・交遊・遊学・遊興・遊説・遊牧・回遊・外遊・豪遊・漫遊・遊園地・遊歩道・周遊券	
ユウ	優	優越・俳優・優位・優雅・優遇・優秀・優勝・優勢・優先・優待・優等・優美・優劣・女優・名優・優良可・優柔不断	
ユウ	幽	幽境・幽玄・幽霊・幽谷・幽囚・幽閉・深山幽谷	
ユウ	悠	悠然・悠長・悠久・悠々自適	
ユウ	猶	猶予	猶予←猶余(×)
ユウ	裕	裕福・富裕・余裕	
ユウ	雄	雄大・英雄・雌雄・雄姿・雄図・雄飛・雄弁・群雄・両雄・一方の雄	「雄姿」は,「勇姿」とも。
ユウ	誘	誘惑・誘発・勧誘・誘因・誘致・誘導	
ユウ	憂	憂愁・憂慮・一喜一憂・憂国・内憂外患	
ユウ	融	融解・融和・金融・融合・融資・融通・融点・融通無碍(ゲ)	
ユウ	湧	湧水・湧出	
ゆ-う	結う	日本髪を結う・髪を二つに結う	
ゆう	夕	夕方・夕日・夕べ・夕風・夕刊・夕霧・夕雲・夕刻・夕食・夕月・夕飯・朝夕・今夕・夕暮れ・夕涼み・夕立ち・夕焼け	春の夕べ・音楽の夕べ↔ゆうべは遅くまで眠れなかった
ゆえ	故	故あって・故なく	それゆえ
ゆか	床	床下・床面積・床に置く・床が抜ける	ゆかしい人柄
ゆき	雪	雪解け・初雪・雪国・雪煙・粉雪・根雪・雪遊び・雪囲い・雪化粧・雪明かり・雪が降る・雪が積もる	
ゆ-く	行く	行く末・行く先々・行く手・わが道を行く	↔逝く／ゆくゆくはそうしたい
ゆ-く	逝く	惜しまれながら逝く・若くして逝く	↔行く
ゆ-さぶる	揺さぶる	木を揺さぶる・心を揺さぶる	
ゆ-すぶる	揺すぶる	枝を揺すぶる・体を揺すぶる	
ゆ-する	揺する	体を揺する・木を揺する	
ゆず-る	譲る	譲り合う・譲り渡す・譲り受ける・財産を譲る・席を譲る・道を譲る	

音訓	漢字	用例	備考
ゆた-か	豊か	豊かだ・豊かな生活・豊かな才能・豊かな心	
ゆだ-ねる	委ねる	判断を委ねる・身を委ねる・専門家に委ねる	
ゆび	指	指先・指笛・指輪・親指・人さし指・中指・薬指・小指・指人形・指を折る・指をくわえる	
ゆみ	弓	弓矢・弓取り・弓なり・弓を引く・バイオリンの弓	
ゆめ	夢	初夢・夢占い・夢心地・夢物語・夢見心地・夢を見る・夢を描く	「心地」は，中学校で学習する付表の語。
ゆ-らぐ	揺らぐ	風に揺らぐ・心が揺らぐ・土台が揺らぐ・国が揺らぐ	
ゆ-る	揺る	揺り返し・電車に揺られる・揺り動かす	ゆりかご
ゆる-い	緩い	結び目が緩い・規制が緩い	
ゆ-るぐ	揺るぐ	基礎が揺るぐ・信念が揺るぐ	ゆるぎない
ゆる-す	許す	罪を許す・入学を許す・気を許す・時間が許すかぎり・許しを請う	
ゆる-む	緩む	気の緩み・靴ひもが緩む	寒さがゆるむ
ゆる-める	緩める	帯を緩める・ねじを緩める・緊張を緩める	
ゆる-やか	緩やか	緩やかだ・緩やかな坂道・緩やかなカーブ・緩やかな規制	
ゆ-れる	揺れる	炎が揺れる・船が揺れる・心が揺れる・大きな揺れ	
ゆ-わえる	結わえる	ひもで結わえる	
ヨ	予	予定・予備・猶予・予感・予期・予見・予言・予告・予算・予測・予知・予報・予約	
ヨ	余	余剰・余地・残余・余生・余勢・余波・余白・余分・余裕・窮余・十年有余	よほど・よけいなお世話・よけい悲しくなる
ヨ	預	預金・預託	
ヨ	与	与党・授与・関与・寄与・給与・参与・賞与・贈与・貸与・付与・賦与・生殺与奪	付与↔賦与
ヨ	誉	名誉・栄誉	
よ	四	四人・四日（よっか）・四月め	
よ	世	世の中・浮世絵・世に出る・世を去る・世を捨てる・世を渡る	
よ	代	神代・君が代・千代紙	
よ	夜	夜が明ける・夜風・月夜・夜中・夜長・夜店・夜道・毎夜・夜明け・夜汽車・夜祭り・夜回り・夜を明かす	
よい	宵	宵越し・宵の口・宵の明星	

音訓	漢字	用例	備考
よーい	良い[4]	良い[4]子[1]	↔善い
よーい	善い[6]	善い[6]行い[2]	↔良い
ヨウ	幼[6]	幼児[6,4]・幼虫[6,1]・幼稚[6]・幼時[6,2]・幼少[6,2]・幼年[6,1]・幼名[6,1]・幼稚園[6,2,6]・長幼の序[5]	幼少←幼小(×)
ヨウ	用[2]	用意・使用[5,2]・費用[5,2]・用件[2]・用事[2]・用心[2]・用途[2,4]・用法[2,4]・用例[2,4]・愛用[4,2]・悪用[3,2]・応用[5,2]・効用[5,2]・採用[5,2]・信用[3,2]・利用[4,2]・用をなす[2,3,4]・用意周到[2,3,4]	
ヨウ	羊[3]	羊毛[3,2]・綿羊[5,3]・牧羊[4,3]・羊肉[3]・羊皮紙[3,5,2]・羊頭狗(ク)肉[3,2,▼,2]	
ヨウ	洋[3]	洋楽[3,2]・洋風[3,2]・海洋[2,3]・洋画[3,2]・洋館[3]・洋行[3]・洋裁[3,3]・洋式[3]・洋酒[3,2]・洋書[3,2]・洋食[3,2]・洋装[3,6]・洋服[3,3]・遠洋[3,3]・外洋[5,2,4,3]・西洋[2,3]・東洋[2,3]・前途洋々	
ヨウ	要[4]	要点[4,2]・要注意[4,3,3]・重要[3,4]・要項[4]・要綱[4]・要旨[4]・要所[4]・要職[4,3]・要請[4,2]・要素[4,5]・要望[4,4]・要約[4,4]・要領[4,2]・概要[5,4]・主要[2,4]・不要[4]・再考の要がある	会費は不要です↔不用品の回収 入試要項↔設立要綱
ヨウ	容[5]	容易[5,5]・容器[5]・形容[5]・容疑[5,3]・容姿[5,3]・容積[5,5]・容態[5,⑥]・容認[5,4]・容量[5,4]・威容[5]・寛容[5,5]・許容[5,5]・収容[⑥,5]・従容[5,5]・内容[⑥,5]・美容[5]・理容	「容態」は,「容体」とも。
ヨウ	葉[3]	葉緑素[3,3,5]・落葉[3,3]・紅葉[3,3,5]・葉脈[⑤,3]・枝葉[1,3]・子葉[6,3,6]・針葉樹	
ヨウ	陽[3]	陽光[3,3]・陰陽[5,3]・太陽[3,3]・陽気[3,5]・陽極[3,3]・陽春[3,3]・陽性[3,3]・山陽[3]・斜陽[3,3,2]・陽動作戦[4,1,3,4]・一陽来復	一陽来復←一陽来福(×)
ヨウ	様[3]	様式[3,3]・様子[3,3]・模様[3,5]・様相[3,5]・様態[6,3]・異様[2,3]・多様[3,3]・体様[2,3]・同様[3,3,3]・様式美	～のようだ・以上のように
ヨウ	養[4]	養育[4,3]・休養[5,4]・養魚[4,4]・養護[4,4]・養生[4,5]・養殖[4,2]・養成[4]・養分[4]・養老[4]・栄養・教養[2,4]・滋養[④,4]・修養[4,4]・静養[5,2,4]・素養[4]・療養	
ヨウ	曜[2]	曜日[2,1]・七曜表[1,2,3]・日曜[2,2,1]・黒曜石	
ヨウ	庸	凡庸・中庸[1]・租庸調[3]	
ヨウ	揚	意気揚々[3,1]・抑揚・掲揚[2]・高揚・宣揚[4]・飛揚	意気揚々←意気洋(×)々
ヨウ	揺	動揺[3]・揺籃(ラン)▼	
ヨウ	溶	溶解・溶液[5]・水溶液[1,5]・溶岩[2]・溶剤・溶接[5]・溶鉱炉[5]	
ヨウ	腰	腰痛[□,6]・腰部[□,3]	
ヨウ	踊	舞踊	
ヨウ	窯	窯業[□,3]	
ヨウ	擁	擁護[5]・擁立[1]・抱擁[1,4]・大軍を擁する	
ヨウ	謡	謡曲[3]・民謡[4]・歌謡[2]・童謡[3]	
ヨウ	妖	妖怪・妖艶[2]・妖雲[□]・妖気・妖術[5]・妖精[5]	
ヨウ	瘍	潰瘍・腫瘍・胃潰瘍[6]	
よう	八[1]	八日[1,1]	

音　訓	漢字	用　例	備　考
よ-う	酔う	二日酔い・酒に酔う・船に酔う・音楽に酔う	「二日」は，小学校で学習する付表の語。
ヨク	浴	浴場・海水浴・浴室・浴槽・浴用・水浴・入浴・日光浴・森林浴・恩恵に浴する	
ヨク	欲	欲望・食欲・無欲・欲求・欲得・意欲・禁欲・私欲・欲深い・金銭欲・欲求不満・欲に目がくらむ・欲の皮が突っ張る	
ヨク	翌	翌春・翌年・翌月・翌日・翌朝	
ヨク	抑	抑圧・抑制・抑揚・抑止・抑留	
ヨク	翼	左翼・尾翼・右翼・主翼・比翼・両翼	
ヨク	沃	肥沃・沃地・沃土・沃野	
よこ	横	横顔・横たわる・横穴・横糸・横風・横車・横綱・横手・横幅・横笛・横道・横目・横取り・横文字・横やり・横になる	
よご-す	汚す	顔を汚す・服を汚す・本を汚す	
よご-れる	汚れる	汚れ・汚れ物・汚れ役・油汚れ	
よし	由	知る由もない	
よ-せる	寄せる	人寄せ・寄せ集め・寄せ書き・波が寄せる・同情を寄せる・隅に寄せる・身を寄せる・原稿を寄せる	
よそお-う	装う	装いを凝らす・春の装い・身を装う・平静を装う	
よ-つ	四つ	四つ角・四つ切り判・四つに組む	
よっ-つ	四つ	四つの方法	
よ-ぶ	呼ぶ	呼び声・呼び水・呼び物・呼び合う・呼び返す・呼び捨て・呼び出し・呼び込み・客を呼ぶ・助けを呼ぶ・人気を呼ぶ	夕食によばれる
よ-む	読む	読み・読み方・読み手・読み物・音読み・訓読み・棒読み・読み替え・読み書き・読み切り・本を読む・空気を読む	↔詠む
よ-む	詠む	歌を詠む	↔読む
よめ	嫁	花嫁・兄嫁・嫁に行く・嫁に迎える	
よ-る	因る	欠航は台風に因る	仮名書きが一般的。
よ-る	寄る	近寄る・寄り道・寄り合い・寄り切り・寄り添う・持ち寄る・しわが寄る・柱に寄りかかる・虫が光に寄る	
よる	夜	夜と昼・夜が更ける・夜のとばり	
よろこ-ぶ	喜ぶ	喜び・喜ばしい・大喜び・ぬか喜び・喜びをかみしめる・勝利を喜ぶ・合格して喜んだ	

音訓	漢字	用例	備考
よわ-い	弱い²	弱虫²¹・気弱¹²・弱腰²¹・弱火²¹・弱音²¹・弱み²・弱々しい¹²・白組は赤組より弱い²・寒さに弱い³	
よわ-まる	弱まる²	風が弱まる²・火が弱まる²	
よわ-める	弱める²	火力を弱める²¹・力を弱める²	
よわ-る	弱る²	弱り果てる²・足腰が弱る³・職がなくて弱る²	
よん	四¹	四回¹²・四階¹³・四輪車¹⁴¹・四輪駆動¹⁴³	
ラ	裸	裸身³・裸体²・赤裸々⁰・裸形²・全裸²・半裸²・裸子植物¹³³	
ラ	羅	羅列³・羅針盤⁶・網羅¹・森羅万象②⁵	
ラ	拉	拉致	
ライ	礼③	礼賛③⁵・礼拝③⁶	「礼拝」は、「レイハイ」とも。
ライ	来²	来年²¹・来歴¹²・往来⁵²・来客²³・来信²・来春²⁴・来賓²²・来訪²・以来²⁶・外来²・去来³²・従来⁶²・将来⁶²・伝来⁴²・渡来²・到来³・本来⁴²・未来²	
ライ	雷	雷雨¹・雷名¹²・魚雷²・雷雲¹²・雷管²・雷神¹・雷鳥²・雷同²⁶・雷電²・雷鳴⁰・機雷⁴・春雷⁰・地雷⁰・水雷¹・落雷⁰・避雷針³¹・付和雷同⁰	
ライ	頼	依頼⁴・信頼⁰・無頼漢³	
ラク	落³	落語³²・落涙³・集落³・落下³¹・落花³¹・落差³・落札⁰・落日²・落成⁰・落第³・落胆³・落着³³・落馬³・落盤⁰・落雷⁰・陥落⁰・堕落³・落下傘³¹□	
ラク	楽²	楽園²²・快楽⁵²・娯楽²・楽観⁰・楽日②・楽勝⁰・行楽⁰・極楽²⁶・楽天家⁴²・楽焼き²²・千秋楽¹²²・楽市楽座²・楽な仕事²・楽あれば苦あり	
ラク	絡	連絡⁴・脈絡⁵・籠絡□	
ラク	酪	酪農³	
ラツ	辣	辣腕・辛辣³・悪辣	
ラン	乱⁶	乱戦⁶・混乱²・反乱⁶・乱雑⁶⁵・乱視⁶・乱射⁶・乱世⁶・乱調⁶・乱闘⁶・乱入⁶¹・乱筆⁶³・乱舞⁶・乱暴⁶⁵・乱脈⁶・内乱²・乱を治める	
ラン	卵⑥	卵黄⑥²・鶏卵⑥・産卵⁴⑥・卵巣⑥④・卵白⑥¹・一卵性¹⑥⁵	
ラン	覧⁶	観覧⁴⁶・展覧⁶⁶・一覧¹⁶・閲覧⁶・笑覧④⁶・通覧⁶・便覧⁴⁶	
ラン	濫	氾濫・濫伐⁵・濫費²・濫用・濫獲⁵・濫掘・濫造¹・濫立⁵・粗製濫造⁵・職権濫用⁶²	「濫伐・濫費・濫用・濫獲・濫掘・濫造・濫立」は、「乱伐・乱費・乱用・乱獲・乱掘・乱造・乱立」とも。
ラン	欄	欄干⁶・欄外²・空欄¹・解答欄⁵²・投書欄³²・所定の欄に記入する²¹	
ラン	藍	出藍の誉れ¹□・藍綬(ジュ)褒章□³	

音　訓	漢　字	用　例	備　考
リ	利	利益・鋭利・勝利・利害・利権・利水・利潤・利殖・利息・利発・利便・功利・高利・薄利・暴利・戦利品・〜に利する	りこうな犬
リ	里	里程・郷里・千里眼・海里・一里塚	
リ	理	理科・理由・整理・理解・理財・理性・理想・理知・理論・管理・受理・処理・真理・代理・調理・理路整然・理にかなう	
リ	裏	裏面・表裏・禁裏・庫裏・内裏・脳裏・隠密裏・成功裏に終わる	
リ	吏	吏員・官吏・能吏	
リ	痢	疫痢・下痢・赤痢	
リ	履	履歴・履行・弊履・履修・履歴書	
リ	離	離別・距離・分離・離縁・離婚・離散・離職・離脱・離島・離乳・離反・離陸・隔離・別離・遊離・離合集散・支離滅裂	
リ	璃	浄瑠璃・瑠璃色	
リキ	力	力量・力作・馬力・力む・力演・力学・力士・力戦・力走・力説・力点・力闘・眼力・自力・他力・百人力・力がある	
リク	陸	陸地・陸橋・着陸・陸軍・陸上・陸路・海陸・上陸・水陸・大陸・離陸・陸の孤島・陸に上がる	
リチ	律	律儀・律義	律儀・律義←律気（×）
リツ	立	立案・起立・独立・立脚・立憲・立秋・立証・立方・立法・確立・公立・私立・自立・樹立・成立・設立・並立・立身出世	
リツ	律	律動・規律・法律・律令（リョウ）・戒律・韻律・自律・旋律・因果律・二律背反・千編一律	
リツ	率	比率・能率・百分率・確率・効率・高率・税率・利率・率がいい	
リツ	慄	慄然・戦慄	
リャク	略	略称・計略・侵略・略字・略式・略図・略奪・略歴・概略・簡略・攻略・策略・省略・政略・戦略・前略・以下略	
リュウ	流	流行・流動・電流・流域・流儀・流血・流出・流通・流派・流氷・流木・海流・逆流・激流・交流・濁流・漂流・流言飛語	
リュウ	留	留意・留学・保留・留置・留任・留年・留保・慰留・拘留・在留・残留・蒸留・駐留・抑留・留置所・停留所	
リュウ	柳	花柳界・川柳	
リュウ	竜	竜頭蛇尾・竜宮・竜骨・竜神・恐竜	
リュウ	粒	粒子・粒々辛苦・微粒子	
リュウ	隆	隆起・隆盛・興隆・隆々たる	

音訓	漢字	用例	備考
リュウ	硫	硫酸⁵・硫化銀³ ³・亜硫酸⁵・硫酸アンモニウム⁵	
<u>リュウ</u>	立 [1]	建立 [4][1]	
リョ	旅³	旅行³ ²・旅情³ ⁵・旅券³ ⁶・旅客³ ③・旅館³ ³・旅愁³・旅装³ ⁶・旅程³ ⁵・旅費³ ⁵	「旅客（リョカク）」は，「リョキャク」とも。
リョ	虜	虜囚・捕虜	
リョ	慮	遠慮²・考慮²・無慮⁴・苦慮³・思慮²・熟慮⁶・深慮³・配慮³・不慮⁴・憂慮・深謀遠慮³ ²	
リョ	侶	僧侶・伴侶	
リョウ	両³	両親³ ²・両立³ ¹・千両¹ ³・両院³ ³・両腕³・両替³ ³・両岸³ ³・両眼³ ⁵・両極³ ⁴・両者³ ³・両端³ ³・両手³ ¹・両方³ ²・両面³ ³・両翼³ ⁵・両輪¹ ³・車両²	
リョウ	良⁴	良好⁴ ⁴・良心⁴ ²・優良³ ¹・良家⁴ ¹・良識⁴ ³・良質⁴ ³・良書⁴ ⁴・良薬⁴ ³・温良³ ⁵・改良³ ⁴・最良⁴ ⁴・善良⁶ ⁴・不良⁴	奈良（なら）県
リョウ	料⁴	料金⁴ ⁴・料理⁴ ²・材料⁴ ²・料亭⁴ ⁴・衣料³ ⁴・飲料³ ⁴・給料⁴ ⁴・原料² ⁴・資料⁵ ⁴・飼料⁵ ⁴・食料² ⁴・染料⑥ ⁴・送料³ ⁴・塗料² ⁴・燃料³ ⁴・肥料⁵ ⁴・無料³ ⁴・有料³ ⁴	
リョウ	量⁴	量産⁴ ⁴・測量⁵ ⁴・度量³ ⁴・量目⁴ ²・音量⁴ ¹・技量⁵ ⁴・狭量□ ⁴・計量² ⁴・質量⁵ ⁴・重量³ ⁴・推量⁶ ⁴・数量² ⁴・熱量⁴ ⁴・分量² ⁴・容量³ ⁵・力量⁴ ⁴・量が多い	
リョウ	領⁵	領土⁵ ¹・要領⁴ ⁵・大統領¹ ⁵ ⁵・領域⁵ ⁶・領海⁵ ²・領事⁵ ³・領収書⁵ ⁶ ²・領袖⁵ □・領地⁵ ²・領分⁵・横領³・綱領⁵・首領⁵・受領⁵・占領⁵・本領	
リョウ	漁⁴	漁師⁴ ⁵・大漁¹ ⁵・不漁⁵・漁に出る	「猟」の字音の転用。
リョウ	了	了解⁵・完了⁴・了見⁵・了承⁶・終了³・修了²・投了²・読了³・魅了⁴・未了・了とする	「終了」は，続いていた物事が終わること。「修了」は，一定の課程を学び終えること。
リョウ	涼	涼味⁵・清涼剤⁴・納涼⁶・涼感³・涼風²・荒涼・涼をとる	
リョウ	猟	猟師・狩猟³・渉猟⁶・猟奇³・猟犬¹・猟銃⁵・禁猟⁶・密猟・猟に出る¹	
リョウ	陵	陵墓⁵・丘陵・御陵・山陵¹	
リョウ	僚	僚友²・官僚⁴・同僚³・閣僚²・幕僚⁶	
リョウ	寮	寮生¹・寮母⁴・独身寮⁵ ³・寮生活¹ ¹・学生寮² ³・社員寮・寮に入る¹	
リョウ	霊	悪霊³ □・死霊³ □	
リョウ	療	療養⁴・医療³・治療⁴・療法・診療⁴・施療□	
リョウ	糧	糧食²・糧道²・食糧²・食糧難² ⁴・食糧不足¹	
リョウ	瞭	明瞭²・一目瞭然¹ ¹ ⁴・簡単明瞭⁴ ²	
リョク	力¹	権力⁶ ¹・努力¹ ¹・能力⁴ ¹・握力² ¹・威力² ¹・引力¹ ¹・学力² ¹・活力¹ ¹・気力⁴ ¹・協力⁴ ¹・極力⁴ ¹・実力³ ¹・重力³ ¹・助力⁴ ²・魅力¹ ²・求心力⁴ ⁴ ¹・労働力	

音訓	漢字	用 例	備 考
リョク	緑³	緑³茶²・緑³陰・新²緑³・緑³化³・緑³地³・常²緑³・葉³緑³素⁵	
リン	林¹	林¹業³・林¹立¹・山¹林¹・林¹道²・植³林¹・森¹林¹・造³林¹・農⁶林¹・密⁵林¹・防²風林¹・熱⁴帯⁴雨¹林¹	
リン	輪⁴	輪⁴番¹・一¹輪⁴車¹・車¹輪⁴・輪⁴郭⁴・輪⁴唱¹・日¹輪⁴・年³輪⁴・両²輪⁴・外⁴輪⁴山¹	
リン	臨⁶	臨⁶時²・臨⁶床³・君²臨⁶・臨⁶月²・臨⁶終³・臨⁶書³・臨⁶席³・臨⁶戦³・来²臨⁶・臨⁶場³感³・臨⁶海⁶学²校¹・臨⁶機⁶応⁴変⁴	
リン	厘	一¹分²一¹厘・九¹分²九¹厘	
リン	倫	倫²理²・人¹倫・不⁴倫	
リン	鈴	風²鈴・呼⁶び鈴・鈴が鳴²る	
リン	隣	隣²室²・隣²接⁵・近²隣・隣²家²・隣²国²・隣²人・隣²席⁴・隣²村¹	
ル	瑠	浄瑠璃・瑠璃²色	
ル	流③	流③布⁵・流③転³・流③罪⁵・流③浪¹・生々³流③転³	
ル	留⁵	留⁵守⁵・留⁵守⁵番³電²話²	
ルイ	類⁴	類⁴型⁴・種⁴類⁴・分⁴類⁴・類⁴語²・類⁴似⁵・類⁴書⁴・類⁴焼⁴・類⁴推④・衣⁴類⁴・書⁶類⁴・親²類⁴・人¹類⁴・同²類⁴・比⁵類⁴・部³類⁴・類⁴人¹猿¹・類⁴がない	
ルイ	涙	感³涙・声²涙・落³涙・涙³腺・血³涙・悲³涙	
ルイ	累	累計・累積・係累・累進³・累³々・累を及ぼす	係累←係類(×)
ルイ	塁	塁⁶審・敵⁶塁・土¹塁	
レイ	令⁴	法⁴令⁴・命³令⁴・令⁴状⁴・令⁴嬢⁴・令⁴息²・令⁴名⁴・訓³令⁴・号⁴令⁴・司³令⁴・指³令⁴・辞⁴令⁴・政⁵令⁴・勅⁴令⁴・令⁴夫⁴人¹・戒⁶厳⁴令⁴	
レイ	礼³	礼³儀³・謝⁴礼³・無³礼³・礼³状⁴・礼³節³・礼³装³・礼³拝⁶・礼³服³・儀³礼³・虚³礼³・祭³礼³・失³礼³・巡³礼³・朝²礼³・答²礼³・返³礼³・礼³を言²	「礼拝」は,「ライハイ」とも。礼儀←礼義(×)
レイ	冷⁴	冷⁴却⁴・冷⁴淡³・寒³冷⁴・冷⁴夏²・冷⁴害⁴・冷⁴気¹・冷⁴遇³・冷⁴血⁴・冷⁴厳⁶・冷⁴酷⁴・冷⁴酒⁴・冷⁴笑³・冷⁴水④・冷⁴静⁴・冷⁴徹⁴・冷⁴凍¹・冷⁴房⁴・冷⁴蔵⁶庫³	
レイ	例⁴	例⁴外²・例⁴年⁴・用⁴例⁴・例⁴会⁴・例⁴示³・例⁴証⁴・例⁴題⁴・例⁴文¹・引²例⁴・慣⁵例⁴・事³例⁴・条⁵例⁴・前²例⁴・通²例⁴・定□例⁴・凡⁵例⁴・例⁴がない	
レイ	励²	励²行³・奨⁵励²・精⁶励²・激³励²・督⁶励²・奮⁶励²	
レイ	戻	戻□入¹・返³戻□	
レイ	鈴	電²鈴・振鈴³・予³鈴	
レイ	零	零¹下²・零²細²・零²落²・零²時²・零²点²・零²敗⁴	
レイ	霊	霊³感³・霊²魂⁶・霊³長類⁴・霊④界²・霊²験²・霊²場²・霊²前²・霊²的⁴・霊²媒・霊²峰⁴・慰²霊²・心⁶霊²・亡³霊²・幽³²霊²・霊²安³室²・霊が宿³る	

音訓	漢字	用例	備考
レイ	隷	隷書²・隷属⁵・奴隷	
レイ	齢	樹齢⁶・年齢¹・月齢¹・高齢²・適齢⁵・老齢⁴	
レイ	麗	麗人・端麗³・美麗・華麗・秀麗³⁴・鮮麗⁵・壮麗・美辞麗句	
レキ	歴⁵	歴史⁵・歴訪⁵⁶・経歴⁵・歴戦⁵・歴然⁵・歴代⁵・歴任・閲歴・学歴⁵・職歴⁵・病歴³⁵・遍歴・来歴²⁵・履歴⁵⁵・略歴	
レキ	暦	暦年・還暦²³・太陽暦・陰暦⁵・旧暦・新暦・西暦	
レツ	列³	列外³²・列車³¹・陳列¹・列記²・列挙⁵・列強³・列国²・列席³・列伝³・列島³ 行列²³・系列⁶³・参列⁵³・序列²・整列⁶・並列・列を乱す³⁶	
レツ	劣	劣等³・卑劣・優劣⁶・劣悪²・劣化・劣勢⁵・愚劣・下劣¹・拙劣	
レツ	烈	烈火³・壮烈・猛烈・烈士⁵・烈風²・強烈⁶・激烈・熱烈⁴	↔裂
レツ	裂	決裂³・破裂⁵・分裂・裂傷⁶・支離滅裂⁵	↔烈
レン	連⁴	連合⁴²・連続⁴・関連⁴・連歌⁴・連結⁴⁵・連呼⁴・連鎖⁴・連座⁴⁶・連載⁴・連作⁴² 連帯⁴⁴・連発⁴³・連絡⁴・連立⁴¹・国連⁴²・連日連夜⁴・連戦連勝⁴・連戦連敗	
レン	練³	練習³・試練⁴³・熟練³・練達⁴・練炭⁴・訓練³・修練⁴・水練³・精練⁴・洗練⁴ 鍛錬⁴⁴・未練⁴³・老練	
レン	恋	恋愛⁴・恋慕・失恋⁵・恋情・恋々³・悲恋	
レン	廉	廉価⁵・清廉⁵・破廉恥・廉潔⁵・廉直²・廉売²・低廉⁴・清廉潔白⁵¹	
レン	錬	錬金術・鍛錬¹⁵・精錬・錬成・錬磨・修錬	
ロ	路³	路上³・道路・路肩⁴³・路地⁵³・路線⁵・路頭⁵・路傍⁵・遠路²³・往路⁵³・街路⁴³ 活路²³・岐路④³・経路⁵³・航路⁵³・順路⁵³・進路③・針路⁶³・迷路	進路指導・台風の進路↔針路を北にとる
ロ	炉	暖炉⁶・原子炉²¹・炉端・溶鉱炉・炉を切る・炉を囲む²・夏炉冬扇	
ロ	露	露出・露店⁵・雨露¹・露営・露見²・露骨・露呈・露天・露命³・玉露¹ 結露⁴・暴露⑤・発露・吐露・甘露煮	「露見」は,「露顕」とも。
ロ	呂	風呂[2]	
ロ	賂	賄賂	賄賂←賄路（×）
ロウ	老⁴	老巧⁴・老人⁴¹・長老²⁴・老眼⁴⁵・老後⁴²・老衰⁴・老成⁴⁴・老年⁴⁴・老父⁴¹・老母⁴² 老齢⁴・老練⁴⁶⁴・敬老²⁴・元老⁴・不老⁴・養老⁴・老大家	
ロウ	労⁴	労働⁴⁴・労力⁴¹・疲労²⁴・労役④⁵・労作⁴²・労務⁴・慰労⁵⁴・過労³⁴・苦労⁴⁴・功労⁴² 心労²⁴・徒労⁴⁴・労をねぎらう	
ロウ	朗	朗読⁶²・朗々と⁶・明朗²⁶・朗詠⁶・朗吟・朗報⁶⁵・天気晴朗¹¹²⁶	
ロウ	郎	新郎・郎党⁶・太郎²・次郎³・夜郎自大²¹	
ロウ	浪	浪費・波浪³・放浪³・浪曲³・浪人・激浪¹・風浪²・流浪[3]	

音訓	漢字	用例	備考
ロウ	廊	廊下・回廊・画廊	
ロウ	楼	楼閣・鐘楼・望楼・楼上・楼門・高楼・魔天楼	
ロウ	漏	漏電・疎漏・脱漏・漏洩(エイ)・漏水・遺漏	
ロウ	弄	愚弄・翻弄・嘲弄・策を弄す・駄弁を弄する	
ロウ	籠	籠城・籠球・籠絡・灯籠・自家薬籠中の物	
<u>ロウ</u>	糧	兵糧	
<u>ロウ</u>	露	披露・披露宴	
ロク	六	六月・六法・丈六・四六時中	
ロク	録	録音・記録・実録・録画・語録・採録・収録・登録・目録・議事録	
ロク	麓	山麓	
<u>ロク</u>	緑	緑青	
ロン	論	論証・論理・議論・論議・論拠・論告・論旨・論説・論争・論評・結論・言論・試論・持論・総論・論功行賞・論を立てる	
ワ	和	和解・和服・柔和・和議・和算・和紙・和装・和平・和洋・温和・緩和・講和・唱和・調和・平和・違和感・和を結ぶ・和洋折衷	違和感←異和感(×)
ワ	話	話題・会話・童話・話者・話術・哀話・逸話・講話・実話・神話・世話・説話・対話・談話・通話・電話	
わ	我	我が国	
わ	輪	輪切り・首輪・花輪・指輪・輪ゴム・輪投げ・人の輪・輪になる	
ワイ	賄	収賄・贈賄・賄賂	
わか-い	若い	若者・若々しい・若げのいたり・若草・若手・若葉・若芽・若い衆・若返る・若い順に・若い世代	
わ-かす	沸かす	湯を沸かす・風呂を沸かす	観衆をわかす
わ-かつ	分かつ	分かち合う・分かち書き・たもとを分かつ	
わ-かる	分かる	答えが分かる	仮名書きが多い。
わ-かれる	分かれる	道が分かれる・枝が分かれる・意見が分かれる	↔別れる
わか-れる	別れる	別れ・友と別れる・みんなと別れる	↔分かれる
わき	脇	脇腹・両脇・脇見・脇道・脇目・脇役・小脇・脇に置く・脇に寄る・脇が甘い	
ワク	惑	惑星・迷惑・誘惑・惑乱・疑惑・困惑・当惑・魅惑	

音訓	漢字	用例	備考
わ-く	沸く	湯が沸く・風呂が沸く	↔湧く 会場がわく
わ-く	湧く	泉が湧く・石油が湧く	↔沸く 勇気がわく
わく	枠	枠内・窓枠・枠外・木枠・外枠・鉄枠・別枠・枠組み・枠をはめる	
わけ	訳	内訳・申し訳ない・訳知り顔・訳がわからない・深い訳がある	そういうわけだ・それなら怒るわけだ
わ-ける	分ける	引き分け・二つに分ける・仕事を分ける・分け隔てなく	わけても優れているのは
わざ	技	力技・技を磨く・技を競う	↔業
わざ	業	仕業・早業・神業・離れ業・至難の業	↔技
わざわ-い	災い	災いを招く・口は災いのもと	
わず-か	僅か	僅かだ・僅か百分の一秒差	
わずら-う	患う	長患い・胸を患う	↔煩う
わずら-う	煩う	煩わしい・恋煩い・思い煩う	↔患う
わずら-わす	煩わす	心を煩わす・人手を煩わす	
わす-れる	忘れる	もの忘れ・忘れ物・傘を忘れる・約束を忘れる・我を忘れる	
わた	綿	真綿・綿毛・綿雪・綿入れ・綿打ち・綿菓子	
わたくし	私	私は学生です・私する・私事	
わたし	私	私が行く・私の番だ	
わた-す	渡す	渡し・渡し場・渡し舟・橋を渡す・手紙を渡す・向こう岸に渡す	
わた-る	渡る	渡り・渡り鳥・渡り初め・渡り廊下・橋を渡る・川を渡る・アメリカに渡る・人手に渡る・渡る世間に鬼はない	長時間にわたる・全てにわたって・鳴りわたる
わら-う	笑う	大笑い・笑わせる・笑い顔・笑い声・笑い話・泣き笑い	
わらべ	童	童歌	
わり	割	割がいい・割合・五割・割高・割引	
わ-る	割る	割り当て・割り切る・割り増し・コップを割る・腹を割る	わりあい安い・若いわりに
わる-い	悪い	悪者・悪気・悪口・悪知恵・悪びれる・口が悪い・気持ちが悪い	
われ	我	我々・我ら・我に返る・我を忘れる	われがちに・われさきに
わ-れる	割れる	ひび割れ・割れ目・割れ物・ガラスが割れる・意見が割れる	
ワン	湾	湾内・湾入・港湾・湾岸・湾曲・東京湾	
ワン	腕	腕章・腕力・敏腕・手腕・鉄腕	

■「常用漢字表　付表」の語 ■

- 「小」は小学校,「中」は中学校,「高」は高等学校で学習するのが適切とされたものである。
- 「小」の語に付した数字は,漢字の配当学年を示す。

音訓	漢字	小	中	高
あす	明日(2,1)	○		
あずき	小豆		○	
あま	海女・海士			○
いおう	硫黄		○	
いくじ	意気地		○	
いなか	田舎		○	
いぶき	息吹			○
うなばら	海原		○	
うば	乳母		○	
うわき	浮気			○
うわつく	浮つく		○	
えがお	笑顔		○	
おじ	叔父・伯父		○	
おとな	大人(1,1)	○		
おとめ	乙女		○	
おば	叔母・伯母		○	
おまわりさん	お巡りさん		○	
おみき	お神酒			○
おもや	母屋・母家			○
かあさん	母(2)さん	○		
かぐら	神楽		○	
かし	河岸			○
かじ	鍛冶		○	
かぜ	風邪		○	
かたず	固唾		○	
かな	仮名		○	
かや	蚊帳			○
かわせ	為替		○	
かわら	河原・川原(5,2/1,2)	○		
きのう	昨日(4,1)	○		
きょう	今日(2,1)	○		
くだもの	果物(4,3)	○		
くろうと	玄人			○
けさ	今朝(2,2)	○		

音訓	漢字	小	中	高
けしき	景色(4,2)	○		
ここち	心地		○	
こじ	居士			○
ことし	今年(2,1)	○		
さおとめ	早乙女		○	
ざこ	雑魚			○
さじき	桟敷			○
さしつかえる	差し支える		○	
さつき	五月		○	
さなえ	早苗		○	
さみだれ	五月雨		○	
しぐれ	時雨		○	
しっぽ	尻尾		○	
しない	竹刀		○	
しにせ	老舗		○	
しばふ	芝生		○	
しみず	清水(4,1)	○		
しゃみせん	三味線		○	
じゃり	砂利		○	
じゅず	数珠			○
じょうず	上手(1,1)	○		
しらが	白髪		○	
しろうと	素人			○
しわす(「しはす」とも言う。)	師走			○
すきや	数寄屋・数奇屋			○
すもう	相撲		○	
ぞうり	草履		○	
だし	山車			○
たち	太刀		○	
たちのく	立ち退く		○	
たなばた	七夕	○		
たび	足袋		○	
ちご	稚児			○
ついたち	一日(1,1)	○		

音訓	漢字	小	中	高
つきやま	築山			○
つゆ	梅雨		○	
でこぼこ	凸凹		○	
てつだう	手伝う(1,4)	○		
てんません	伝馬船			○
とあみ	投網			○
とうさん	父(2)さん	○		
とえはたえ	十重二十重			○
どきょう	読経			○
とけい	時計(2,2)	○		
ともだち	友達(2,4)	○		
なこうど	仲人			○
なごり	名残		○	
なだれ	雪崩		○	
にいさん	兄(2)さん	○		
ねえさん	姉(2)さん	○		
のら	野良			○
のりと	祝詞			○
はかせ	博士(4,4)	○		
はたち	二十・二十歳		○	
はつか	二十日(1,1,1)	○		
はとば	波止場		○	
ひとり	一人(1,1)	○		
ひより	日和		○	

音訓	漢字	小	中	高
ふたり	二人(1,1)	○		
ふつか	二日(1,1)	○		
ふぶき	吹雪		○	
へた	下手(1,1)	○		
へや	部屋(3,3)	○		
まいご	迷子(5,1)	○		
まじめ	真面目(3,3,1)	○		
まっか	真っ赤(3)	○		
まっさお	真っ青(3,1)	○		
みやげ	土産		○	
むすこ	息子		○	
めがね	眼鏡(5,4)	○		
もさ	猛者			○
もみじ	紅葉		○	
もめん	木綿		○	
もより	最寄り		○	
やおちょう	八百長			○
やおや	八百屋(1,1,3)	○		
やまと	大和		○	
やよい	弥生		○	
ゆかた	浴衣			○
ゆくえ	行方		○	
よせ	寄席			○
わこうど	若人		○	

■「常用漢字表」備考欄に示された都道府県の読み方 ■

「常用漢字表」において，都道府県名に用いられる漢字の読み方が音訓欄にない場合に，備考欄に注記されたもの。「音訓の小・中・高等学校段階別割り振り表」の「付表2」の語である。

音訓	漢字	小	中	高
えひめ	愛媛(4,4)	○		
いばらき	茨城(4,4)	○		
ぎふ	岐阜(4,4)	○		
かごしま	鹿児島(4,4,3)	○		
しが	滋賀(4,4)	○		
みやぎ	宮城(3,4)	○		

音訓	漢字	小	中	高
かながわ	神奈川(3,4,1)	○		
とっとり	鳥取(2,3)	○		
おおさか	大阪(1,4)	○		
とやま	富山(4,3)	○		
おおいた	大分(1,2)	○		
なら	奈良(4,4)	○		

漢字指導の手引き　用例編

平成30年3月20日　初版第1刷発行

編著者　教育出版編集局

発行者　伊東千尋

発行所　教育出版株式会社
　　　　101-0051　東京都千代田区神田神保町2丁目10番地
　　　　電話　（03）3238-6965
　　　　振替　00190-1-107340

印刷・神谷印刷／製本・上島製本

本書の内容の一部あるいは全部を無断で複写複製（コピー）することは，法律で認められた場合を除き，著作者および出版社の権利の侵害となりますので，その場合には予め小社あて許諾を求めてください。

落丁・乱丁本はお取替いたします。

http://www.kyoiku-shuppan.co.jp
ISBN978-4-316-80472-9　C3037